U0907240

超级品牌管理

[第三版]

创建和激活强大的品牌

【英】保罗·唐波拉尔（Paul Temporal） 著　刘慧 译

中国大百科全书出版社

图字：01-2019-5027
Originally published in the UK by Harriman House Ltd in 2019, www.harriman-house.com

图书在版编目（CIP）数据

超级品牌管理：第三版／（英）保罗·唐波拉尔著；刘慧译．—北京：中国大百科全书出版社，2020.6

书名原文：ADVANCED BRAND MANAGEMENT

ISBN 978-7-5202-0758-4

Ⅰ．①超…　Ⅱ．①保…②刘…　Ⅲ．①品牌—企业管理　Ⅳ．①F273.2

中国版本图书馆 CIP 数据核字（2020）第 079422 号

出 版 人　刘国辉
策 划 人　曾　辉
责任编辑　张　岚
封面设计　小徐书装
版式设计　博越创想
责任印制　常晓迪
出版发行　中国大百科全书出版社
地　　址　北京市阜成门北大街 17 号　　**邮政编码**　100037
电　　话　010-88390636
网　　址　http://www.ecph.com.cn
印　　刷　北京君升印刷有限公司
开　　本　710 毫米 ×1000 毫米　1/16
印　　张　28.75
字　　数　260 千字
印　　次　2020 年 6 月第 1 版　2020 年 6 月第 1 次印刷
书　　号　ISBN 978-7-5202-0758-4
定　　价　78.00 元

鸣　谢

我非常感谢玛丽亚·唐波拉尔在编辑和撰写本书案例方面，尤其是在数字内容方面所提供的帮助。作为一名“千禧一代”消费者，她为一家全球奢侈品品牌集团工作，她敏锐的洞察力和市场知识都是极其宝贵的。

目录

Contents

4 品牌战略的激活与管理

前言

Preface

本书第二版出版至今，其间发生的许多变化都影响了品牌经理的工作。虽然品牌经理所扮演的角色仍然相同，但是他们现在必须应对来自市场和消费者的更广泛的变化和压力。过去十年中，我们在世界市场上看到的动态变化对品牌经理来说尤其具有挑战性，具体包括：

- 在一个变化速度更快的世界追求速度、灵活性和创新现在被视为具有战略竞争优势的领域；
- 数字世界的发展和互联网在品牌建设中使用率的增加；
- 更注重将品牌个性投射作为一种差异化手段；
- 将品牌推广到企业对企业市场和公共部门；
- 持续的品牌架构趋势从产品品牌化转向企业品牌化；
- 消费者对组织采用更好的品牌道德化和企业社会责任做法的压力加大；

- 采用内部品牌化和员工激励机制，在增强客户体验的同时吸引和留住人才；
- 越来越多的合并、收购和联盟。

为了说明这些变化，我对本书中的文本和案例研究做了许多调整。所有章节都已更新，关于数字世界的发展和互联网的使用也有了全新的一章。这本书更加重视品牌战略，对一些原有案例进行了更新，同时也增加了很多全新案例。

总体来说，这本书既在品牌管理的理念和方法上保持着坚定的态度，也反映了在这个非常激动人心的领域中从业人员面临的新挑战和新机遇。

当我完成这本书时，商业界又发生了相当积极的变化。全球经济衰退已经消失，取而代之的是带来机遇和挑战的技术和创新领域的惊人发展。要想在这个瞬息万变的世界中生存下来，品牌策略师在运用自己的技能时必须更加具有活力、更加严格要求自己。

我希望读者能喜欢这本书，并把一些想法付诸实践。

保罗·唐波拉尔

2019 年，牛津

1 引言

第 1 章

不断变化的世界中的品牌化

品牌从来没有比现在更重要。动荡变化的加速、经济和市场的波动、技术和创新的不断进步以及日益加剧的市场分裂已经给许多公司造成破坏，并使这些公司未能发展出强大的品牌生命线。虽然我们进入 21 世纪的时间不长，但市场充满着的有形和无形的失败已经揭示出，企业凭借强大的品牌才能生存。

七大世界市场趋势

过去三十年中所出现的重大变化元素可以分为七种影响当今企业的世界市场趋势，包括：

- 市场边界破裂
- 全球化与全球品牌发展

- 市场日益分裂
- 产品多样性和生命周期缩短
- 客户成熟度提高
- 数字世界
- 经济不稳定与市场波动

市场边界破裂

传统上，市场和部门在某种程度上是自给自足的，但新技术的出现使许多企业得以进入以前未知和无法进入的市场和部门。行业交叉不再罕见。例如，IT 公司现在正在开发无人驾驶汽车。

另一个导致市场边界破裂的因素是放松管制，国际立法推动了这一进程，例如东盟自由贸易区。

市场边界被打破的第三个原因是战略联盟数量的增加。事实证明，这些联盟对企业具有吸引力，为其提供覆盖全球范围和进入新的、遥远的市场的机会。

全球化与全球品牌发展

全球化既是董事会的流行语，也是商业现实，因为越来越多的企业想要在全球范围内开展业务。其中一个影响因素是购买模式的标准化，大多数国家的人们都倾向于购买类似的产品和服务。你到任何一个主要城市旅行，都会看到熟悉的时尚商品、快餐店、汽车、手机、金融服务等。这使得企业更容易生产和销售以较低成本实现批量销售的通用产品和服务。毫无疑问，这一现象一直是全球品牌战略发展的催化剂。

市场日益分裂

旧观点认为，购买模式的标准化趋势日益增强。但现在看来，这与市场变得越来越分散的现实似乎是矛盾的。然而，在广阔的市场中，越来越多的客户群体通过其独特的需求来识别自己。因此，消费者尽管通常倾向于购买相似的通用产品和服务，但也确实要求根据自己的具体需求进行定制这些产品和服务。企业对此的反应是，将消费者的立场从大规模营销转向大规模定制。

产品多样性和生命周期缩短

在上述因素的推动下，企业对更激烈的竞争所作出的一种反应是开发和创新产品。技术进步速度的加快及其可用性的提高让产品开发和创新变得更加容易。再加上更多定制产品的需求，导致产品种类激增，以至于客户有时会对各种可供的选择感到困惑。随之而来的挑战是，一直生产出不同的产品或推出不同的服务的难度越来越大。使用营销术语，即很难找到和维持独特的销售主张（Unique Selling

Propositions，简称 USPs）。虽然技术进步推动了进一步的创新，并使每个人都能更自由地创新，但产品创新的领导地位很难实现，且产品很容易被模仿，因此创新产品寿命较短。

技术变革的速度是惊人的。在某些类别中，产品生命周期缩短为几周，而不再是几年，就像移动通信技术一样。结果，企业落入了陷阱。一方面，它们无法承受在新产品开发的竞争中落后所带来的后果；另一方面，由于其自身的落后性，为了在竞争中保持领先地位，它们必须在技术研发上投入大量资金，从而同时快速获得所必需的回报。

客户成熟度提高

如今，人们受到了更好的教育，拥有更高的消费能力（通常由信贷推动），并且拥有比以前更好的生活方式。他们也更注重性价比。这种独立性表现为客户更倾向于行使选择权，最终导致客户忠诚度下降，客户所选择的企业和产品从普通和弱势品牌转向强势品牌。

数字世界

另一个趋势是数字时代的到来。我们非常熟悉这个术语，但是与数字时代相关的元素有哪些？首先，我们有快速和即时的全球通信。虽然我之前提到过，但现在也需要强调一下，因为现在任何人都可以在任何时间、任何地点通过通信技术与任何其他人进行即时通信，谈论任何内容。我们也看到了知识的均等化。网络上的知识量大得惊人。每个人都变得知识渊博，都可以通过各种搜索引擎找到任何内容。

在互联网上做生意的人数也在增加。在一些国家，有 30% ～ 40% 的交易都是在网络上完成的。但我们也遇到了一个关于线下和线上的难题，线下是商店的传统模式，线上则与在线交易有关。在某些业务领域，线下业务正在流失，线上业务取胜。但在其他业务领域，零售渠道仍然非常活跃，人们可以看到、摸到和感受到产品，然后回家在网上购买。所以，人们有时在进行大型在线交易之前仍然希望看到实物。各家企业都正在努力应对这种巨大的变化，并需要制定线上和线下策略。

互联网提供了新的细分市场、机遇和挑战。变化也还在继续发生。现在人们谈论的是物联网——智能设备的互联网络。在手机上，你可以在一秒钟内了解房子、暖气的状况以及冰箱是否装满了食物，并更换冰箱里的东西。因此，互联网正在改变多种类别产品的开发方式。随着世界高度进入数字时代，企业必须适应新的在线业务方式，并与社交媒体打交道，因为人们可以通过社交媒体与任何人建立联系。

先进的信息通信技术推动了这些新营销渠道的发展，数字世界的趋势、挑战和机遇将在第 8 章中讨论。

经济不稳定与市场波动

没有哪一个经济体能不受到最近出现的不稳定因素的影响，而且企业不太可能再和过去一样保持长期稳定。然而，看起来最不受这种混乱局面影响的是那些拥有强大品牌的企业。

这七种趋势持续向前发展，加速了变化的步伐，并在世界市场上制造了更多的动荡。我们可以预测，未来会出现以下几种情况：

- 变化将继续加速；
- 不确定性会增加；
- 市场将变得更加活跃和分散；
- 客户将变得更加成熟和苛刻；
- 竞争将变得更加激烈；
- 生存将变得更加困难；
- 公司将不得不处理以前没有面对过的问题。

这些情况有些可怕，所以有几个问题出现在各董事会的议程上。

21 世纪的八大战略问题

如今，大多数企业都面临八个紧迫的战略问题，具体来说，即它们如何能够做到以下几点：

- 获得国际和全球认可。
- 减少对合同制造和其他不太理想的联盟的依赖。
- 进入并渗透新市场。
- 避免自己的产品和服务仅被视为商品购买。
- 降低成本，增加价值。
- 在新兴的和渐趋热门的行业中占据一席之地。
- 确保获得长期利润和发展，并在困难时期生存。
- 打破平局，从人群中脱颖而出。

这些问题的答案是创造、发展和管理国际品牌。品牌的市场力量是惊人的。以下是一些强大品牌将普通企业转变为精英企业的方法。

强大的品牌是抵御不利经济条件和其他市场条件的最佳防御措施之一。将企业和产品与竞争对手区分开来，被世界各地的各种文化接受和需要，可以更容易地进入新的市场和行业，吸引最优秀的人才，通过源源不断的利润流提供相当于企业净资产价值数倍的投资回报。最重要的是，品牌如果得到良好的维护和管理，就能突破传统的生命周期。

强大的品牌如果培育和管理得当，会让企业永续存在。可口可乐已有 130 多年的历史，而汰渍洗衣粉已有 70 多年的历史。尽管竞争激烈，但这两家企业仍然是各自市场中的领导者。如果没有细心的管理，像如此强大的品牌就不会这样经久不衰，而这本书的主题就是建立和管理强大的品牌。

品牌化的力量和回报

众所周知，品牌化可以带来巨大的经济效益和其他利益。简而言之，具体包括以下几个方面：

- **摆脱不利条件：**当经济衰退时期到来时，强势品牌比弱势品牌表现更好。在 2008 年开始的经济衰退期间，路易威登和阿玛尼的销售额和盈利能力并未降低，有时还有所增长。
- **跨文化移植：**世界各地都需要伟大的品牌，并且伟大的品牌可以跨越大陆和文化。麦当劳就是一个很好的例子。麦当劳必须对其产品成分稍作调整，以适应不同地方的口味，但在世界各地都需要特许经营权。

- **跨行业转移：**像维珍这样的品牌在不同的行业和类别中拥有数百家企业，所有这些企业都在一个主品牌旗下。
- **进入新市场：**根据上面第三点，强大的品牌可以进入许多新市场。例如，谷歌最近开始生产无人驾驶汽车。
- **从商品跨越到价值地位：**水是一种商品，但巧妙的品牌可以让水成为奢侈品！这种情况始于现代的巴黎水（Perrier）。1975 年至 1978 年，伟大的战略、包装、设计和名人代言使巴黎水在美国的销量从 250 万瓶上升到 7500 万瓶。现在有大量的饮用水品牌，很多都以高价出售，但不是所有产品都是泉水或天然水，有些只是自来水或普通饮用水。事实上，对于葡萄酒生产商来说，已经证明，品牌化策略应用得非常成功，现在这些策略正在应用于饮用水产品。
- **所有这些利益都来自于建立品牌对净收益的影响**。品牌产生了竞争差异化，可以让产品以高价出售，产品销量更高，形成规模经济，使需求更加稳定。其结果是可持续利润更高，资产价值更高。品牌是无形资产，正如本书最后一章所揭示的，品牌可以用货币估价。事实上，品牌的价值往往超过企业的有形资产净值。

卓越的品牌管理有助于建立强大的品牌和良好的客户关系，但令人惊讶的是，许多企业仍然不太重视管理其品牌，而是花更多心思去管理其业务的其他方面。其中一个原因可能是，在世界许多地方，包括亚洲和中东地区，战略品牌管理对市场营销人员来说仍然是相当新鲜的。品牌化本身是一个不断发展的概念，与管理品牌相关的技术也在不断变化。

本书提供了品牌战略和管理的各个方面的指南，并列举了来自世界各地的好的或不好的实践案例，希望读者能吸取其他人的经验。本书将为读者解答品牌策略师和品牌管理者面临的许多主要问题，例如：

- 品牌愿景应该取代企业愿景吗？
- 是品牌决定商业战略，还是商业战略决定品牌？
- 品牌能带来什么样的投资回报？
- 情感在品牌建设和管理中的作用是什么？
- 为什么企业要通过追求个性来强化品牌？
- 品牌应该是主动的还是被动的？战略的还是战术的？
- 在拥挤的市场中，如何实现强大和可持续的品牌定位和差异化？

- 如何作出重新定位品牌、振兴品牌或让品牌消亡的决定?
- 一个品牌能延伸多远?需要避免落入什么陷阱?
- 新技术对品牌管理和消费者关系有什么影响?
- 在现实世界和虚拟世界中,品牌管理有何不同?
- 组织和构造品牌管理流程有哪些选择?
- 首席执行官应该在品牌建设和管理中扮演什么角色?
- 品牌传播的趋势是什么?
- 我们如何创造一种品牌文化,让每个人都将品牌作为自己的生命?
- 我们如何衡量(一个或多个)品牌的成功?

我想让读者了解一下本书的内容。本书从品牌的角度以一种轻松愉快的方式准确地阐明了管理品牌时需要作出的决策和面对的情况。

品牌生命中的一天

我是一个相当有名的品牌——我就是这样认为的。我遍布世界大部分地区,在许多市场都有很高的市场份额和盈利能力。我已经存续了很长时间(不要问我的年龄),希望他们所说的没有生命周期的品牌是真实存在的。

我有一名品牌经理［我们称他为首席品牌官（chief brand officer）或 BM］，他在公司里非常资深。他向品牌管理委员会报告，该委员会中还有我们产品品牌组合中的其他品牌经理、公司营销人员以及各种似乎决定以某种方式影响我的未来的人。人们认为强大品牌的处境很好，但事实并非如此。我每天的生活是这样的。

早上 8 点：通讯社新闻。这家世界性的广告公司已经被踢出局，下个月必须重新开始与竞争对手竞争。尽管他们做得不太差，但我从不认为他们很好地了解了我的个性。我希望最高层的管理者为新机构做一次全面介绍——我似乎记得最后一次介绍有点含糊其辞，没有把重点放在我的战略上。

早上 9 点：营地里的恐慌。前天，欧洲在德国的工厂出现了质量问题，并引起了媒体的关注。实际上有人指责我在欺骗别人！为什么新闻界总是报道坏消息？这里讨论的内容（我不能重复大部分内容）正是我们要说的内容。他们还在滔滔不绝——电话都被打爆了，我们还没有向公众作出答复。如果公司通信不能恢复，情况会更糟。他们没有听说过危机管理吗？那我的形象呢？人们相信我；我代表着最高的质量！我感到头疼，我怀疑其他人会丢掉饭碗。

上午 10 点：最后收到了好消息。以美元计算，我已经成为世界上最有价值的 20 个品牌之一。我一直在告诉高级管理层我是一项战略资产，而不仅仅是一个品牌，但是他们相信我吗？我忍住没有说“我告诉过你们”。

上午 11 点：亚洲要求改变我的个性，以适应当地文化。我的品牌经理说不行。这对他来说很好。他回答说，必须与我的品牌特征保持一致，但可以强调活动中更合适的属性，可以利用市场传播使我本地化，使我更具相关性。

中午 12 点 30 分：午餐和消化不良。有人要我与一个吸引完全不同受众的饮料品牌合作。我不同意，谢谢。尽管这些人承诺销量会提高，而且一想到年终奖金，销售队伍就会欢呼雀跃，但这与我的价值观不相符。我是说，真的！谁想与低端产品并肩作战？形象就是一切。

下午 2 点：首席执行官让我的品牌经理难堪（我怀疑是外部顾问引发的），首席执行官问他我属于什么业务。他说：“不是公司的业务，而是品牌的业务。”品牌经理提出了一个很好的问题，并给出了一个可以预见的答案：“让我认真考虑一下。”我想知道他需要多久才能得出答案，以及这将把我们引向何方。

下午 2 点 30 分：拷问台。这纯粹就是折磨。正如我的品牌经理所说，他们正在讨论如何“延伸”我，或者“延伸品牌”。很多人都在谈论针对哪些目标受众、为什么、会不会起作用、我目前的定位等内容。我觉得非常不舒服——就像一群专家在讨论一个病人，其中一些专家的出身和资质都是令人怀疑的。

下午 4 点：来自伦敦的消息要求总部对我进行更新，因为我看起来有点过时。多谢了，伙计们——你们自己就不过时吗？如果我的粉丝喜欢，我不介意加入一些新的设计或包装，但是让我们理智一点，不要做任何与自己的个性不符合的事情。进化是可以的——革命已经结束。我的品牌经理说他会关注这方面。

下午 4 点 30 分：四周昏暗。随着政治露出了丑恶的嘴脸，不确定因素的担忧不断增加，市场价格进一步下跌。高层人士希望缩短我的谈话时间——“减少所有品牌的广告和促销活动支出”是当务之急。争论接踵而至。其中一个阵营说：“如果我们集中更多精力，削减支出是很好的。”另一个阵营说：“如果竞争对手要安静下来，现在是时候花更多的时间创造更多的市场份额，并作为一个永远存在于人们心中的品牌被人们铭记。”我有点喜欢最后一个论点，但我担心成本削减者会获胜。市场营销总监勇敢地支持我的品牌经理，要求品牌支出保持不变，并在其他地方削减成本。

下午 6 点：我正要收工时听说为我提出的客户关系管理计划已经得到批准。太好了！现在我可以开始了解我的所有客户，并奖励那些具有高价值和对我非常忠诚的客户。我希望团队不要太沉迷于技术，而是要专注于如何通过改善关系真正惠及我的客户。

下午 6 点 30 分：让我们以积极的语调结束一天的工作。我必须参加今晚由我赞助的一项活动。这项活动将在我的 YouTube 网页上呈现，并将得到全球数字宣传活动的支持。这项活动看起来比以前的广告宣传和促销活动成本更低、更有效，尽管我的品牌经理说，我必须同时参加线上和线下活动。数字化是当今世界上最流行的词，包括电子商务在内的策略看起来不错。明天见！

品牌战略与管理

当然，并非所有重要的事情都会像上面提到的那样每天影响品牌经理，但这些事情都是品牌经理必须长期处理的典型重要战略问题。作为他们工作的一部分，他们还必须参与其他许多事情，但简单来说，品牌管理是一个试图控制品牌所做和所说的一切以及品牌被感知的方式的过程。因此，有必要影响不同目标受众的看法，以确保他们看到你希望他们看到的品牌的某些方面。这意味着要清楚地确定你的品牌代表什么、其个性以及如何定位，使它看起来与竞争品牌不同，并且比竞争品牌更好。这涉及集成通信以及对品牌及其竞争对手的持续跟踪。

当然，这一过程的总体目标是随着时间的推移增加品牌的价值，尽管这是可以衡量的。盈利能力是一个衡量标准，市场份额是另一个衡量标准，销量也可能是另一个衡量标准，品牌与消费者之间的情感联系甚至也是另一个衡量标准。这些将在以后进行讨论。但是，品牌管理最困难的一个部分是，在高层管理人员满足各利益相关者的短期需求与品牌的长期增长和可持续利润之间达到平衡。例如，降价可能会让短期市场份额增加，但品牌的长期形象会付出什么样的代价？对于上市企业来说，有必要在保持或增加产生业绩的品牌投资的同时，在销售和盈利能力方面按季度满足股票市场要求。因此，企业需求和品牌需求之间可能存在利益冲突。

正如你现在看到的，品牌管理是一项困难的工作。更困难的是，影响品牌成功的许多因素往往部分或全部超出了负责管理的人员的控制，如竞争对手的动向、经济因素和消费者趋势。在品牌经理的日常工作中，主动性和反应性是平行存在的，这正是品牌管理如此激动人心的原因——品牌存在于不断变化的环境中，充满了机遇和挑战。

还有一些更具战术性质的维度，必须每天密切关注。品牌经理必须不断地开展许多活动，并确保这些活动能在短期和长期内影响品牌形象。对于那些管理一个旗下有几个子品牌和 / 或产品品牌的企业品牌的人来说，情况变得更加复杂和困难，因为品牌的一致性和自主性可能会发生冲突。所有这些因素都将在本书中进行讨论。本书还将讨论公司的文化、是否已经创造出正确的品牌文化以及如何创造。

但这一切都是从品牌战略开始的。品牌管理的每一个方面都应该受到品牌战略的驱动，无论是企业还是产品。不幸的是，许多企业都没有明确的品牌战略，最终导致对品牌形象和消费者认知的混乱。它们集中精力控制外部因素，而没有明确的指导方针。

因此，尽管我将要解决许多问题，但在本书的开始部分我们要先看看品牌管理的角色变化、品牌战略以及最近品牌与企业之间的互动是如何发生变化的。

第 2 章

品牌管理的角色转变

在过去三十年左右的时间里，关于企业如何改变其对客户的看法，以及消费者如何改变其对企业的看法，已经有了一些进展。这些变化导致品牌管理作为一项日益重要和高度复杂的活动出现。下面将简要总结与消费者的业务关系［企业对企业（B2B）或企业对消费者（B2C）］是如何演变的以及品牌管理的作用如何因此而改变。

企业进化与消费者

产品聚焦的糟糕时代

一些读者可能还记得早期的大规模生产。当时，各家公司开发并生产自己认为公众需要并希望购买的产品，然后将这些产品投入市场，并坚信会带来销售。消费者经常会购买这些产品，因为它们都是新产品，可以提高消费者的生活质量。耐用和快速消费品（如冰箱、电视机和化妆品）已经让消费者对品牌产品产生无尽的欲望。然而，在这段时间里，失败的次数和成功的次数一样多。市场营销人员并没有真正了解消费者想要什么，因为他们没有询问过消费者。这种营销方法现在基本上已经消失，尽管有时我约见不同的公司时，我会有所怀疑。例如，一些日本公司仍然有这样一种心态："让我们开发一个伟大的产品，然后，将产品销售给不知道自己想要什么的消费者。"

市场导向的出现

市场营销人员很快意识到，更多地了解客户的想法是一个明智的举动。大众营销仍然占主导地位，但营销人员开始意识到并非所有市场都是同质的。他们发现，在洗衣粉等类别中，不同的人对不同类型的产品性能有不同的期望；例如，有些人想要一种加强型清洁剂，而另一些人则想要一种适用于精致织物的产品。因此，在 20 世纪 70 年代，我们看到了市场细分的出现，以及市场研究行业的发展。对于品牌经理来说，这意味着，产品类别大幅增长，存在许多品牌扩展的机会。

大品牌时代

大品牌时代在 20 世纪 70 年代末和 80 年代初迅速发展。当时，新一代品牌经理主导的强大品牌开始主宰这些品牌经理选定的市场。在这段时间里，人们对有抱负的品牌有着巨大的需求，其中一些品牌（如耐克）正在成为业务遍及全球的引领者。此时，全世界都变得更加有品牌意识了。研究表明，儿童从 4 岁开始就有品牌意识。即使在欠发达和不发达的国家或地区，大品牌也有其立足之地，并是消费者关注的焦点。然而，上述的市场碎片化导致品牌管理进入大规模定制的复杂世界，而那些适应大众市场的通用产品也受到冷遇。这引起了可供消费者使用的产品激增，并为那些正确了解这些复杂市场的公司带来了巨大的利润。

品牌价值的实现

现在人们普遍认为，如果品牌创造、开发和管理得当，就能取得惊人的经济效益。如果我们看一看美国和英国（分别为标普和富时指数市场）以及世界上许多其他市场上知名品牌公司与非品牌公司的市值，我们会发现，大约 70% 以上的市值不是用相关公司的有形资产净值表示的。市场资本化与有形资产净值之间存在巨大的差距，这种无法解释的价值用无形资产表示，而品牌本身的价值就是一个重要的组成部分。其他无形资产项目包括专利、客户名单、许可证、专有技术和主要合同，但品牌本身的价值正日益成为最大的资产项目。通常品牌名称的价值是其所代表的实际业务价值的数倍。因此，品牌的交易往往要花费大量的资金，而这些资金并不作为公司的有形资产，而是将品牌溢价的预期应用于可预见的未来销售水平。

强大的企业品牌带来了额外的财务优势，而这些财务优势可以通过多种方式衡量和使用，具体包括：

- **并购：**品牌价值在这些业务中起着重要作用。品牌商品公司的潜在收购者及其投资者和银行家都感到欣慰，因为他们知道可以通过参考所收购的特定无形资产和有形资产的价值证实一家公司的收购价格。对于卖家来说，也有机会将无形的品牌资产价值增加到整体售买价格之中。
- **外部投资者关系：**对于一些大公司来说，建立世界级品牌投资组合是一个核心目标。品牌估值可以用来提供硬数据，而这往往是软实力的论据。
- **内部沟通：**品牌估值有助于解释绩效，并作为激励管理的手段。使用基于品牌价值的内部专利费税率也可以向公司的各小组明确其可以使用的公司资产的价值。

- **营销预算分配：**品牌估值有助于作出组合营销预算的决策，为决策提供更系统的依据，为高绩效品牌分配更多的资金。
- **内部营销管理：**使用战略性品牌估值技术，高级管理层能够比较不同品牌战略的成功经验以及特定营销团队的相对业绩。
- **资产负债表报告：**在世界某些地区，现在收购的品牌作为无形资产入账和摊销。在某些市场，强制性地将收购品牌的价值列入资产负债表。
- **许可和特许经营：**准确地进行品牌估值，可以为品牌名称的许可和特许经营制定一套现实的收费标准。
- **证券化借贷：**像迪士尼和李维斯这样的公司已经利用其品牌获得了大笔贷款。
- **诉讼支持：**在法律案件中，例如非法使用品牌名称或破产管理，使用品牌估值可以捍卫品牌价值。
- **公平贸易调查：**使用品牌估值向非营销受众解释品牌具有作用，并且品牌价值对于花费大量资金收购和维护品牌的公司具有重要性。
- **税务规划：**越来越多的公司正在积极规划品牌组合最有效的注册地，同时考虑品牌的专利费税。
- **新产品和市场发展评估：**可以使用品牌估值技术对

新的业务战略进行建模，从而对最佳品牌、最佳市场延伸、最佳消费者细分市场等做出判断。

品牌价值与品牌资产

品牌价值和品牌资产经常被混淆。当我们谈到的品牌价值，指的是品牌的实际财务价值。而“品牌资产”一词通常指品牌的描述性方面——符号、意象或消费者联盟——并反映其在消费者感知方面的优势。“品牌资产”代表了消费者对品牌持有的更主观和无形的看法，并且具有一定的误导性，因为“资产”一词来自金融领域。

与品牌价值相比，品牌资产有多个方面。品牌绩效或实力的一些关键方面包括：

- **价格溢价**：与其他优惠相比，消费者为品牌支付的额外价格。
- **满意度 / 忠诚度**：对品牌的满意度，有助于确定忠诚度并防止出现价格敏感度。
- **感知质量**：与其他品牌进行质量比较。
- **领导力**：就市场领导力而言，与市场份额相关。
- **感知价值**：物有所值的概念，不仅与有形事物（如质量）相关，还与无形因素相关。

- **品牌个性：**品牌个性的特征，使其与众不同，并增加魅力。
- **精神联系：**最重要的是信任。
- **品牌知名度和认知度：**品牌实力的关键衡量指标，与品牌在市场上的知名度有关。
- **市场份额：**成交量，在某些情况下还包括感知定位。
- **市场价格：**品牌享有的溢价。
- **分销领域：**包括百分比份额。

这些方面没有绝对得分，但品牌资产的态度、行为和市场措施的混合应该是良好的品牌管理实践的重点。有趣的是，以上这些方面包含了品牌价值和品牌资产的一些驱动因素。当然，计算品牌价值是一个非常专业的领域，而品牌绩效的关键驱动因素并不都包含在上述方面之中，但存在大量的重叠。品牌价值评估方法将在第 11 章中进行详细概述。

因此，尽管术语上存在差异，但品牌价值与品牌资产之间似乎存在联系，因为我们发现品牌资产的许多组成部分是品牌价值的驱动因素。希望获得很高投资回报率的公司应集中精力在所选市场上增加其企业品牌的实力，且唯一的办法就是集中精力为消费者提供最好的品牌体验。这就是加强品牌管理的关键所在。

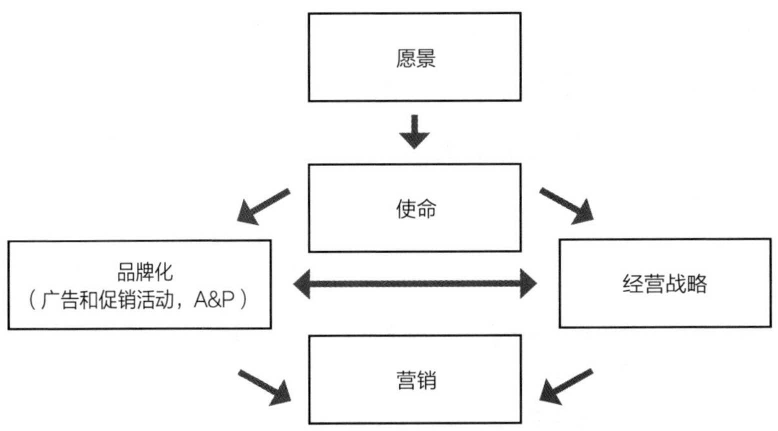

图 2.1　20 世纪品牌与企业战略的联系

推动商业战略的品牌

品牌化已经如此成功，因此众多公司现在用品牌愿景和使命取代了企业愿景和使命。图 2.1 显示了 20 世纪老旧的商业模式。采用这种商业模式的各家公司都制定了企业愿景和使命。尽管这些愿景和使命贴在走廊墙壁上看起来令人印象深刻，但除利用这些愿景和使命推动企业向前发展的高层管理人员外，其他人大多忽视了其存在。而品牌化只是通常采用广告和促销活动（A&P）的形式提供了支持。

这一业务流程现在已经更改。如图 2.2 所示，在 21 世纪，成功品牌所采用的模式是为品牌制定愿景和使命，并以此推动商业战略和所有相关活动。你会注意到品牌战略推动经营战略，然后通过市场营销和内部计划激活。下面将详细解释这种对关系的关注，但这里需要注意的一个关键点是，世界级实践侧重于推动营销的品牌，而不是推动品牌的营销。

图 2.2　21 世纪品牌与企业战略的联系

非常注重品牌与消费者的关系

利用消费者世界的这一观点——也就是说，关注品牌与消费者的关系——最新和最有利可图的战略是那些加强品牌与消费者关系的战略，然后以此作为推动企业向前发展和建立品牌价值的基础。消费者的深入见解在这里起着至关重要的作用。第 3 章将列举品牌化如何受到这种新思维方式影响的实例。

品牌——是法西斯还是朋友?

有时，全球品牌会受到作家的批评。他们认为，全球品牌太强大，在追求利润的过程中往往不符合公众利益。娜欧蜜·克莱恩在《没有商标》（*No Logo*）一书中提出了这一论点。她认为，品牌化是一种有些反社会的活动。克莱恩采取反全球化的立场，宣称品牌已经成为“一个法西斯国家，我们都对商标致敬，几乎没有批评的机会，因为我们的报纸、电视台、互联网服务器、街道和零售空间都是由跨国公司控制的”。她接着说，广告的力量和存在限制了选择，品牌是美国权力的象征，它们会导致环境被破坏、人权被侵犯和工人血汗被榨干。

在2001年9月8日至14日出版的《经济学人》杂志上，以一篇文章为首，集中讨论了为什么品牌对每个人都有好处。这篇题为《品牌案例》（*Pro Logo*）的文章认为，品牌变得越来越容易受到攻击（并因此变得不那么强大），消费者变得更加混乱（并因此变得更加强大）。文章还认为，品牌使消费者能够表达自己的观点，并享受信任、自我表达和享受生活的新方式所带来的益处。品牌没有带来恶劣的环境和工作条件，而是受到公众舆论的影响，并积极鼓励创造一个更好的世界。这篇文章有力地指出：“品牌不是压迫的工具，而是让企业对消费者负责。”在我看来，品牌管理是传递消费者心理需求的渠道。如果品牌经理不能满足这些复杂的需求，那么他们所负责的品牌将不再存在。

有责任感的品牌

我相信，未来最伟大的品牌将是那些有责任感的品牌。它们将能够平衡盈利能力和社会责任；它们将平衡品牌精神和人文精神；它们采取的行动将不再是单方面的，而是更加无私的；它们的行为不会像企业一样，而是像关心世界上发生的事情和生活在世界上的人们的生命体一样；最重要的是，它们将专注于建立关系，把人们聚集在一起。

所有这些加在一起，使品牌管理在当今全球商业世界的角色和地位发生了明显的转变。

品牌管理的角色转变

在过去的几十年中，品牌管理的作用和品牌经理的活动发生了一些明显的变化，主要包括以下几个重点：

从行业转变为市场

一个很明显的商业趋势是从以产品为导向转向以客户为导向的市场营销。这种变化不需要解释，但从某种意义上说，它对品牌管理的影响是迫使管理者更接近客户并倾听客户的意见。这种变化带来了许多市场研究、客户服务和质量管理方面的创新举措，也意味着品牌经理越来越多地参与新产品开发。

从战术思维转变为战略思维

企业战略思维也发生了改变，从单纯着眼于如何在特定行业内发展业务的思维模式，转向着眼于跨多个行业和多个市场扩张的思维模式。这使得品牌管理持一种更具战略性的态度，并成为一种更为全面的活动，关注如何在各种不同的情况下表现一致的身份和创造一致的形象。然而，品牌经理仍然必须参加与市场变化和竞争性攻击相关的日常战术研究。

从本地市场焦点和分析转变为全球市场焦点和分析

打造世界级品牌所需的规模经济和市场边界的细分意味着更多的企业正在采取全球焦点方法，品牌管理现在必须在全球身份和本地适应之间达到一定适当的平衡。这一趋势也导致了更多涉及联合品牌的战略联盟的出现，以降低全球性覆盖的成本。在某些情况下，公司现在要求品牌经理专门为当地市场定制品牌产品。例如，雀巢米洛巧克力饮料（Nestle's Milo）的所有广告和促销活动都必须展示当地的特色。

从产品管理转变为类别管理

在许多市场，特别是在快速消费品市场，由于存在恶性竞争，所以需要进行类别管理，而不是对个别产品进行管理，因此品牌经理着眼于多产品组合和一组复杂的定位替代品。部分原因是，消费者在一些方面，如洗发水、护肤品等，偏向根据类别考虑。权力也发生了转变——尤其是在快速消费品市场——从品牌经理转移给实体零售商和电子零售商，因此品牌经理必须面对这样一个现实，即他们的品牌必须与卖家向消费者提供的产品相适应。品牌经理必须不断评估其品牌在所选类别中为零售商和消费者提供的价值。对竞争性入侵者的持续监控是强制性的，因为它们可能会迅速侵蚀品牌的价值。品牌经理现在必须在多个品牌的组合中查看单个品牌，这些品牌既满足消费者的选择欲望，又满足卖家对盈利和目标受众的需求。

由于这种竞争的结果，创建新的类别现在变得非常重要，因为一些强势品牌的产品线扩展挤满了现有类别。第 4 章将讨论品牌和产品线扩展。聪明的公司甚至改变了产品类别的性质。能量饮料红牛就是一个很好的例子。它虽然不是同类产品中第一个作出改变的品牌，但已经发生了巨大的变化，扩大了自己的市场类别，使其成为适合年轻、活跃人群饮用的头号能量饮料。

从产品品牌转变为企业品牌

世界各地的企业在方向上都发生了显著的变化，从专注于产品品牌化转向专注于企业品牌。甚至像产品品牌化大师宝洁（P&G）现在也在利用其企业品牌名称实施更广泛的战略，其主要竞争对手联合利华也是如此。这其中有很多原因。对于一家公司来说，在没有得到母公司认可的情况下独立创造和建设品牌是一项成本很高的工作。产品品牌化要求每一个品牌都要独立存在，并有自己的投资，在研发（R&D）以及广告和促销方面投资巨大。如果没有母公司的慷慨支持，在市场上经历品牌推广、试用、接受和偏好阶段可能会消耗大量资源。这就是联合利华要实现将旗下品牌数量从 1600 个减少到约 400 个这一目标的原因之一。在实现这一目标后，该公司将更多的资源投入到那些每年收入超过 10 亿美元的强势品牌（不到 20 个）。

虽然产品品牌化在品牌战略中继续发挥着重要作用，但企业和保护伞品牌化（umbrella branding）的发展趋势十分明显，即使是宝洁等传统的固定产品品牌组织也将企业品牌放在聚光灯下。宝洁已将利用企业品牌作为全球战略，在全球范围内，我们现在总能看到其缩写用于支持产品品牌。其中一个原因是，几十年来，宝洁一直未能成功提高母公司品牌本身的美元价值。2000 年，该公司的市值有所下降，但如果我们看看过去 20 年来世界各地的股市指数，就市值而言，品牌公司的表现一直优于非品牌公司。对于企业品牌化，最常见的情况是公司在其推出的产品品牌中加入自己的名称，产生了信任的附加价值和其他所需投资的共同协同作用。形成这一趋势的一个主要决定因素是，可以从财务角度对品牌进行价值评估。宝洁自从采用利用企业品牌的策略以来，其市值已大幅增长。

从品牌化消费品转变为企业对企业（B2B）和商品品牌化

人们对许多类型实体的品牌化越来越感兴趣。消费品和企业品牌化的成功已经导致 B2B 品牌的增加，甚至商品的品牌化。埃森哲、IBM、巴斯夫（BASF）、惠普（HP）等公司都实施了全面的品牌化计划。为了摆脱商品陷阱，基本商品和贸易实体也开始对自己进行品牌化，“案例研究 1”充分说明了这一点。

案例研究 1

图恩·库拉农场

从商品到高档品牌

图恩·库拉·荣·海——简称图恩·库拉——面积约 2023 平方千米，覆盖泰国东北部的五个省。由于该地区没有较大的河流，所以灌溉系统薄弱，土地干旱、贫瘠。农业与合作社部与其他政府机构合作，其使命是提高当地约 8.5 万名农民及其家庭的生活质量，并为此制订了一项“五年计划”，其目标是通过推广和出口当地生产的香米增加农业收入。由于当地土壤中钠和二氧化硅成分浓度很高，所以使香米具有独特的香味。该项目还包括改善该地区的灌溉系统，发展基础设施，使农民可以生产出符合 GMP 和 ISO 等国际认证标准的优质水稻。图恩·库拉地区的农民组成六个“合作社”生产香米以供出售，每个合作社都有自己的稻谷脱粒机。农业与合作社部鼓励创立一个由该地区的农民所拥有的共同管理的香米品牌。这一体系使农民可以绕过中间商，因为这些中间商通常会以低价收购稻谷，然后用自己的稻谷脱粒机进行加工，再以自有品牌高价出售最终产品。当地农民配备了现代化的稻谷脱粒机，所有的稻谷脱粒机都通过了国际制造标准的认证，因此他们能够创建自己的香米品牌并出售香米产品。

农民们专注于多个基本要素，开始了解品牌塑造的过程。他们进行了消费者调查，从而了解消费者的消费习惯以及对品牌持有的态度。这六个合作社的100多名主要成员接受了关于品牌塑造过程的教育，并接受了有关建立一个主要品牌的关键因素的指导。来自各合作社的40位经理共同制定了品牌战略，从他们希望自己的品牌在消费者心中所代表的情感含义开始，一直到品牌个性和品牌定位。

合作社规定了可以使用该地区经认证苗圃的哪些稻种种植者，并商定了统一的碾磨标准（例如，谷物的标准长度和颜色）。一个质量控制检查员小组被派去检查六座磨坊每批产品的质量。通过采取各种措施，各合作社成员生产出的标准产品质量很高，实现了品牌的承诺。作为回报，合作社同意只从合作社成员那里购买。

香米以“图恩·库拉农场”品牌销售。这个名字体现了土地的传统，同时也体现了农民决定联合起来创建自己的品牌的行动。由于农民们对产品的高质量和独特的香味充满信心，所以随后将自己的香米品牌与来自泰国其他地区的优质茉莉花大米品牌和中间商生产的其他大米品牌进行比较并明确相应定位，以期自己品牌的香米将来可以出口。

图恩·库拉农场了解到消费者如何与品牌建立情感联系，已经摆脱了商品陷阱，体现了爱与关怀的意义。农民在生产过程中的精心照料可以证明他们热爱自己的产品，而消费者认为选择这一特定品牌的优质香米是对家人的爱的延伸。

农场里的农民在为自己的产品选择包装时，决定将传统的米袋改为适合现代家庭的 5 公斤包装袋。传统中不用于商品大米产品的金色和紫色包装设计强化了“雅致的”产品品牌个性。而该品牌的“关爱”个性是通过特殊的包装设计表现出来的，这种包装设计便于操作，避免使用额外的塑料袋（关爱地球）。图恩·库拉农场品牌的每一个触点都得到了管理，以确保这一品牌给客户很好的体验。

这对于一个由一群农民共同管理的品牌来说是一个良好的开端；从市场营销的角度来看，企业具有独特的竞争优势。大品牌的包装大米通常需要从全国各地的稻田购买大米，这就导致了产品质量的差异。相比之下，图恩·库拉地区的农民能够将一种具有独特香味的高品质大米推向市场，大米质量具有高度一致性。而产品质量的一致性是任何企业和品牌获得成功的核心。

尽管有这些优势，图恩·库拉农场却长期面临许多挑战。其中一个关键挑战是农民销售和分销产品的能力。传统上，农民先将其产品销售给中间商，再由中间商向下分销产品。因此农民除了提高交易技能，还需要学习如何与现代贸易渠道建立业务联系。

对品牌的投资是另一项关键挑战。为了与市场上的大品牌竞争，图恩·库拉农场需要对其品牌进行投资，从提高知名度到增强忠诚度和信任，尤其是在其推出品牌后的最初几年。负责的政府机构可能需要在这方面提供一些支持。而最终的挑战将是统一六个合作社。如果要持续管理客户的品牌体验，这六个合作社必须通力合作，成为一个具有同一愿景的团队。这将是一个漫长的过程，但基于客户的忠诚和信任，该品牌很可能会获得成功。

从产品责任转变为客户关系责任

从产品（一种或多种）管理转向客户关系管理也是一项有趣的发展，一些公司现在在整个产品范围内赋予品牌经理对特定客户群体的责任。从这一角度来说，品牌管理正在成为客户管理。作为一门学科，客户关系管理现在被认为是品牌经理技能库的必要组成部分。这一主题将在第 8 章进行详细论述。

从管理实体品牌世界转变为管理实体和虚拟品牌世界

Web 2.0（新的数字互联网革命）的出现迫使传统品牌公司加强其既定的互联网品牌战略。虚拟世界给品牌经理带来了更多问题，特别是在为消费者提供一致的品牌体验方面。互联网世界复杂多变，但回报巨大。虚拟世界中的品牌化规则与现实世界中的品牌化规则有些不同；不过，这是“必备的”。诚然，任何希望建立强大品牌的品牌经理或公司都必须制定一项可行的且具有吸引力的在线战略。

除了利用互联网作为传统品牌的品牌建设载体外，我们最近还见证了传统广告和其他媒体的逐渐消亡，因为互联网在品牌建设过程中赋予消费者更多的权力。数字世界的发展已经以海啸般的力量冲击传统的品牌建设，现在品牌可以被迅速创立。谷歌、YouTube、Facebook 等公司都在短时间内发展成为强大而有价值的品牌，满足了当今消费者与符合他们需求的品牌建立联系的愿望，同时帮助他们表达自己的想法，并创建自己的个人品牌。这些品牌的成功证明了这样一个事实：是消费者建立了品牌，而公司仅仅给了他们这样做的机会。

数字世界的影响将在第 8 章详细讨论。

从管理品牌绩效转变为管理品牌价值和资产

现在，公司都越来越关注自己品牌的总价值，而不仅仅是收入和盈利能力。虽然品牌的价值评估绝不是一门精密科学，但以远远超过其资产估价的价格出售品牌意味着品牌建设已成为公司的一项自身业务。对于品牌经理来说，这意味着必须同时考虑几个绩效衡量指标，因为品牌资产衡量可以包括一系列变量，即品牌知名度、品牌忠诚度、感知质量、价格、市场份额和现金流溢价、国际性、支持和保护，等等。

过去二十年中，品牌价值评估作为一种证明和衡量品牌投资回报的技术发挥了作用。品牌管理现在已经成为盈利战略资产（品牌）的管理，而通常盈利战略资产（品牌）的价值是企业净资产的数倍，因此在这一基础之上品牌经理的绩效也被更为严密地进行评估。

强大的品牌继续给组织带来巨大的优势。在逆境中，它们表现得更好；在顺境中，它们超越了普通品牌。它们更容易在市场和行业间转移，使企业更容易走向国际和全球。强大的品牌吸引最优秀的人才，帮助企业摆脱商品陷阱，获得价值地位和差异化。它们考虑到溢价，增加销售量，产生规模经济，并使需求稳定。所有这些优势都会对产生更高的可持续利润和更高的资产价值具有影响作用。

品牌创造惊人价值的一个例子是，苹果公司的市值在2015 年 2 月创造了历史，超过 7000 亿美元；而在 2018 年 8 月又以 1 万亿美元的市值再次创造历史。在当时，这一市值超过马来西亚 GDP 的三倍！对于一个将所有制造业务外包、几乎没有有形资产、只有少数产品的公司来说，其产品的特性和属性并不比某些竞争对手更好。这一非凡的记录显示了其品牌化的财务实力。

从财务责任转变为社会责任

虽然这些责任人对自己所负责品牌的财务表现评价很高，但品牌也必须同时承担起相应的社会责任。许多公司现在正将自己的品牌与社区的需求联系起来，协助解决社会问题。例如，惠普的社区计划和通用电气的环境计划。正如娜欧蜜·克莱恩希望我们相信的那样，品牌管理不仅要不惜一切代价创造利润，而且要鼓励人们做得更好，帮助他们享受质量更高的生活。

获取利润也不能建立在其他人的痛苦之上。2001 年的“9·11”事件使一些公司获得从悲剧和人类苦难中赚钱的机会。但另一些公司的行为却更具社会责任感。正如斯蒂芬·A. 格雷瑟教授所说：“大概是出于明确的慈善目的而直接捐赠一些商品和服务。”贺曼贺卡公司（Hallmark Cards Inc.）看到问候卡的销量迅速增长，因此在品牌管理方面非常谨慎，该公司对所有的贺卡进行了一项特殊检测，采取的第一项行动是在当前发行的产品中搜索可能冒犯别人的卡片。避免冒犯别人比提高卡片销量更重要，因此贺曼公司撤回了 9 种已发行的卡片。贺曼公司采取的第二项行动是，创造符合国家情绪变化的卡片。该公司在六周内推出了新的爱国卡，而新产品开发通常需要 12 ～ 15 个月。贺曼季节性卡片部门总经理丹·西弗表示：“这是一个在消费者想对彼此说的话之间找到平衡——找到温暖——在不带有沙文主义的情况下确定正确的爱国主义基调的问题。”

美国礼品公司（American Greetings）也具有类似的立场。在纽约和华盛顿遭受袭击的 24 小时内，该公司在网站上发布了四条爱国的电子问候语，免费提供电子卡片。在袭击发生后的第一个星期，访问该网站的网民发送了 35 万条这样的问候。

品牌管理是建立与消费者的各种关系，而不是利用这些关系。安然公司（Enron）等表现不尽如人意的企业已经破产或面对法律诉讼，或同时面对这两种情况。在过去的一些年中，大量的此类案例暴露出的社会责任感低、透明度低和公司治理不足等问题，导致了企业社会责任（CSR）活动的增加；事实上，企业社会责任现在是品牌管理的重要组成部分。良好的企业社会责任战略已成为希望与社区和公众建立并维护信任与忠诚度的品牌的必要条件。

事实上，全世界的人们都强烈希望得到人们信任和支持的品牌回馈社区。同样，顶级品牌能引领潮流。截至 2017 年 2 月，联合利华的企业愿景是“在将我们的环境足迹与我们的发展脱钩、增加积极社会影响的同时，让我们的业务增长”。联合利华为此给出的理由是：

> 我们仍然相信，企业必须为应对世界面临的挑战作出积极贡献，这是企业获得成功的唯一途径。2009 年，我们推出了“指南针计划”——我们的可持续增长战略，阐述了我们建立长期可持续业务的决心。2010 年启动的“联合利华可持续生活计划”为实现这一战略绘制了蓝图。我们继续努力实现自己设定的雄心勃勃的目标，即将环境影响减半，改善 10 亿人的健康和福祉，提高数

百万人的生活水平。

综上所述，上述这些变化意味着品牌管理比以往任何时候都更具活力和复杂性。现在，许多公司面临的挑战是，培养管理者适当的技能，并让他们积累适当的经验，且这些管理者必须关注消费者以及品牌资产和价值的来源。

谁真正拥有和建立品牌?

关注品牌与消费者之间关系的互动迫使管理者要回答“谁真正拥有和建立品牌”这个问题。直到最近，许多公司都认为是自己建立了品牌。而这个问题的正确答案是，拥有和建立品牌的是消费者，且这一点现在已被知名品牌公司所承认。有见识的公司已经牢记，品牌只存在于消费者的头脑中，没有消费者的心理支持，它们只是公司、产品和服务，并将持续以这些形式存在。

这一无可争议的事实是用品牌愿景取代企业愿景并让品牌领导商业战略的理由。消费者拥有和建立品牌，并不意味着品牌管理与品牌建设过程无关。相反，品牌管理是帮助消费者认识品牌并与品牌建立关系的催化剂。

品牌是关系，品牌经理必须培养品牌和消费者之间的关系。当然，这意味着品牌经理必须比以前更好地了解消费者，并真正了解消费者的思维方式。这只来自于由外而内的思维，而不是由内而外的思维。换言之，尽管业务目标非常重要，但管理者不应假定自己知道消费者真正想要什么，以及哪些情感驱动因素促使消费者选择一个品牌，而不是另一个品牌。

在下一章中，我们将密切关注如何在兼顾业务和客户的情况下对品牌进行战略性设计并发展品牌，以及如何通过建立关系而建设品牌。此外，下一章也将概述拟制定强大和可持续品牌战略的管理者需要采取的主要步骤。

2 品牌化和消费者

第 3 章

品牌化和品牌战略介绍

本章主要探讨品牌战略和管理与商业战略的内在联系，以及如何建立一个强烈依赖于与消费者建立情感联系的强大品牌；重点强调与客户保持密切联系、真正了解客户的需求以及与他们建立密切关系的必要性。最后概述建立一个强大品牌所需的四个主要步骤，并将在后续三章中对这些步骤进行深入探讨。

在详细解释如何建立一个强大品牌之前，我们应该清楚什么可以品牌化、什么是品牌、什么不是品牌，并打破一些关于品牌的神话。

什么可以品牌化?

现在，一切都可以品牌化。例如，国家或地区、地方和目标市场都可以品牌化——像中国香港就设置了品牌管理单位。可以将公司或产品品牌化，如微软（Microsoft），奇巧（Kitkat）；可以将活动品牌化：2012 年伦敦奥运会实现了良好的品牌化，奥运会后为英国经济带来了巨大的财富；可以将“迪士尼乐园”这样众所周知的地方品牌化；甚至可以将某一成分品牌化——成分是你看不见的东西，包含在其他产品中，比如莱卡（Lycra）；还可以将代言品牌化。ISO（国际标准化组织）从一个质量标准起步，现在是一个全球品牌。最后，可以将个人品牌化。我曾与许多企业领导人合作，建立他们的个人领导品牌，让他们变得比其他人更优秀。当然，名人也正在品牌化并面向市场。像大卫·贝克汉姆，他的品牌和家庭在品牌战略和品牌管理方面都得到了审慎的管理，所以贝克汉姆品牌集团才具有今天的规模。

在确定任何东西都可以品牌化之后，我想讲一些世界各地普遍存在的关于品牌化的神话。

关于品牌化的一些神话

神话 1：质量是分水岭

现在很多产品质量都很高，所以已经几乎无法用质量来区分产品。对于所有国家、所有企业来说，质量是其在当今商业世界生存的必备条件，而在过去只是一个良好的条件。然而，在服务业的某些类别中，服务质量的差异仍然存在，但是，这些差异也在逐渐消失。质量就是“参加游戏必须付出的代价”。如果你在质量上疏忽，你的品牌就会受损，你的形象也会受损，收入和利润也会降低；而对上市企业来说，市场资本化也会受损。因此，如果没有世界一流的质量，就无法发展出一个强大的品牌。

看看最近一些疏忽质量的公司，如丰田和大众，你可以看到这些公司在价格、收入和利润方面受到的巨大打击。所以，你的产品至少必须拥有和竞争对手一样高的质量，没有高质量，就没有好前景。坦率地说，你的企业将无法生存。

神话 2：有太多的产品可供选择

“有太多的产品可供选择”，这句话确实很对。产品和服务的激增源于竞争的急剧增加，也为消费者带来了大量的选择——有时会让消费者感到困惑。如此多的产品和服务，该选择哪一个？但如果你真的这样想，其实是没有必要的。很多产品和服务之间没有区别，消费者很快就会发现难以区分。他们真正想要的是那些真正具有很高感知价值的产品和服务。消费者对产品和服务的看法才是真正重要的。所以我们必须摆脱商品陷阱，建立一个公众认为可以为生活增加价值的品牌。

神话3：我们了解消费者

有很多企业告诉我它们了解消费者，但有时我认为，事实上它们并不是真正了解。这些企业不了解消费者的原因在于，它们仍然倾向于由内而外思考。这些企业生产产品，并试图寻找消费者并让他们购买产品。因此，当今许多企业缺乏对消费者的洞察。有时，很多企业并不认真考虑人们为什么购买某些东西，以及他们真正想要和需要什么。我们应该为消费者寻找产品和服务，而不是寻找消费者。所以，我们需要的不是由内而外的思考，而是由外而内的思考。企业必须与客户沟通，真正理解是什么让他们做出选择。

神话4：品牌知名度是营销成功的关键

这一点很重要。人们如果不知道你的品牌，那么也很可能不会购买你的产品。此外，还有其他的事情要考虑。那么消费者考虑些什么呢？他们觉得我们的品牌怎么样？他们有什么偏好？他们更喜欢我们的品牌吗？他们信任我们的品牌吗？他们相信我们提供的产品和服务吗？所有这些问题都非常重要。如果没有消费者的信任，你就永远不会拥有一个强大的品牌。他们会推荐和重复购买吗？他们会再次回来购买你的产品和服务吗？他们已经体验过你的产品和服务吗？他们会推荐你的品牌、成为你的品牌倡导者、与朋友谈论、为你销售产品和服务吗？我们真正需要做的是创造价值，从而让消费者终身对我们的产品和服务保持忠诚，我们将在第 5 章讨论这一点。但有一件事是肯定的，你必须保证为消费者提供很好的体验，然后他们就会回来需要你提供更多的体验。

神话 5：我们决定价格

这是一些公司对我说的，但这是错误的。事实上，顾客决定价格以及是否购买，而且这取决于他们感觉到的自己想要购买的产品价值。因此，他们是否会花钱购买不仅仅取决于价格，也不仅仅取决于质量。当他们觉得物有所值时才会购买。这不仅仅是价格和质量的关系，还包括价值的其他无形的方面，比如人们对你的品牌有什么看法？人们感觉你的品牌怎么样？如果这些无形的感觉是积极的，会真正创造价值，让你的产品可以以高价售出。一个强大的品牌在人们的头脑中创造了无形的积极情感联系，产生溢价和金融无形资产价值。

神话 6：营销推动品牌化

大多数学者是这样说的——事实上，这些学者落后于现实世界若干个光年。在现实世界中，情况恰恰相反。品牌化不仅推动营销，还推动世界上许多公司的业务愿景和发展方向。在与一些优秀的品牌合作了三十多年后，我知道，品牌化推动了营销。如果你换一种方式工作，你的企业将发生根本性的变化。因此，营销实际上是品牌战略的执行或实施。

这是新的品牌商业模式转变：企业不再驱动品牌——而是品牌驱动企业。我和世界上一些顶级品牌合作过，我知道这是真的。凭借强大的品牌，你可以将业务带到任何行业、部门或世界上的任何地方。你可以利用你的品牌来推动业务，提高效率、盈利能力和市场份额。好极了！品牌是为消费者和品牌所有者服务的，但品牌到底是什么？

什么是品牌?

关于品牌是什么，有很多误解，我已经在本章前面的部分讨论了有关品牌化的一些神话。在我提出一个简单但有力的定义之前，我想澄清一下我对这一点的看法，这个定义是基于我与一些世界顶级品牌合作三十多年的经验而得出的。

我认为，我们应该从界定品牌不是什么开始，这是一种很有用的方法。首先，有些人（包括我曾经与之交谈过的许多首席执行官）将品牌视为一个名字、一个标志和/或一句广告语。这些是品牌的有用元素，但并不能构成品牌。名字当然是必需的，但是没有身份的名字用处不大。标志是有用的，因为标志给人们带来了与品牌、业务、产品等相关的各种联想。耐克的标志和苹果的标志都非常有名，但也不能真正构成一个品牌的整体；标志是“智能通信设备”，能够让人们产生联想。我知道有几家公司完全改变了自己的商标，并为此花了很多钱，它们希望这将对企业的财富产生积极影响。但其实一点用处也没有，因为客户体验不会改变。而广告语通常是长期使用的，用来传达一条或多条关于品牌的关键信息或号召——例如，欧莱雅的“你值得拥有”（Because you’re worth it from L’Oreal），耐克的“想做就做”（Just do it）。

另一个主要误解是，品牌被视为广告、促销和公共关系的产物。同样，这并不十分准确，因为尽管这些活动确实有助于与消费者沟通，但仅此而已——有策略地沟通。这些活动都取决于品牌的战略。如果没有一个明确的策略来指导信息传递，那么结果很可能是不一致的，并可能损害品牌形象，这些活动也不可能产生商业结果。我最近与一家中国公司进行了讨论，这家公司上一个财务年度在广告和促销上花费了 800 多万美元，但销量却没有上升。首席执行官非常不高兴。他告诉我，这笔钱被“浪费”了，他已经停止了所有的广告和促销活动，直到制定一项品牌战略才会重启这些活动。在尚未制定品牌战略的情况下，沟通被搞得一团糟，在品牌方面与竞争对手没有任何区别。因此，沟通活动是战术性的，而不是战略性的。

品牌管理始于品牌战略

前任首席运营官卡洛斯·古森（Carlos Ghosn）刚加入日产时曾表示：“最令人意外的是，日产并不在乎自己的品牌。没有人真正对品牌战略负责。”（引自 1999 年 10 月《商业周刊》）在我看来，这是众多公司最常见的错误之一，它们希望拥有一个强大的品牌，但没有达到标准：它们没有品牌战略。如果没有品牌战略，品牌管理就会变得非常困难。战略为品牌管理提供了重点和方向，并提供了平台，使品牌经理能够在所有与品牌相关的活动中表现一致。

但我们都知道战略始于业务。长期以来，许多公司不断完善由内而外的思维艺术——设计和开发它们认为市场需要的产品。事实上，最出色的策略来自深刻的消费者洞察——真正走进消费者的内心，才能建立你的品牌（也就是说，由外而内的思维）。不断追寻由外而内的思维，才能真正了解人们感知事物的方式以及让他们热衷于你的品牌的“热键”（hot buttons），但却很少有企业能做到这一点。

如果我们注重消费者洞察，品牌的业务可能与组织的业务不同；因此，在考虑品牌的关键要素之前，让我们先考虑一下品牌的业务。这很容易——你所要做的就是问自己一个重要的问题：“我的品牌从事什么业务？”思考一下下面几个例子。

你的品牌从事什么业务?

当被问到露华浓从事什么业务时，露华浓化妆品公司的查尔斯·郎佛迅（Charles Revson）回答道：“我们不从事化妆品销售，我们销售的是希望。”他清楚地认识到，把自己的业务看作是化妆品业务，会导致和竞争对手没有区别。他是在表达品牌的业务。化妆品的生产 / 销售显然他们所从事的业务，但是这个品牌也给那些想变得更具吸引力和美丽的人带来了希望，也许就像年度露华浓女孩那样。这种真正的消费者洞察定位让品牌定位更出众，最终让品牌在全世界获得成功。

威士忌是另一种类似的“商品”，但当尊尼获加黑方威士忌（Johnny Walker Black Label）通过观察消费者饮用威士忌进行调研时，该品牌改变了经营策略。人们在不同场合与他人饮酒的视频引发了思维模式的转变。经过 18 个月的董事会讨论，公司决定的业务不是生产和销售高品质酒，而是销售时尚配饰。通过消费者洞察公司看到的是大众“佩戴”酒，就像佩戴手表、手镯或其他时尚配件一样。

同样，主厨西蒙·里默（Simon Rimmer）在电视上指出（BBC 早餐，2016 年 11 月 14 日），购买外卖咖啡的人会选择自己喜欢的品牌作为“时尚配饰佩戴”，如咖世家（Costa）、星巴克（Starbucks）和尼路咖啡（Café Nero）。我们也可以认为，耐克从事的不是运动鞋和配件的销售，它的品牌表示，希望帮助运动员和普通人发挥出自己最高的水平。耐克代表获得胜利的态度，这需要努力、勇气和力量。

红牛是另一个建立在简单产品基础上的品牌，它以“给你一双翅膀”（Give you wings）的广告语激励人们。它已经从主要饮料的生产转向了新奇运动的发展，如一级方程式、红牛特技飞行锦标赛、极限摩托、红牛悬崖跳水等。它不仅推动了其中的一些活动，并且还组织了这些活动，甚至成功设立了一个媒体部门。红牛在 Facebook 上的粉丝数量超过 4500 万，《红牛报》（*Red Bulletin*）每月的销量超过 4500 万份。红牛传媒公司本身就是一家盈利企业。因此，在本质上，企业和品牌是不可区分的，品牌就是企业。红牛已经聪明地瞄准了一个利基市场，并对这个细分市场的运作有着深刻的理解。它不只是能量饮料，而是刺激的、新的娱乐生活方式以及极端条件下的各种表演。在 2016 年，红牛在 171 个国家销售出超过 60 亿罐饮料。

我曾经和一位首席执行官讨论过，他后来在思维模式上发生了转变。他的公司生产的产品可以“使物品发光”，例如汽车上光剂、护鞋产品等。在参加了一个品牌战略计划后，他认为自己的品牌从事“感觉”业务，因为消费者使用他的品牌产品的最终结果是对自己和自己的形象感觉良好，无论他们穿什么鞋子或驾驶什么汽车。这种思维模式的转变对公司产生了巨大的影响，使其进入了以前没有探索过和未被发现的领域。

消费者洞察的作用

上面提到的例子表明，只有当品牌深入消费者洞察的内在世界时，才能推动商业战略。消费者洞察揭示的真正的“热键”是情绪化的，而不是理性的，并让品牌表现出色。

品牌策略师或品牌经理的职责是努力发现这些消费者洞察，而这些消费者洞察有时并不明显。然而，由于消费者创造了品牌力量是一个不争的事实，所以品牌所有者必须发现消费者头脑中存在的潜在动机，这将让消费者对品牌保持良好态度，并产生购买其产品的欲望。

与消费者一起生活

一些公司永无止境地探寻可能导致品牌和业务思维模

式发生转变的消费者洞察，他们雇佣研究人员与“原型”消费者一起生活几天，以了解消费者在日常生活中的想法和行为。（研究人员通常不会进入卧室和浴室，但不总是如此！）传统的研究——无论是定量的还是定性的——都有依赖于消费者所说的话的缺点，消费者所说的话有时与他们在现实生活中实际所做的有所不同。品牌管理需要做的是，找到并按下“打开”消费者的“热键”，这意味着需要充分了解在现实生活中是什么激发了消费者的兴趣。

试图创建消费品牌的公司意识到，开始了解消费者行为的地方就是家里——在这个环境中可以看到人们的真实生活，人们会表现出各种情感，不同的关系有时会相互冲突，这是一个放松的环境，而不合乎理想的个人标准——不同于办公室或研究室。例如，宝洁公司在拍摄家庭主妇们的日常生活时，注意到妈妈们通常都是一心多用的。宝洁公司看到，一位妈妈正在给婴儿喂奶，同时正在做饭，还匆匆瞥了一眼电视。在这样的自然场景中，公司可以看到哪些节目和广告吸引家庭主妇，以及她们使用或可以使用哪些产品。美国的一家银行进行了一项类似的研究，发现了处于生命周期不同阶段的家庭讨论和作出重大财务决策的过程。联合利华已派遣员工到欠发达地区的农村与村民一起生活，并了解他们的生活方式，从而建立品牌关系和开发产品（见案例研究 2）。

案例研究 2

联合利华（马来西亚）

让消费者变得浪漫

联合利华 1999 年至 2004 年五年来实施的“成长之路”战略议程之一是“与消费者重新建立联系”，其目标是：

- 让公司的每个人都关注消费者；
- 将有关消费者的知识转化为创造性的洞察力；
- 预测消费者变化，并作出响应。

据联合利华称，实现这些目标的途径是：

- 深入了解消费者的习惯和态度；
- 培养“接近”消费者的文化；
- 能够深入了解消费者并转化为商业机会。

联合利华将这一战略作为一项全球倡议推进。而本案例旨在说明联合利华（马来西亚）的自营公司是如何完成这一战略的。

“让消费者变得浪漫”计划的准备工作包括：

- 联合利华（马来西亚）的经理们每两个月访问50个家庭，并进行面对面的访谈，以获得消费者洞察。
- 20 名员工每季度带 120 名消费者到工厂进行面对面的

对话。

- 所有员工都接受了跨类别培训，这样不仅可以加强品牌间的沟通，而且可以回答消费者对他们提出的有关任何品牌的问题。
- 设计了一个特定的项目——兰博项目。整个公司关闭了一天，从端茶小姐到董事长，每一位员工无论老少都会去商店推销产品，以确保联合利华产品在零售店的知名度是最高的，并获得零售反馈。

"兰博项目"见证了联合利华（马来西亚）全体员工的精力充沛和信守承诺，他们与贸易伙伴合作，加强产品展示，从而更好地吸引购物者的注意力。这种经历甚至激励联合利华的员工在他们通常购物的商店整理商品！

"农村市场营销计划"是另一项关于与消费者重新联系的计划，但主要与农村市场的消费者有关。这个计划在构思时的理念是，通过开展农村相关活动，提高联合利华产品在农村地区的知名度，同时将产品投放市场。该计划还旨在为联合利华（马来西亚）提供机会，让农村消费者接触到联合利华品牌和员工。这项活动取得了巨大的成功。随后几年，在该国不同地区也开展了多项类似的活动。

其他活动包括营销人员在村民家中住两天，以详细了解家具用品、个人护理产品和食品的使用和购买模式。所有这些活动都是提前计划好的，并在活动开始时与村长领导的村委会召开会议，简要介绍了活动的目标和拟组织的活动类型。这些活动通常包括很多所有年龄组都能参与的传统游戏。当地村民负责开展这些活动，联合利华工作人员组织特邀嘉宾出席和颁奖。每一项活动吸引了 3000 到 6500 人。

事实证明，联合利华（马来西亚）的“让消费者变得浪漫”计划成功地培养出一种努力获得消费者洞察并构建消费者洞察推动业务发展的文化。

卫浴设备制造商摩恩公司（Moen）录下了美国妇女洗澡的录像（当然得到了她们的允许），发现她们倾向于一只手抓住淋浴装置的加热控制器，另一只手刮腿毛。这种安全风险以前并不明显，因此摩恩重新设计了淋浴装置，防止意外烫伤。

这类研究强调，品牌经理必须一个国家一个国家地完成他们的“家庭作业”，因为文化的细微差别决定了消费者的行为。例如，在美国和地中海国家，厨房是一个家庭生活的中心部分。全家人在厨房里聚在一起，谈论一天的生活；而在中国，厨房通常是一个专门为烹饪而设的小区域，全家人则聚集在大厅或客厅里共度时光。

英特尔雇用了人类学家和民族学家——研究人类行为和文化的人——来深入了解消费者真正想要什么以及他们喜欢购买某一产品的原因。从研究“日常生活的细节”中获得的深入见解有助于使技术对消费者来说更加友好和有趣。这同样需要登门拜访消费者，陪他们去购物，并参加他们其他出游活动。和许多其他公司一样，英特尔已经开始意识到，创造产品，然后试图说服消费者购买产品是不够的；公司如果真的想了解是什么让消费者做出选择，则必须仔细观察消费者的行为。

例如，声音变形器、QX3 儿童电脑显微镜等产品的设计考虑到 8 到 14 岁儿童对使用的东西有点粗暴，而且喜欢自己动手的行为。例如，QX3 虽然要连接到个人电脑时才可以正常工作，但也可以从支架上拆卸下来，这样孩子们就可以和自己的朋友分享这种体验。而后，由计算机芯片巨头英特尔与创新玩具设计公司美泰合作创造的 Intel Play QX3 电脑显微镜得到了进一步的发展，这款电子视频玩具，旨在利用光学、数字成像和最新的计算机技术占据科学教育市场份额。

英特尔发现，从文化的角度来看，与西方国家相比，亚洲人的个人主义程度较低，共享程度更高。因此，该公司已着手开发有助于技术共享的设备。英特尔因其产品渗透到医疗保健和其他市场，正在雇用更多的科学家、医生和医疗工作者，以便更多地了解真正的客户需求。

消费者洞察是理解人们理性和情感行为的途径。毫无疑问，建立在情感和现实生活基础上的品牌战略比那些没有建立在情感和现实生活基础上的品牌战略更有可能获得成功。

洞察、创新和品类开发——运动休闲

接近客户并确定潜在需求的一个巨大好处是，不仅可以带来盈利的创新，还可以带来新类别的开发和增长。运动休闲是时尚和零售业的一个主要例子，也是最大的趋势之一。运动休闲主打可以在运动和非运动场合穿戴的鞋服配饰。被发现的潜在需求是，消费者对健身越来越感兴趣，把运动视为生活方式的一部分，他们需要即使是在正式场合也能穿的具有功能性且舒适的服装。对于最大的目标群体女性来说，一个消费者洞察就是，她们想证明自己在健身房内外都能锻炼。

很快进入这一新类别并确立了先行者地位的品牌是耐克、锐步和露露柠檬，其中露露柠檬的产品战略更加专注。例如，从按尺码变为按“包裹感、裸感、轻松感、紧束感和贴身感”的分型销售裤子，每一种裤子在顾客的生活中都有不同的用途。公司未来概念设计总监安东妮亚·依马蒂诺（Antonia Iamartino）说：“它给我们的客户带来的是最终的选择以及他们在特定活动中选择自己想要的方式的能力。”

与耐克、阿迪达斯、锐步等体育巨头相比，露露柠檬是一家小公司，因此必须采取更为利基的策略。耐克正在为女性打造更广泛的运动休闲产品组合，包括舒适、时尚、运动的服装和鞋类，以适应不同的气候和季节。凭借其丰富的技术知识，耐克通过创新的生产技术，将聚酯纤维、弹性纤维和其他材料结合起来，创造出多种兼具样式和功能的服装产品。很少有人了解的相关技术的一个例子就是，耐克的“空气反应”可以检测到穿戴者何时开始出汗，并在出汗前自行放松。这是一项非凡的技术。耐克将数字通信和传统方法结合使用，已有 7000 万名女性连接其在线社区。研究机构曾预测，在这一类别中，2017 年及以后销售额将大幅增长，到 2017 年可能增长 40%，达到 70 亿美元。

锐步（现在是阿迪达斯的子公司）在体育品牌的荒原中迷失了这么久，现在正试图将自己转变成一个健身培训品牌，以重新获得差异化和定位。设计和服装卓越主管科琳娜·沃克尔（Corinna Werkle）说："运动休闲是一个重要的故事……性能装备成为你日常生活的一部分。即使有人不是高水平的运动员，这种休闲装造型也适合他们。"耐克女子训练全球设计副总裁朱莉·五十岚（Julie Igarashi）说，耐克不仅正在为赞助运动员制作服装，也为非职业运动员设计服装，因为非职业运动员越来越有兴趣穿他们的偶像所穿的服装。运动休闲是运动服装行业的一大类。随着其不断增长以及大规模定制和个性化趋势的发展，我们将看到这一类别中出现许多不同的分支。

市场细分

成功的消费者洞察的关键技术是市场细分。在被全球同类产品吸引的同时，全世界的消费者也越来越希望能够根据自己的喜好和品味进行定制。现在企业越来越重视对特定市场中存在的不同客户的了解，并且可以采用客户驱动而不是产品驱动的方法。

细分是将市场分成具有相似需求和共同期望的客户群的过程。这从根本上来说很重要，因为这些相似性使得预测购买行为更加容易。

研究文化特征是获得消费者洞察和确定新细分市场的一个好方法。雀巢的实力品牌奇巧利用其对日本消费者的了解，通过奇巧（日本）引进了300种异国产品，包括绿茶（深受日本人喜爱）、山药、芥末、百香果、甜瓜、米酒等口味的奇巧巧克力条。通过迎合日本消费者的口味和文化特点，创造了一个全新的市场，并扩大了这一类别。雀巢的一个高招是确定名称的相关性，因为"Kitto Katzu"在日语中的意思是"肯定会赢"或"你肯定会赢"。

市场细分的好处

有助于选择目标市场

在众多较大的消费者群体中，细分研究可以帮助企业选择市场中更具吸引力的部分。例如，一个类别的年增长率可能为5%，但该类别中的一个细分部分的年增长率可能为8%，而另一个细分部分的年增长率仅为3%。此外，一些市场细分可能比其他市场细分利润更高，因为这些市场的消费者更愿意花钱或更容易接受服务。企业也可以选择最接近其品牌身份或个性或者帮助他们塑造或建立品牌身份和个性的市场细分，以匹配市场细分的形象。

使企业更专注

这是激光导弹方法，而不是地毯式轰炸方法。当目标市场缩小时，通过特定的目标和计划更容易渗透，并且更容易提供定制产品。

帮助小企业找到利基市场

细分有助于小企业在一个类别中定位利基市场。利基市场一旦被发现，企业更容易抵御强大的竞争对手，因为更大的竞争对手并不是八面玲珑的，也不能满足所有人的需求和期望。细分可以帮助小企业找到值得利用的差距。如果一家企业能够很好地服务于一个利基市场，就有更大的机会建立和保持品牌忠诚度。

促进高效和有效的品牌定位

细分有助于更高效和有效地定位品牌。通过很好地理解一个细分市场、生活方式数据等信息可以提高效率，降低广告和促销成本，从而避免资源浪费。这也意味着，正确的信息通过正确的媒介传递给正确的人。

帮助定制针对特定群体的市场营销依据

出于品牌发展的目的，市场细分允许企业根据其需求和期望向多个客户群提供其品牌。这种对一个类别中不同市场细分的理解可以为产品线和品牌扩展以及可持续的盈利增长提供理论依据。

细分方法

实现市场细分有许多方法，其中一些方法需要相对简单的研究过程，而另一些则需要采用更复杂的研究方法组合。较为常用的依据包括人口统计数据、地理环境、社会文化、价格敏感性、利益、用户行为、家庭生命周期和心理细分。

心理细分既是最有趣的，也可能是最令人兴奋的细分技术。它涵盖了许多因素，包括活动、兴趣、观点、态度、价值观和生活方式。心理细分有助于理解人们的行为方式产生的原因以及了解由人组成的市场。其优点是：

- 可以发现新的市场，而人口统计学等其他方法只讨论现有的市场。
- 因为揭示了消费者的思维和控制行为动力学的动机，所以可以解释各种市场存在的原因。

- 解释了消费者的行为，包括感知、需求、期望、动机、偏好、品牌知名度、信任和忠诚。
- 非常有助于制定准确的定位策略，从而实现集中有效的沟通。
- 促进品牌个性的创造和发展。
- 可以帮助定位新品牌和重新定位老品牌。
- 可以揭示战略定位的机遇和战略竞争优势的发展。
- 可以发现更好的品牌分销方式。

下面的宝马案例展示了在亚洲市场如何将心理细分与其他数据一起使用。

案例研究 3

亚洲宝马：心理细分与品牌个性

亚洲汽车市场挤满了许多品牌，但其中只有少数品牌可以被视为全球实力品牌。宝马无疑就是这样一个品牌。我们已经讨论过这样一个事实：品牌的价值主要是通过人们与品牌之间的关系和联系来建立的。消费者可以对品牌产生高度的依恋，并将其作为自己个性的延伸。

那么，品牌建设的一个重要技巧就是了解品牌目标受众的个性——他们的自尊、希望和抱负、动机和行为——然后为与目标品牌细分市场相匹配的品牌打造个性。这是宝马渗透进市场并与拥有很高市场份额的梅赛德斯–奔驰竞争的成功方法，这一方法用于自我表达以及地位和声望预测。梅赛德斯–奔驰是你“成功”的时候要买的车。宝马查看了其三大系列产品——3 系、5 系和 7 系汽车——并收集了有关品牌用户的心理数据和其他数据。

最便宜的是宝马 3 系。状况研究表明，该系车型的驾驶员特征如下：

- 年轻的专业人士
- 未来可能获得高收入
- 积极的生活方式
- 独立的思考者，不受同龄人压力的影响

- 想要一个能体现自己价值的品牌

在根据买家特征创造 3 系的品牌个性时，宝马将其定义为：

- 年轻
- 有活力
- 有趣
- 运动

宝马 5 系购买者的特征如下：

- 30 岁以上
- 中层及以上管理人员
- 喜欢挑战
- 同龄人中的舆论影响者
- 寻找一个能提供优良性能和驾驶体验以及拥有豪华车设计特点的品牌

5 系品牌个性主要拥有几个属性：

- 创新
- 专业
- 个性

宝马 7 系购买者则具有以下特征：

- 高级经理或拥有同等职位的人士
- 在所选择的职业中取得成功
- 独立
- 寻找一个展示自己成功的汽车品牌，但不是同龄人一般

偏爱的品牌；寻找拥有技术优势和驾驶乐趣的高级豪华汽车

7 系品牌个性恰当地表现在一个重视以下各方面的人身上：

- 优越
- 排外
- 自主

在建立了数据和品牌个性之后，宝马公司对驾驶人群进行了更多的研究，发现了一大群与 3 系驾驶人具有相同特征的驾驶人，但他们驾驶日本车。他们没有购买宝马的原因在于每月的成本太高。因此宝马引进了延时付款的创新金融计划，向下的市场推广也没有使品牌贬值。同时，“告别梦想，尽情驰骋”这一市场细分也提出了一个创造性的主张。整个价值主张在吸引新客户的过程中非常成功，同时又未对宝马品牌的成功形象造成影响。仅在新加坡市场，在为期三周的促销期内售出的汽车就比前三个季度的年销售量还要多。

最近，雨果·博斯（Hugo Boss）根据消费心态学重新调整了其产品组合，从而使客户更清楚地了解其产品，目前集团网站使用了两个品牌——雨果和博斯。这可以解释为：

> 凭借其博斯品牌，该公司正在接触以地位为导向的理性思维客户，这些客户希望穿着经典而现代的高品质服装。博斯的客户对质量和贴身度有严格的标准，并且非常重视物有所值的主张。客户的购物体验也必须达到最高标准，特别是在个人服务方面。博斯在高端市场为客户提供自信的商务装和精致的休闲装系列，其特点是高品质、立体的剪裁和清晰的设计。博斯在其产品的价值主张方面进行投资，尤其重视低端产品的价格范围。博斯的品牌价值是：男性化/女性化、性感、成功、风格和精干。
>
> 与博斯相比，雨果的目标客户更注重时尚，他们认为自己的着装风格是表达个性的重要元素。雨果的客户思想开放、个性鲜明、自发性强，喜欢购物，经常在电脑上和手机上购物。雨果为广大年轻的客户群提供时尚的商务和休闲装系列，并以其先进的设计和明确的时尚宣言而著称。雨果将继续专注于高端细分市场。雨果专注于当代时尚，在时尚宣言和定价方面，与博斯的区别更

加明显。雨果的品牌价值观是，全球参与、始终保持好奇心和真实的表达。

我们将在第 5 章中进行更多关于如何建立品牌个性以及为什么品牌个性如此重要的讨论。

由此得出的核心信息是，在建立强大的品牌时，公司必须使用由外而内的思维，而不是由内而外的思维。最后一个例子是，曾经有人委托我帮助一家日本公司通过加强其现有和未来的品牌组合来发展其亚太业务。当我试图了解其业务及品牌时，我发现，组织的结构是错误地为理解消费者和建立关系而建立的。品牌和营销部门向新产品开发部门报告。这意味着，新产品的设计和开发没有关于消费者洞察的适当数据。事实上，新产品由品牌和营销部门“销售”。结果是，许多新产品都失败了，因为它们不符合消费者的实际需求。我花了两年的时间与日本总部讨论改变组织结构，使新产品的开发情况向品牌和营销部汇报，因为品牌和营销部的人员与客户关系密切，了解客户真正想要的产品。这一转变对公司的收入和利润产生了积极影响。

在第 7 章中，读者将了解宝洁公司如何利用其在不同市场中的消费者洞察和理解将其全球品牌（如帮宝适和 Always）的传播本土化，并成功地呼吁通过文化规范来唤醒人们内心的情感，满足他们的愿望。同时，读者也将看到情感在构建和管理强大品牌方面的力量有多么强大。

制定品牌战略——四个关键步骤

制定品牌战略需要四个关键步骤：品牌架构、品牌愿景、品牌个性和品牌定位。这些内容将在本章后续部分简要介绍，并在后面的章节中详细讨论。

企业战略和品牌战略的协调

在我们继续研究制定情感驱动的品牌战略的关键步骤之前，需要强调的是，我接触的许多企业都将重点放在了制定企业战略上，但忽略了制定品牌战略作为补充。图 3.1 说明了这一并行工作的重要性，但通常只由企业战略引起了大多数企业的关注。传统上人们认为，企业必须创造与战略和财务目标相关的企业愿景和使命，并融入一些企业价值观。这是企业专注于数字和目标的“强硬”一面，这种方法没有错。

然而，这并不一定意味着将产生一个强大的品牌，因为“软实力”也需要发展。正确的品牌战略意味着，制定的任何品牌战略都必须与业务及客户相关。品牌愿景不同于企业愿景，品牌个性不同于一套企业价值观，而品牌定位将客户需求与战略竞争优势联系起来，将理性和情感利益结合起来。

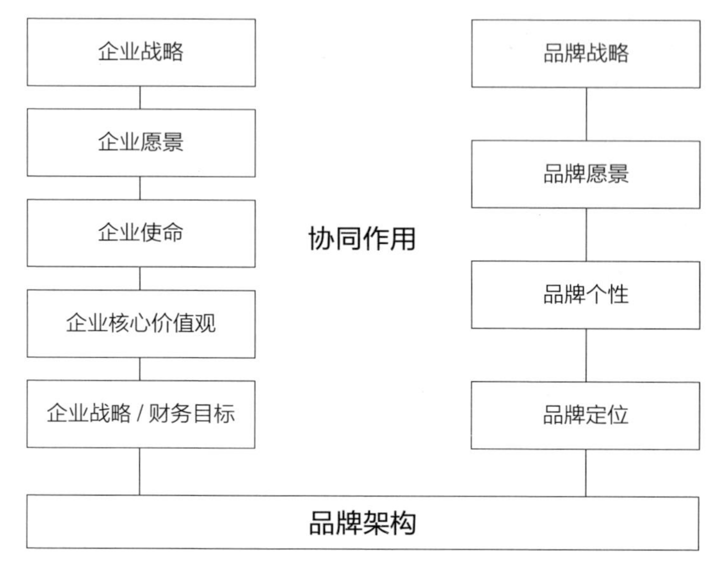

图 3.1 企业战略和品牌战略的协调

虽然许多企业忽视了品牌方面，但真正伟大的企业都会同时注重企业战略和品牌战略，正如巴斯夫（BASF）的理念："我们依靠一个强大的品牌来提高我们作为世界领先化工公司的地位。我们的品牌源于我们的战略和公司宗旨……以及我们的战略方针和价值观。"我偶尔会引用巴斯夫这个很好的例子，它不仅决定要制定品牌战略，而且要管理好品牌战略。

企业和品牌战略的两大支柱是以品牌架构为基础的，更多内容详见第 4 章。

制定品牌战略的四个关键步骤概述

在确定了消费者洞察和情感在品牌建设中的关键重要性之后，我们现在转向建立强大品牌所需的四个关键步骤。让我们通过图 3.2 看一看这四个步骤。

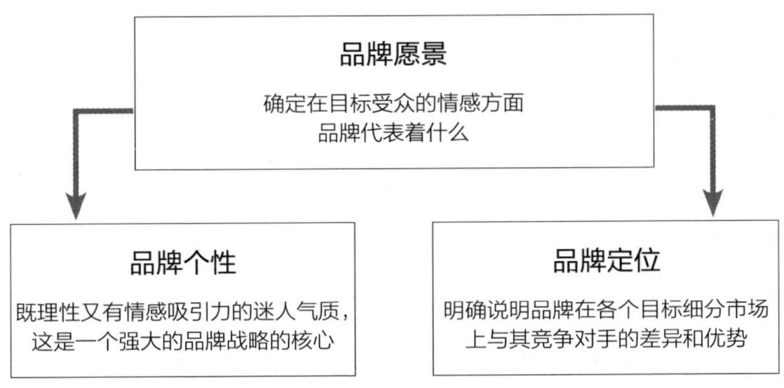

图 3.2　制定强大的品牌战略——四个关键步骤

在第 4 章中，我们将研究企业可以选择的方案，以明确其正试图建立什么样的品牌。这种性质的决策是在品牌架构的主导下作出的。一个组织应该建立一个企业品牌或者一个产品品牌吗？还是建立企业品牌和产品品牌的组合体？我们也将讨论架构选择对未来增长的影响，包括产品线和品牌扩展。应该注意的是，品牌架构决策应该在确定愿景、个性和定位项目之前就作出，否则品牌建设过程的重点就很难被确定。换句话说，我们必须确切地知道我们正在建立什么样的品牌。

在第 5 章中，我们将通过概念研究来了解品牌愿景和品牌个性这两个步骤。这其中包括确定品牌的情感驱动力，并将其人性化，从而在与客户沟通和吸引客户时提供协助，并驱动员工行为。

在第 6 章中，我们将回顾战略制定过程的最后一部分，即品牌定位。品牌定位从本质上询问，对于不同的利益相关者或客户群体，为什么你的品牌不同于竞争品牌，并且比竞争性品牌更好，同时还考虑到他们的需求以及他们将获得的相关理性和情感利益。

小结

21 世纪的品牌经理有许多复杂的任务需要承担，但获得品牌信任和品牌忠诚以及与消费者建立终身关系才是真正要实现的目标，因为只有实现这些目标，品牌才能屹立不倒并增值。当品牌与业务目标联系在一起，指引业务方向，并通过产生强烈的情感联想和关系将品牌与消费者联系在一起时，品牌就是最强大的。

情感的力量从生命开始就存在了——情感是人类精神的巨大动力和主要驱动力。尽管理性的属性可能是吸引人的，但情感的自然力量可以让产品大卖。简单来说，没有情感战略，就无法建立强大而可持续发展的品牌。

了解消费者对于建立强大的品牌至关重要。与由内而外的思维相比，由外而内的思维必须占上风，而市场研究则有助于实现精确定位和建立与消费者的情感联系。

在我们继续深入了解第 5 章所述的如何制定品牌战略之前，我们必须首先处理与我们想要品牌化的产品相关的问题。这将在第 4 章品牌架构主题中进行讨论。

3

制定强大的品牌战略

第 4 章

品牌架构和组合管理

本章分为两节。第 1 节介绍了品牌架构：含义、组织可以做出的选择以及这些选择的优缺点。第 2 节介绍了在管理品牌产品组合时有时需要做出的一些决策，包括扩展品牌、撤销品牌和振兴品牌。我之所以决定将这些内容都包含在一章中，是因为它们都与同一个问题有关——我们要品牌化的是什么以及对于我们必须管理的品牌我们必须作出什么决策。

第 1 节：品牌架构

品牌架构是一个非常复杂的主题，很少有规则适用，但是缺少这个主题，任何关于品牌战略和管理的书都是不完整的。本章总结了不同类型品牌架构的基本选择和论证。

品牌架构有点像一张品牌组织结构图或一棵显示谁与

谁有关系以及有什么关系的家族树。这涉及子品牌如何与主品牌相匹配，以及子品牌是否应该与主品牌相匹配。在这方面，与决策做斗争的组织面临的挑战是，没有固定的规则和各种选择。但从根本上说，需要作出的主要决策是回答一个问题，即你的组织想要成为一个“品牌化的组合”还是一个“多品牌组合”？

“品牌化的组合”是指组织决定将重点放在主品牌（组织的名称）上，而较少关注其控制范围内的子品牌或产品品牌。这一类别的典型品牌包括宝马、维珍、微软、IBM等。“多品牌组合”则与之相反，其重点是子品牌或产品品牌，而对主品牌的关注则要少得多。历史告诉我们，宝洁、联合利华等公司就是成功建立多品牌组合的例子。联合利华的产品品牌包括帮宝适、多芬、夏士莲、斧头等，总收入超过 10 亿美元。

虽然这两种组合是对立的，但越来越多的方法可以将主品牌和子品牌或产品品牌连接在一起。我们可以用以下方式来看一看品牌架构的不同层次。

品牌架构的层次

品牌架构的主要层次可以确定为：

- 真正的企业品牌化；
- 带有产品描述词的企业品牌化；
- 企业和产品共享品牌化；
- 得到支持的品牌化；
- 产品品牌化；
- 产品系列品牌化。

每一个层次代表不同的分化程度，并与源头相联系。我将简要解释它们之间的区别，并讨论它们的主要优缺点。

真正的企业品牌化

企业品牌化往往是品牌架构的主导形式，与产品有关联或无关联。我喜欢将“真正的”企业品牌描述为“那些不惜一切代价相信自己必须设计出企业主品牌的名称并将产品与之相关联的品牌”。这是因为，它们认为品牌的真正价值最终体现在品牌业务，如维珍、宝马和上文在“品牌化的组合”部分中提到的其他品牌。

优点

- 当企业将自己的名字添加到一个产品品牌中时，就产生了信任的附加价值和共享的协同作用。新产品更容易进入现有市场。

- 各企业通过通信平台实现规模经济。
- 每个与企业品牌相关的产品都有助于企业整体品牌知名度、公平性和价值的提升。
- 随着母品牌的知名度、接受度和信任度的提高，新产品进入新市场变得更加容易。
- 可以扩展多个产品系列或品牌。

缺点

- 不良的企业品牌形象很可能阻碍新产品的推出。
- 将企业品牌扩展到多个类别可能会让品牌形象变差。
- 通过新产品和品牌进行扩展可能不为消费者所接受。

带有产品描述词的企业品牌化

一个单一的主品牌名称（即企业名称）涵盖所有产品。这一层次或类型的架构通常为那些认为主（企业）品牌至关重要的企业所采用。产品往往没有名称，但有其他描述词，无论是功能性的（如惠普彩色激光打印机）还是字母数字（梅赛德斯－奔驰 AMG-C63S）。

优点

- 企业主品牌为产品品牌增添了力量，展示了企业传统，鼓励消费者信任品牌。

- 与推出没有主品牌的新产品相比，在广告和促销方面节省了大量费用。
- 所有产品传播平台都形成规模经济。
- 每种产品都有助于提升主品牌的整体品牌知名度、形象、公平性和价值。
- 更容易进入新市场。
- 可以进行多项延伸，但只适用于好的新产品。
- 水平延伸比垂直延伸更容易。

缺点

- 不良的企业品牌形象阻碍了新品牌的推广和现有品牌的成功。
- 不成功的新产品将严重影响企业的品牌形象。
- 延伸更容易，但并不总是被公众接受。
- 品牌进入的类别越多，整体形象有可能越差。

企业和产品共享品牌化

这种层次战略是另一种非常受欢迎的企业关联方法，即产品品牌或子品牌与企业品牌共同出现（例如，维珍大西洋和微软 Windows）。产品和企业品牌都在聚光灯下，但企业品牌名称通常显示在产品品牌的前面。这样，两个品牌都得到了充分利用。

优点

- 提供了一个紧密和一致的品牌化体系。
- 企业品牌的支持增加了消费者的信任和信心。
- 产品可以依靠企业品牌的核心价值观和形象。
- 与上述品牌战略相比，推广的成本更低。
- 产品增加了企业品牌的价值。

缺点

- 被母公司的核心品牌和知名品牌所束缚。
- 自由度低。
- 如果失败，会损害整个企业的声誉，并使企业品牌贬值。

得到支持的品牌化

这一品牌化与共享品牌化的区别在于，企业品牌只扮演提供支持的角色——例如，邦迪创可贴（母公司名称强生公司仅出现在包装的下面）。

优点

- 可以更自由地延伸到许多类别。
- 企业品牌是质量和合法性的保证。
- 产品提高了企业品牌的价值。
- 失败不会跨多个类别传递。
- 以最低的成本给予产品品牌支持。

缺点

- 不良的企业声誉和业绩会影响产品品牌。

以上可供选择的战略是企业架构选择的延续。然而，如今有一种趋势倾向于企业端。

产品品牌化

在这种层次策略中，品牌名称和专属位置被赋予一个产品。采用这种策略的企业给予每个拥有自身特点的品牌完全的自主权，品牌与品牌之间没有明显的联系。例如，宝洁公司在家用清洁剂市场上就广泛使用这一战略，例如 Ariel、Dash 等品牌产品。然而，应该注意的是，这一情况正在发生变化，因为几乎所有的大企业都在将自己的名字与产品品牌联系起来，无论产品品牌本身有多强大。后文还将进一步解释这种趋势。

优点

- 可以占据精确的位置，瞄准精确的目标受众。
- 来自一家或两家企业的多个产品品牌可以填充甚至垄断整个类别。
- 可以承担风险，因为失败不会损害企业品牌。
- 零售货架空间可能更容易获得，因为产品品牌本身具有独立性。
- 每种产品都有一个品牌名称，可以帮助客户感知差异。

缺点

- 成本高，因为每种产品都需要自己的广告和促销预算。
- 需要单独的品牌管理，成本同样很高。
- 只有通过产品更新和创新才能实现延伸，且延伸空间很小（例如，汰渍对品牌的产品、设计和其他方面进行了超过 70 次的变更）。

产品系列品牌化

产品系列品牌化通常从一种基本的产品开始，确定一个名称，并进行延伸，将这一名称也用于延伸产品，就像沙宣洗发水、染发剂、美发沙龙系列等。又如多芬不仅有肥皂，而且现在还有面部湿巾、沐浴液、抗老化洁面乳、除臭剂等。最初的品牌名称用于所有的延伸产品，因此具有主品牌的作用，而这个品牌却不是企业品牌。我听说，这个选择的另一个名称是产品范围品牌化。

优点

- 品牌可以延伸到一定程度。然而，这种程度取决于消费者是否允许品牌进入其他类别。对于相关类别，这不是一个问题。
- 补充延伸可以强化品牌形象。
- 有些营销成本可以跨产品分摊。

缺点

- 产品系列仅限于离散定位和核心理念。
- 从核心品牌主张或理念延伸到不相关的类别十分困难。

企业品牌化趋势

无论是通过共享和支持品牌化或其他方式，企业参与品牌化过程的趋势明确显现。即使是产品品牌化大师宝洁公司现在也在采用一项全球战略来利用公司的品牌名称，将其附着在一些产品品牌上。

总结起来，企业品牌名称以某种形式出现有以下几个原因：

- 对于每种产品，你都会收到一条强调产品和企业的信息。
- 企业的核心价值观围绕着产品展开，从而树立消费者信心。
- 消费者了解产品的来源，因此他们不太容易产生混淆。
- 品牌延伸的可能性更大。
- 广告和促销有许多协同作用，能节约成本。
- 企业品牌的财务价值得到提升，企业品牌本身就是战略商业资产。
- 企业品牌化提升了整体形象力和声誉。
- 正如索尼创始人盛田昭夫所言：“我一直认为公司名称是企业的生命，承担责任，保证产品质量。”

组合管理和子品牌

如上所述，决定是否需要不同的品牌采用不同的品牌战略因企业而异，而且要怎么做也没有硬性规定。需要注意的一点是，并非所有的产品系列或品牌延伸都会成功或盈利，这些看起来诱人的举措很可能会耗尽资源。一些品牌经理计算延伸品牌的实际价值，并跟踪其价值，将更多的资源用于那些价值不断增长的品牌（本书最后一章详细介绍了品牌价值评估）。

企业拥有多个品牌的主要原因是，没有一个品牌可以覆盖每个市场或者一个市场的每个部门。一些企业试图通过使用饱和策略来实现这一点，例如精工，其在全球范围拥有超过 2000 种手表，子品牌包括精工、洛斯和琶莎。其他一些品牌，如玛氏以及只稍微有些“实力”的品牌，如士力架和特趣，它们的广告宣传力度都很强，销量也很高。

一些企业采用企业品牌和产品品牌并举的战略。例如，吉百利巧克力条使用企业品牌，而糖果使用产品品牌。谷歌是企业品牌，但其实是 Alphabet 的子品牌。谷歌使用带有产品描述词的企业品牌化（如谷歌地图）和得到支持的品牌化（谷歌的 Gmail）策略，但也允许 YouTube 等作为独立品牌。在收购 YouTube 时，谷歌决定不以任何形式将谷歌名称附加于上，很可能是因为 YouTube 本身就是一个非常强大的品牌，谷歌不想扰乱其品牌资产或消费群，也可能是出于数据隐私的原因，尽管后面一个原因只是猜测。

或许最成功的主要采用共享品牌策略的企业之一是雀巢。雀巢是众多品牌中的巨头，在 86 个国家的 418 家工厂拥有 328 000 名员工，创造出 2000 个品牌，并创造出一些与其公司品牌相关的伟大的产品品牌。全世界的消费者每两秒钟就要吃掉一颗雀巢 Walnut Whip 糖果，每年销售 19 亿个雀巢巧克力牛奶片。奇巧巧克力本身就是一个强大的品牌，但其名称中加入了雀巢公司的名称。每年销售的“双指”奇巧巧克力条足够绕地球一圈半，其公司品牌名称在每次销售中都得到充分利用！

相比之下，丰田是一个在汽车市场大多数价格区间都很成熟的品牌。丰田发现，母公司的形象无助于进入豪华车细分市场，因此必须创建一个独立的品牌，即雷克萨斯。可以说，这既是一项很好的举措，但有可能适得其反，因为如果雷克萨斯品牌的价格下降到更低的范围，既可能让丰田品牌被蚕食，也可能淡化雷克萨斯品牌。多年来，尽管雷克萨斯的销量逐年增长，但已不再是美国豪华车市场的佼佼者。2015 年，宝马荣登榜首。

必须明确确定的是，无论多品牌组合中包含什么，品牌区域之间都不能相互重叠，因为这可能会导致消费者混淆和销售的次优化（同类化）。最后，一家拥有许多品牌的公司，因推销一些品牌，而损害其他品牌，这种情况并不罕见。因此进行年度品牌审计，并尽可能对每个品牌进行财务评估，从而确定哪些品牌做得好、哪些品牌在走下坡路及其原因，这些工作必不可少。壳牌公司每年都会对每个品牌进行评估，然后利用这些信息来决定如何将市场资源分配给各个品牌。

子品牌经常被与产品品牌混淆，并倾向于被用于时尚、与趋势相关的类别和快速消费品行业。在这些行业中，不同的产品需要不同的定位，因为单个品牌无法覆盖所有范围。范思哲（Versace）凭借其成熟的客户群而跻身主打品牌之列，而其子品牌范瑟丝（Versus）则针对年轻客户。阿玛尼（Armani）和安普里奥·阿玛尼（Emporio Armani）也一样。当主品牌可以覆盖所有产品或服务时，子品牌往往不会被使用，在重型机械、耐用消费品和计算机领域也是如此。

案例研究 4 说明了在一个利基市场中，一个快速增长的品牌如何通过其产品和子品牌组合中一致的命名架构来关注企业品牌价值的建立。

案例研究 4

莱佛士国际

主品牌支持

1996 年，莱佛士集团只有一家酒店——新加坡著名的莱佛士酒店。2001 年，莱佛士管理的酒店有 38 家。莱佛士国际品牌始于 1989 年，围绕着一个与优质服务相关的著名产品而建立。“国际”一词的出现，为品牌增添了愿景，品牌现在的名称代表着产品和服务的卓越承诺。此后，莱佛士还收购了其他知名品牌，如伦敦的布朗酒店和德国的 Vier Jahreszeiten 酒店以及 Swissôtel 连锁酒店等。

尽管这个利基领域快速增长，但是莱佛士始终有意识地努力建立一致性的并具有意义的品牌架构。莱佛士品牌的业务重点是生活方式，而不是酒店本身。“莱佛士国际”这一主品牌制定了两层战略：莱佛士品牌酒店和度假村针对富裕的休闲和商务旅行者；而 Swissôtel 和茂昌阁酒店则旨在为现代商务旅行者提供优质和舒适的服务。莱佛士管理层面临的挑战是，如何保持产品组合中所有知名品牌的品牌资产，同时创造莱佛士国际主品牌的资产。这一资产联系就是通过在所有酒店企业标识和宣传材料中保留“莱佛士国际”字样来实现的。

例如，著名品牌布朗酒店的广告语是“布朗酒店，一家莱佛士国际酒店”，而 Swissôtel 和茂昌阁酒店的广告语是“由莱佛士国际管理”。2005 年 9 月 30 日，莱佛士国际宣布将其所有权从莱佛士控股有限公司变更为柯罗尼资本有限责任公司。这一变更是在莱佛士控股有限公司以 17.2 亿新加坡元的企业价值成功地将其酒店业务出售给柯罗尼资本有限责任公司之后发生的。成功的莱佛士品牌化带来了巨大的经济回报。

将视觉形象与架构联系起来

顶级品牌擅长将其品牌架构与品牌的视觉形象联系起来。英特尔就是一个例子。英特尔使用了一种共享品牌化策略。英特尔是公司主品牌，并有三个品牌平台，所有产品都可以加入其中一个平台。对于每一种产品，母公司名称“英特尔”在产品名称之前，并且在包装上使用一致的公司标志和颜色。

关注的问题不在于英特尔的视觉架构——它看起来非常好，并且在如何应用共享品牌方法方面非常一致。问题是，虽然产品排得很整齐，但消费者很难理解产品之间的差异。例如，英特尔网站曾显示，目前的核心系列（尽管在不断变化）包括：酷睿单核、酷睿 2 单核、酷睿双核、酷睿 2 双核、酷睿 2Q 系列四核、酷睿 2 至尊、酷睿 i7 和酷睿 i 至尊版。奔腾本来应该已经被淘汰，但偶尔也会出现在产品队列中。从品牌管理的角度来看，产品宣传材料中缺乏明确的解释。

当消费者试图了解所有这些产品品牌对他们意味着什么时，英特尔却宣布将再次改变其品牌阵容。迅驰将不再是一个“平台”。以前，它代表的技术包括微处理器、称为芯片组的独立产品类别以及管理无线网络的芯片，而后它将只作为无线网络技术被保留。品牌名称“酷睿”将成为旗舰品牌。但诸如酷睿 2 双核之类的品牌延伸也会消失。相反，三个性能等级被命名为i3、i5和i7。奔腾和赛扬也将继续存在。那么，为了简单起见该怎样做?

这些变化应该能帮助我们这些消费者。2009 年 6 月 18 日的《华尔街日报》引用英特尔发言人比尔·卡德尔所说的话："事实上，我们有一个复杂的结构，有太多的平台品牌和产品名称，我们在这个过程中让消费者和 IT 买家感到困惑。"确实，英特尔一直在改变品牌名称并制造混乱。

品牌合作的机会

品牌合作有时称为跨平台营销。随着公司寻找新的方式接触目标受众，品牌合作变得越来越流行。信用卡是品牌合作的好例子，它与各种各样的企业联系在一起。品牌合作的一个主要原因是接触到更多你想要的但目前是其他人的客户的消费者。而第二个原因是，品牌合作使营销成本得以分摊——当一项重大活动的成本可能超过 1 亿美元时，分摊是一个重要的考虑因素。一级方程式与新加坡电信合作宣传在新加坡的首场夜间比赛就是这样一个例子。通过两者合作，一级方程式能够利用新加坡电信在其各种服务方面的营销优势来宣传在新加坡的比赛。同样，通过与一级方程式的品牌合作营销活动和项目，新加坡电信也能够获得超高的曝光率。当然，将品牌合作视为商业机会的第三个主要原因是，为自己的客户群提供更多的好处，从而提高品牌忠诚度。

另一项重要的品牌合作实践是可口可乐公司对哈利·波特电影《哈利·波特与魔法石》的郑重承诺。可口可乐为这部电影投资 1.5 亿美元，作为回报，其获得了全球独家营销合作伙伴的地位。这使得可口可乐公司做了很长一段时间以来一直想做的事情，即在不脱离母公司的情况下，接触到年轻的目标受众。更重要的是，与传统广告相比，为可口可乐公司提供了更好、更快的品牌传播覆盖。对于电影制造商华纳兄弟公司来说，筹资的大量资金可以用来解决其广告预算的问题。

可口可乐公司还赞助了一个非常成功的电视节目《美国偶像》，该节目的数百万观众都可以看到评委们喝着大杯的著名饮料。

我记得过去有一个故事是，一家体育管理公司多年一直试图推动劳力士赞助温布尔登网球锦标赛，但没有成功。最终有一年，劳力士的负责人被说服在总决赛日观看温布尔登网球锦标赛。他观看了整场比赛，当看到观众、球员们的精准度和表现、草莓、香槟、电影和音乐明星以及出席的皇室成员后，他对体育管理公司的代表们说："这一赛事适合劳力士。"从那时起，劳力士就支持并赞助了温布尔登网球锦标赛。这两个顶级品牌的代表性和价值观是一致的，在功能和情感上都能很好地契合。

在考虑品牌合作机会时，首先，在作出承诺之前仔细地进行评估是很重要的，因为必须要完成某些事情才能取得成功。除非你的客户能（并且会意识到他们能）从中获得真正的好处，否则就不要浪费时间了。其次，确保合作伙伴的目标具有相似类型的受众和心理特征。再次，确保合作伙伴的品牌价值与你的品牌价值相似；否则，将出现重大战略问题，合作也会出现问题。最后，确保选择的品牌合作伙伴不会影响自己的品牌。如果你做对了，品牌合作会成为一个很好的延伸品牌组合的方式，并且不需要产品延伸和发布新产品。

混合品牌化

混合品牌是指由两个或多个企业或品牌之间的交流而产生的品牌。其基本原理与品牌合作的基本原理相似，即企业结合自己的经验，希望创造出一个自己可能无法创造的成功品牌。虽然这与合并相似，但新形成的品牌是重点。维珍与新加坡电信联手，为亚洲市场打造维珍移动就是一个例子。新加坡电信对亚洲有很好的了解，但新加坡电信不是一个真正为人所接受的地区品牌名称，而维珍虽然有品牌名称，但是对移动电话和亚洲市场知之甚少。这显然可能是一场理想的“婚姻”。2001 年，这场“婚姻”是通过一场盛大的发布会完成的。维珍的品牌价值，通过一些有趣搞怪的和与众不同的营销活动得到了介绍和强化。但可悲的是，这并不是一场成功的“婚姻”，这个混合品牌已经退出了市场。

案例研究 5 讨论的是索尼和爱立信。在我看来，这个混合品牌之所以不太成功，是由于其糟糕的品牌管理。

案例研究 5

索尼和爱立信

2001 年 9 月，索尼公司和爱立信公司推出了一个各占 50% 的新手机品牌和标志，名为索尼爱立信移动通信。对于爱立信来说，人们当时感觉到了一种绝望的气氛，因为过去几年，爱立信的市场份额持续下降到 10% 以下——就像在诺基亚革命之后退出市场的摩托罗拉一样。鉴于当时市场形势的低迷，爱立信实际上是指望这项新的风险投资能够令其摆脱所面临的金融问题，即债务、盈利能力不足以及消费者对其品牌的信心不足。

对于索尼来说，其雄心壮志已经（现在仍然如此）远远超出了消费电子产品的范畴，进入了信息娱乐领域。这项投资有望推动其现有业务的发展。在移动通信领域这个市场上，索尼缺乏专业知识，需要扩大其在这个市场相对较小的市场份额。

“伟大的想法”是爱立信提供技术，索尼提供对市场的分析。索尼爱立信首任总裁井原胜美表示，新的混合品牌意义非凡：“我们仍然是互补的。爱立信在无线方面很强，索尼虽在这方面有点弱，但了解消费者。”

我在过去和现在对这次“联姻”的看法都是，在双方合作之前，有几个障碍需要克服：

- “标志 = 品牌”心态；
- 产品支出与品牌支出；
- 动荡的市场；
- 易变的消费者；
- 时任巨头；
- 有什么区别？

让我们来看一下具体分析。

“标志 = 品牌”心态：索尼爱立信创造了一个新的标志，这个标志看起来像一个绿色的咽喉含片，在手机屏幕上移动，并出现在广告上。公司发言人马茨·耶奥里松表示，在手机屏幕上，标志会“带着情感”作出反应。“它会表现得像活的一样，”他说，“它可以变形和跳跃——它是流动的或者‘另一个我’。我们想要一些能不断进化和让你惊喜的东西。”对我来说，这是一个超越策略的创意。标志只有作为记忆回忆装置才有价值，并经常被使用。这听起来像是一个可能适得其反的花招。因为他们太过关注标志的制作，并为此投入了过多的资金。标志既不是品牌，也不是主要的区别。

产品支出与品牌支出：亚洲企业以不投资品牌而闻名，这是该地区很少有全球品牌的主要原因之一。日本企业是这方面的典型代表，它们的品牌管理不像企业运作一样高效。因此，我们看到索尼爱立信首任总裁井原胜美表示，不需要对这一新品牌进行大规模投资，因为商标上的名字本身就说明了一切。“花很多钱是没有意义的，”他说，“人们已经知道它是什么了。与其在品牌上花很多钱，不如投资产品，这更具商业意义。”这是一个危险的想法，因为没有强有力的促销支持，新品牌就不会成功。

动荡的市场：随着一个新品牌的推出，你只有一次机会好好建立品牌，更何况这个品牌是在一个动荡且竞争激烈的市场中推出的。由于 2008 年第四季度爆发的全球经济危机，手机市场出现了放缓。IDC（一家全球技术咨询公司）报告称，全球手机市场的出货量自这次经济危机爆发以来已下降了 12.8%。由于竞争激烈，索尼爱立信在全球排名中位列第四。诺基亚、三星和 LG 凭借各自有吸引力的品牌以及创新的技术和功能引领市场，索尼爱立信则必须同时应对竞争和全球经济危机。

易变的消费者：鉴于手机消费者已经非常了解产品和品牌，因此索尼爱立信不得不做很多劝说工作，让消费者放弃熟悉的品牌，选择索尼爱立信——在某种程度上，消费者也乐于多些选择。但除非产品本身有显著的不同，否则不太可能实现这一目标。由于索尼爱立信一直是新产品开发和创新的追随者，所以其产品过去和现在都不太可能有显著不同。此外，消费者逐渐对公司事务有了更多的了解，而且这两个合作伙伴都没有取得伟大的成果，因此消费者会墨守成规规避风险。

时任巨头：截至 2008 年底诺基亚以超过 39.1% 的市场份额统治手机市场。索尼爱立信 8.4% 的市场份额从未产生真正影响。爱立信和索尼既没有建立起消费者喜爱的情感联系，也没有建立起品牌忠诚度，我也没有看到任何迹象表明两者合作后有什么不同。事实上，正如我们前面所看到的，品牌消费并不是一个很重要的优先事项，情感联想在很大程度上就是这样产生的。爱立信和索尼都不像强大的竞争对手一样，都不是品牌化专家。

有什么区别? 手机是商品，在尺寸、重量、电池寿命、功能等方面或多或少是相同的。诺基亚由于卓越的品牌和设计，在当时远远领先于市场中的其他竞争者。只有强大的品牌才能拥有在情感上吸引其追随者的差异化产品。苹果公司后来也证明了这点。尽管苹果在生产手机方面没有业绩记录，但是由于其在拥护者中具有巨大的情感品牌吸引力，因此能够立即用 iPhone 开拓手机市场中的一个细分市场。索尼爱立信未能解决的问题是：鉴于缺乏强大的品牌化，自己与竞争对手有什么不同，而且优于竞争对手？标志的差异化并没有回答这个问题，这也是其不能获得成功的理由。

合并和收购

命名和消费者困惑

合并或收购有时会给品牌带来问题。例如，如果品牌的名称没有保留，或者加入新名称，就像埃克森美孚和戴姆勒–克莱斯勒，那么就存在如何向消费者解释这个问题。1999年埃克森石油和美孚石油两家公司合并后不久，埃克森美孚就在媒体上刊登了一则广告，向消费者解释公司名称的变更：

> 我们和您一样忠诚于品牌。
>
> 忠诚是双向的。因此，在街道、公路或高速路上，我们不会让您感到困惑。是的，我们已经合并了。但我们的品牌埃索、美孚和埃克森依然存在。改变的仅是背后的公司。埃克森美孚是代表技术、效率和服务的新名称，助力我们为您提供更好的服务。

广告中有一个网址，上面既有两家公司原来的标志，也有埃克森美孚的标志。埃克森美孚关心客户及其与品牌之间情感联系，费了很大的劲才让消费者安心下来，同时并保证会为消费者带来更好的体验。

相比之下，戴姆勒和克莱斯勒也在1999年合并，但花了两年时间向消费者解释。在2001年10月9日的《亚洲华尔街日报》和10月15日的《财富》杂志上，这家新公司刊登了一则使我感到震惊并且毫无创意的广告。广告左边一页上，一位电话接线员说："早上好。欢迎来到梅赛德斯—奔驰—吉普—道奇智能—福莱纳特林塞特拉。我能为您提供什么帮助？"而在右边一页上有一个标题："就叫我们戴姆勒–克莱斯勒吧。"然后是：

> 我们真的不需要再介绍我们的品牌了。它们都通过自己的成就创造了历史，它们的名字在全世界都众所周知。当然，它们将在同一个屋檐下工作。这意味着，我们将永远拥有丰富的经验和创新的理念，这有助于我们在未来的竞争中保持领先。有关更多信息，请访问www.daimlerchrysler.com。

落款处是"戴姆勒–克莱斯勒"和广告语"回答接下来的问题"。

我很想说："我无法用语言表达。"现在，我不知道戴姆勒–克莱斯勒品牌的个性是什么，甚至不知道它是否有个性，但任何一家做广告的公司都要在消费者心目中创造个性，不管是默认的还是非默认的。这则广告通过语气和措辞方式发出了有关戴姆勒–克莱斯勒个性的可怕信息。我也不知道广告语是什么意思。当机构向品牌经理提供广告副本时，品牌经理应对照品牌个性进行检查，以确定其是否“符合战略”。最重要的是，态度绝不应该是傲慢的。

下面这个案例说明了在合并或收购之前是将另一品牌纳入现有架构还是将其独立保留下来的对立观点。

案例研究 6

家乐福（法国）与阿霍德（荷兰）

合并和收购——品牌化的组合与多品牌组合

家乐福和阿霍德听起来像两支足球队的名字，但它们实际上是全球最大的两家连锁超市的名字。有趣的是，在过去几年的快速发展过程中，它们在命名策略/架构方面选择了不同的品牌化路线。

家乐福正试图通过收购其他连锁超市并改为自己的名字来打造一个全球品牌。例如，2007 年，它以 5500 万欧元和 15 亿欧元分别收购了 Artima（罗马尼亚）和 Atacado（巴西）。在法国，这家法国零售商决定将所有冠军超市（Champion）的门店重新包装并入家乐福旗下。这是继在西班牙、阿根廷、波兰、巴西和土耳其完成的类似项目之后的又一个项目。这个项目构成了家乐福多形式、单一品牌战略的一部分。

阿霍德做的恰恰相反。该公司没有将其新收购的超市转变为对欧洲以外客户来说几乎陌生的固有形式，而是保留了所收购的超市，例如，美国的 Giant、Stop & Shop、Peapod 和 Martin's；荷兰的 Albert Hejin、Etos 和 Gall & Gall；捷克和斯洛伐克的 Albert

和 Hypernova；瑞典和挪威的 ICA 的名称和管理层。曾担任阿霍德首席执行官的约翰·里斯顿说："在阿霍德，我们的全球战略重点仍然是将我们所有的连锁店名称转变为强大的消费品牌。"

阿霍德是零售管理方面的大师，关注在幕后提高绩效。末端的订购和运输可以从阿霍德的全球网络中获益，从而有助于降低成本。

家乐福表示，在 95% 的案例中，家乐福是通过根据当地口味定制食品来迎合当地人的喜好。例如，在中国，家乐福门店销售的大部分产品都是从中国采购的，门店经理有权根据当地要求经营门店。"我们的商店为当地人提供想要购买的本地产品，"家乐福的一位发言人解释说，"在中国，我们是中国人。在马来西亚，我们是马来西亚人。"食品分析师说，食品零售不像其他类别商品，因为大多数食品杂货都是在家附近采购的。如果这是真的，他们认为，很难建立一个值得信赖的单一品牌。嗯，这是一件因食品而引人深思的事！

最后，我想花点时间谈谈那些购买非常成功或正在走向成功的品牌并努力提高它们价值的公司。这些公司可以被看作是玩世不恭的掠夺者，但它们非常擅长发现品牌潜力和增加价值。我称它们为品牌收藏家，最好的例子来自奢侈品界。

品牌收藏家

对奢侈品牌的迷恋

对于任何品牌经理来说，最终的荣幸就是打造一个具有全球魅力、声望和名誉的奢侈品牌。然而，这并不是说竞争不再激烈，而令人惊讶的是，钢笔（对不起，应该说是书写工具）等普通产品的价格可能和摇滚明星或足球运动员的工资一样高。这一观察结果是否应被推翻？当然，这要回归本原的品牌化技术和认知管理，但品牌奢侈化的回报是巨大的。有人会认为，在当前全球经济低迷的情况下，奢侈品牌的业绩会很差，但似乎并非如此，如下所示。

“关注”这个空间：跨品牌的机会

手表（对不起，应该说是计时器）是奢侈品类别中很典型的一种，似乎种类繁多。每个品牌似乎都将自己的品牌产品延伸到了计时器类别。CK 的手表与其整体服装风格紧密结合。阿玛尼也做了同样的事情，而范思哲也有一系列不同的手表品牌。其他品牌，包括唐可娜儿、阿迪达斯、巴利、贝纳通、卡纷、香奈儿、克里斯拉克鲁瓦、雨果·博斯、鳄鱼、卡尔·拉格菲尔德、浪凡、莲娜丽姿、皮尔·卡丹、添柏岚、圣罗兰等，也都陆续推出了手表。奢侈品市场已经非常火爆，而这些时尚配饰的市场也仍在快速增长。尽管时尚品牌的手表有各种形状、尺寸和价格，但毫无疑问，它们都为消费者所喜欢，原因在于消费者喜欢这些品牌。

假如你不喜欢时尚，而是更喜欢科技，那么不要失望。百年灵、精工、耐克、卡西欧和其他制造商正在生产高科技手表。在某些情况下，这些手表能够从互联网下载复杂的文件，并与手机、平板电脑或笔记本电脑连接。有些手表还可以监测心率、储存电能、接收电子邮件、测量运动员的速度和距离、发出求救信号等。许多公司发现，通过这种方法延伸自己的品牌，可以保持较高的销量并提高品牌知名度。

如果你不想要手表，但是想通过你最喜欢的奢侈品牌来表现你的亲和力、表达你自己并给你的朋友留下深刻印象，那么也请不必担心，因为你可以买一个香奈儿网球拍、古驰蜡烛、普拉达钥匙圈、LV 雨伞或泰迪熊，甚至是范思哲狗碗！这些附属品真的可以盈利吗？它们会拉低真正的品牌吗？只有时间才能证明这一点，但奢侈品牌总是倾向于延伸到配件领域，尽管这看起来很奇怪。这一现象也促使我们进一步审视奢侈品世界。

梦想中的卖家

下面让我们看看品牌收藏家们拥有的奢侈品。睿智的公司都拥有创建和购买奢侈品牌的商业战略。奢侈品牌会让人心潮澎湃并产生永不满足的欲望，奢侈品牌产品价格高，销量也高。这些商品是梦中的东西。奢侈品牌是真正具有情感价值的品牌，但很少有公司持有这些品牌。持有奢侈品牌中最大的两家控股公司是酩悦·轩尼诗—路易·威登集团和历峰集团。这两个集团在品牌管理上都给予自己的品牌相对的自主性，因为这些品牌中的大多数都是有实力的品牌。这两个集团不强调企业品牌，因为所持有的品牌都是独立的，因此都属于“多品牌组合”，而不是“品牌化的组合”。

历峰集团网站上显示，这是一家“瑞士奢侈品集团，旨在长期发展成功的国际品牌”。除了奢侈品业务，历峰集团还投资烟草、金融服务、葡萄酒和烈酒以及黄金和钻石开采行业领域。瑞士人通常在谈论自己身份时，是非常低调的，他们更愿意谈论自己的品牌，如江诗丹顿、Purdey、名士、积家、朗格、卡地亚、沛纳海、万国表、伯爵、兰姿、登喜路、梵克雅宝、万宝龙、万特佳、蔻依、阿莱亚、上海滩和罗杰杜彼。

历峰集团2018年第一季度的销售额达到109亿欧元，但远远落后于比自己更具知名度的竞争对手——酩悦·轩尼诗—路易·威登集团。案例研究7就描述了后者的知名度和管理奢侈品牌的方式。

案例研究 7

酩悦·轩尼诗—路易·威登集团

多奢侈品牌组合

酩悦·轩尼诗—路易·威登集团由 70 家创造高质量产品的优秀公司组成，其所涉奢侈品业务主要包括以下五个领域：葡萄酒和烈酒、时装和皮革制品、香水和化妆品、手表和珠宝以及精品零售。集团目前在全球拥有 13.4 万名员工，2017 年销售额为 426 亿欧元，在法国和世界其他各地拥有超过 3860 家店铺，形成零售网络。其品牌组合包含世界上各类别最强大品牌的 50% 左右，如下所示。

- 葡萄酒和烈酒：雅柏、雪树伏特加、曼达岬、酩悦、伊甘堡、云湾、唐培里侬、轩尼诗、库克、梅西耶、瑞纳特、凯歌皇牌和文君等。
- 时尚和皮具：伯尔鲁帝、思琳、克里斯汀·迪奥、唐娜·凯伦、艾米里欧·普奇、芬迪、纪梵希、路易·威登、马克·雅各布和托马斯·品克等。
- 香水和化妆品：帕尔玛之水、纪梵希香水、娇兰、高田贤三香水、浮生若梦、迪奥香水和罗意威香水等。

- 手表和珠宝：宝格丽、宇舶和泰格豪雅等。
- 精品零售：DFS 免税店、La Grande Epicerie de Paris、Le Bon Marché Rive Gauche、丝芙兰、萨玛利丹百货和右舷邮轮免税店。
- 其他：白马庄园、《艺术鉴赏》杂志、Cova 甜点、*Investir*（包括杂志和报纸）、Radio Classique 电台网和斐帝星皇家船厂等。

正如其网站所述，“集团成功地保留了一种以长远眼光为重的家族精神。集团的使命是确保其每个组合的发展，同时尊重其身份和自主性。通过精心挑选的渠道提供创造、生产和销售其产品和服务所需的资源”。同时这也清晰地表述了集团的精神。

集团精神

“集团汇集了真正杰出的组合。每个组合创造出体现了独特品位、精心保留的传统以及与现代性动态结合的产品。这些创造使我们的组合成为一个个代表独特精致生活的艺术大使。”

集团愿景

研究该集团的案例，我们知道，它不仅仅是随机购买品牌。集团主席伯纳德·阿诺特说：“我们集团的愿景是，在全世界展示西方‘生活艺术’最精致的品质。集团名称必须继续成为优雅和创造力的同义词。我们的产品以及它们所体现的文化价值观融合了传统和创新，点燃了梦想和幻想。”

集团价值观

该集团在其网站上公布了三个优先事项，反映了所有集团利益相关者共享的基本价值观。三个优先事项包括：

富有创造力和创新精神

创造力和创新精神是我们 DNA 的一部分。多年来，它们确保了我们的组合获得成功，并奠定了自己的正统地位。这种创造力和创新精神的结合是我们的组合和数字的基础，是我们不断更新我们的产品，同时坚定地展望未来，又永远尊重我们独特遗产的微妙平衡的核心。

实现卓越

我们从不在质量上妥协。因为我们以最高贵和最完美的形式体现了工艺世界，所以我们非常注重细节和完美。从产品到服务，我们通过不断追求卓越使我们与众不同。

培养创业精神

我们拥有一个灵活而分散的组织，鼓励提高效率和响应能力。通过委以重任来激发个人的主动性。我们的创业精神鼓励冒险和毅力，需要务实的思维和激励团队的能力，以引导员工实现雄心勃勃的目标。

该集团鼓励所有的合作者都有这种培养创业精神，以及这种对进步的渴望。我以为，上面这几段对集团价值观的陈述充分表达了一个真正品牌冠军的想法和感受。接下来让我们更仔细地看看该集团是如何管理其品牌的。

在 2001 年 10 月《哈佛商业评论》的一次采访中，阿诺特描述了他所称的“明星品牌”的特征：

- 永恒；
- 现代：
- 快速增长；
- 高利润。

在奢侈品市场上，这些明星品牌的数量不到十个。明星品牌数量稀少的原因是很难同时平衡这四个特征。例如，快速增长和高盈利能力之间存在一定的张力，永恒性和现代性也是如此。

永恒需要数年的发展才能实现。但阿诺特说，通过狂热追求、永不会降低的品质这一特征可以实现。创新推动着现代性，这很难实现，因为“你必须了解过去，同时创造未来”。他的设计团队将大部分时间都花在了这一点上，因为明星品牌必须是流行的、时尚的、前卫的、性感的和现代的——实现幻想。持续的品牌重塑是关键。增长是消费者欲望的一个函数，而在某种程度上消费者欲望的创造依赖广告，但阿诺特不会让他的营销人员参与广告，而是由他的设计团队负责，在他看来，设计团队可以更好地设计出想要的形象。

阿诺特说，产品质量和员工培训位于明星品牌建设过程的“前端”。例如，路易·威登的每一款手提箱都“放在一个酷刑机里，每分钟打开和关闭五次，持续三周。不仅如此，还要被抛掷、摇晃和碾压”。阿尔诺的集团就是这样制作传家宝的。“一个钱包可以有多达 1000 个生产任务，几乎每一项任务都是手工完成的。在工厂工作的人在允许接触产品之前接受了数月培训。”计划和纪律在生产过程中是最重要的。众多企业犯的最大错误都是把广告委托给市场部。例如，迪奥品牌的个性广告（非常性感、现代、非常女性化和充满活力）通常都由迪奥设计团队和首席设计师本人创作。当然，在所有的创新力、广告和其他耗费高成本的流程转化为产品进入市场之后，每个品牌也会随之产生盈利能力。

至于品牌管理，阿诺特说，许多品牌都有成为明星的潜力，但却管理不善。奢侈品的品牌管理需要时间，因为这四个特征必须协调一致，不能急躁。有利的一面是，一旦你到达那里并管理好品牌，回报将是惊人的。

品牌架构可能是品牌管理中最困难的方面，因为根本没有规则可循，也没有无限的机会尝试多种变化。有些变化是可行的，而类似的变化则没有效果。企业品牌化固然是大趋势，但有时产品品牌化也是必要的。

让品牌架构步入正轨并不容易。本章的第 2 节将讨论品牌经理需要作出的更艰难的决定，不管他们的品牌做得有多好。

第 2 节：三大困境：品牌延伸、品牌振兴和品牌撤销

在本章的第 1 节，我们研究了公司在确定其可用于构建品牌组合的架构时的选择。在本节，我们将讨论品牌经理在增加或削减这些品牌组合时需要作出的一些决策。

所有品牌经理都注重品牌的寿命，如果管理得当品牌可以长存。通常情况下成功和放弃都可以用来检验一名好的品牌经理的技能。品牌经理在职业生涯的某个阶段都会面临三大难题并需作出决策，即（1）当一个品牌做得很好时，是否要将品牌名称延伸到其他领域（无论是在其现有类别之内，还是在其现有类别之外）；（2）当一个品牌被忽视并需要振兴时，该怎么做，以及是否能够实现这一目标；（3）如

果未来没有前景的话，是否要终止或撤销一个品牌。作出这些决策都不容易，本节将审视这些类型决策的案例。

一个巨大的诱惑：延伸品牌

所有品牌经理在某个阶段都必须面对的一个关键问题是，是否应该延伸自己的品牌，答案是：要视情况而定。在最基本的层面上，延伸品牌指在同一类别中生产同一品牌的产品变体。而在另一个层面上，延伸品牌面临两种选择，第一就是延伸品牌到同属于一个行业的其他类别；第二则是延伸品牌到完全不同的行业。延伸一个成功品牌的诱惑是巨大的，而且没有指导品牌经理的现成规则。直到某一天，消费者将作出决定，因为他们才能真正认可和建立品牌。品牌承诺和个性以及是否与消费者有情感联系实际上是真正的制约因素。

当然，有些品牌延伸是行不通的，我们可以看看各种各样的例子，并判断什么时候可以进行品牌延伸。然而，首先我将厘清品牌延伸的一些基本原因以及一些术语。

品牌延伸的原因

延伸品牌有三个基本原因：

第一，自然原因

品牌延伸的一个主要原因是我所说的“自然原因”。在这种情况下，一个品牌可能会新开发一种产品，这种产品非常接近其原有产品，但满足了不同的甚至相同的受众需求，而又不会严重影响现有产品的销售量。这种延伸是一种“自然”的发展，因为品牌经理发现和利用了更多的消费者产品需求，而这些产品需求属于他们的类别。著名的 After Eight 牌薄荷糖就是这样。经典的深色品种与白色薄荷糖品种相辅相成，而该品牌其他延伸产品包括 After Eight 薄荷味黑巧克力以及橙子味和薄荷冰淇淋味巧克力棒。这种品牌延伸不仅有意义，而且如果公司要成长并在这一类别中牵制自己的竞争对手，这种品牌延伸也是必需的。

第二，市场增长减少

如果现有市场出现增长放缓的迹象，企业可能会尝试扩大其品牌组合。例如，全球第一大半导体芯片制造商英特尔通过制造与电脑和平板电脑相连的设备，并提升电脑和平板电脑，特别是那些安装了英特尔微处理器的电脑和平板电脑的价值，以应对由于个人电脑销量下降而导致的处理器增长放缓。英特尔还作出了战略决策，生产其他消费性设备，如医疗保健测量设备和教育产品。虽然在娱乐类别，英特尔的产品将很难与三星、索尼、飞利浦等消费电子巨头生产的产品竞争，但其这些延伸产品与现有业务非常接近，可以避免使消费者产生疑虑。从长远来看，或许更为重要的是，英特尔会进一步进入医疗保健领域。在该领域，医生有望通过新设备将英特尔的技术用于远程患者健康监测和其他医疗用途。因此，随着市场挑战和机遇的出现，创新至关重要。

第三，对品牌不可战胜的信心

虽然上述原因往往是基于可靠的市场调查和较强的常识，但有些品牌延伸的前提想法是，因为该品牌已经在一个或多个类别 / 市场取得了成功，所以将会自动成为其他类别 / 市场的明星。这种想法在某些具体情况下有可能是正确的，但在一般情况下却是非常错误的。维珍集团在一些领域就过于自信了，如维珍伏特加、维珍可乐、维珍化妆品以及其他一些进入不同行业类别的尝试都体现了这一点。因此，虽然品牌既可能有机会得到延伸，但也可能存在影响品牌延伸能力的雷区。在我们讨论更多的例子之前，我想区分一下通常所说的品牌延伸和产品系列延伸。

品牌延伸和产品系列延伸——可能性和困难

品牌延伸包括使用现有品牌名称进入新的产品或服务类别，而产品系列延伸则使用现有品牌名称提供相同类别的新产品或服务。维珍大西洋是品牌延伸的例子，而梅赛德斯 – 奔驰 A 级则是产品系列延伸的例子。

汽车、银行和饮料都可以进行产品系列延伸。汽车可以通过发动机容量、双门跑车版本等特征进行“弹性化”。银行可以广泛定位，但其产品推销方式与零售、公司、中小企业、企业家、公共部门机构等不同。怡泉饮料等饮料通过不同的具有吸引成年人和年轻人的口味的许多产品（如鸡尾酒预调饮料、矿泉水、水果和健康饮料）进行弹性化，但所有这些产品都符合公司对优质软饮料的基本定位，并且都属于同一类别。

品牌延伸也可以通过使品牌进入其他类别或行业来实现。例如，福特汽车公司曾创办了一家捷豹银行（未成功），而维珍公司已涉足电信、金融等许多行业。所有类型的延伸的关键是，品牌必须保持其原有的身份。只有这样，消费者才有可能接受变化。

虽然一家公司或一种产品只能有一个真正牢固的定位，但都可以进行轻度和弹性化调整，只要没有过度延伸，都能实现吸引不同客户群的特定优势或价值。延伸程度取决于企业对不同细分市场的了解程度。因此，多重定位也可以被看作是产品系列或品牌延伸，但这种可能性是有限制的。

哈雷 – 戴维森成功地推销了自己的服装系列，因为既符合目标受众的需求，又符合品牌的真正个性和定位。自由、爱国主义、传统和男子气概的风格吸引了哈雷 – 戴维森的消费者，符合品牌个性和定位的服装和配饰为消费者体验增添了价值。但有时即便是实力品牌也有其局限性。例如，强生婴儿洗发水可以在儿童身上使用，但在成人身上试用时，并不能真正起到作用。耐克产品品牌从鞋延伸到运动服是成功的，但从运动服延伸到休闲服并不成功，因为休闲服这个细分市场与耐克崇尚运动的形象没有很强的关联，而且许多老年人似乎不再喜欢运动。

然而，耐克现在发现了一个巨大的增长部门，即运动休闲，这适合那些想把运动服装和时尚服装结合起来的人。耐克也通过为需要检测心率以及其他健康和健身监测功能的运动员提供一系列心脏监护仪器来实现品牌延伸这个目标。耐克还推出了手表和其他产品，使运动员能够捕捉各种训练数据，并可以通过互联网上传，与教练和训练伙伴共享这些数据。这些新的训练产品也与耐克的品牌个性，即激情、承诺、胜利和做最好的自己相符合。因此，关键在于，延伸如果符合品牌个性，符合消费者期望，就更有可能获得成功。

从与消费者的联系角度审视品牌的本质也可以分析延伸，以及在与价格、质量和价值密不可分的营销策略层面延伸的方向。这主要是看一个品牌在本质上被视为功能性的品牌，还是象征性的品牌。

象征性延伸和功能性延伸——与消费者心态的契合

我们必须记住，品牌只存在于人们的头脑中，它们可以分为两种基本类型：功能性品牌和象征性品牌。这种分类对品牌延伸有影响。

例如，劳力士就是一个象征性品牌，因为它对购买者来说不仅是一只手表，而且代表着高价格、高质量、高地位和高声望。在感知谱系的另一端，卡西欧的地位与功能性联系在一起——它价格相对较低，具有足够高的可靠性和耐用性，可以完成需要完成的工作（和高端手表一样好），但与地位或其他无形利益的联系很少。然而，卡西欧也试图通过在高科技方面的一些改进来修正其低端市场的形象。

延伸像劳力士这样的知名品牌，唯一的可能就是向下延伸。但是，通过具有相同名称而质量较差且价格较低的产品进行向下延伸，可能会吸引渴望拥有该品牌产品的新客户，但肯定会损害原有的品牌形象，并疏远现有的客户群。劳力士仔细考虑了这一问题，并为中间市场创建了一个独立的品牌帝舵，且没有提供支持。品牌推广通过巧妙的设计，创造出一种熟悉的氛围，而在某种程度上，这其实也是产品设计的一个方面。

已经定位为高端市场的品牌，不能延伸太过，否则会消除所有与强大的核心品牌名称有关的积极联系。推广策略必须着重于将新产品与核心品牌的有利方面联系起来。其中一个很好的例子就是出售“享乐主义巧克力”的豪华连锁巧克力店——Hotel Chocolate。截至 2016 年 6 月 26 日，该品牌销售额增长 12%，达到 9110 万英镑，税前利润从 290 万英镑增至 820 万英镑。该品牌通过推出第一个 100% 不含糖的“硬核”巧克力蛋等产品创新进行延伸，并决定延伸到美容产品类别。尽管目前美容产品销售额只占其总销售额的 1%，但其理念是销售可可化妆品，包括身体黄油和香水，并且考虑到新业务将是与岚舒（Lush）前负责人通过成立合资企业开展，因此将有很好的机会进行品牌延伸，与其核心品牌的豪华产品紧密契合。

虽然对强大的品牌进行品牌延伸的空间很大，并且回报会是相当可观的，但必须非常谨慎地预测是否会淡化或损害核心品牌。毫无疑问，奔驰 A 级和宝马 1 系就承担了这个风险。延伸过程中质量或价格持续下降得越多，形象受损的可能性就越大，而奔驰 A 级和宝马 1 系都没有一个良好的开局或者真正达到预期恰恰就说明了这一点。

功能性品牌通常不会定位为高质量产品，因此通常没有向下延伸的空间，相较于象征性品牌，功能性品牌的所有新产品都与原产品更为接近。因此象征性品牌进行延伸可能对品牌形象造成的损害较小，而缺点是，由于延伸后的产品间在质量方面的差异较小，因此不同产品的销量会由于客户的困惑而互相影响。除此之外，通过提高品牌的地位和增加其价值在质量方面使功能性品牌向上延伸还要面对可能很难改变的一点，即消费者对品牌的认可可能与现有产品形象紧密相连。

让一个功能性产品真正具有象征性品牌的唯一方法是，小心定位，并与原始品牌分离。这很可能需要创建一个新的品牌名称，其方式与上文所述的象征性品牌相同。例如，卡西欧就创建了新的品牌名称，以摆脱不同细分市场无法接受的形象，因此，推出了 G-Shock 和 Baby-G。为了建立新产品品牌雷克萨斯，丰田没有使用原有品牌。这一策略成功地创造了一个奢侈汽车品牌，而且与丰田旗下的其他汽车产品没有关联。然而，雷克萨斯未来能否成为一个豪华车品牌尚且存疑，因为该品牌似乎正在向下延伸到发动机容量更低和车型更小的汽车。因此，在品牌管理中规章制度是必要的，但有时品牌的守护者却无法抵制诱惑。

因此，品牌延伸的底线是，如果品牌名称保持不变，就不能偏离其基本立场或主张，因为消费者会感性地判断品牌本身与品牌延伸之间是否存在良好的“契合”。尽管上述讨论集中在质量和价格两个最常见因素上，但也考虑了其他重要元素，如使用场合。正是因为这个原因，一些公司被迫放弃了主打的品牌名称，而创建了一个独立的产品名称。可口可乐过去也曾用水果国度（Fruitopia）和其他饮料名称。而有些公司则是通过淡化公司的品牌名称，从而降低产品与母公司的关联性。以这种方式推出新产品品牌，有助于以高度个性化的方式定位新产品，同时保留母公司对品牌资产的微妙使用，如 Dockers（李维斯）和雷克萨斯（丰田）。如果这两个产品品牌被定位为使用相同主品牌的另一个产品系列，它们都不会获得成功。

绝望的诱惑

如果时局不太好，事情也不顺着自己想要的方向发展，那么企业有可能尝试将品牌延伸到极限这种诱惑。

企业和产品品牌弹性

正如本章第 1 节中所解释的，一般来说，我们可以得出这样的结论：企业品牌比产品品牌更有可能在延伸中生存下来。让我们以成功的产品品牌——海飞丝为例。海飞丝的品牌名称延伸到一系列不同类型的洗发水，以满足不同的消费者需求。但试想，如果其延伸到服装类别，会有人想买海飞丝牌的西服或衬衫吗？我反正不想！

而企业品牌名称则更容易延伸，因为企业品牌焦点通常不会只紧密地集中在一个单一类型的产品上。它们之所以能够成功，是因为它们可以将品牌名称的感知价值附加到其类别之外，例如，索尼已经成功地将其企业品牌名称从消费电子产品延伸到娱乐领域。质量的感知价值使类似的延伸在消费者的头脑中发生。维珍集团也已经进行了许多的品牌延伸。另一个很好的例子是卡特彼勒公司（见案例研究 8），它成功地进入几个非常不同的类别。在企业品牌延伸中，品牌管理的范围更大，且目前的趋势是从产品品牌化转向企业和产品共享品牌化或得到支持的品牌化。

案例研究 8

卡特彼勒公司

一个品牌延伸的成功案例

将一个品牌延伸到一个截然不同的行业是最不可能实现的，但卡特彼勒公司似乎是最成功的例子之一。这家“施工”企业已经进入了时尚业。作为重型机械的供应商，一百多年来，卡特彼勒公司通过渗透进众所周知很难渗透的时尚行业，找到了一种提高知名度和利润的新途径，在这一过程中，卡特彼勒公司已被多类别的消费者所接受。

当然，这并不是意外，而是卡特彼勒全球品牌管理集团精心策划的行动。其目的是，在提高卡特彼勒机械产品销量的同时，将品牌推广给那些通常不会接触卡特彼勒产品的人。

卡特彼勒的产品在欧洲十分畅销，在与许多全球专业品牌的竞争中，以其敏锐的态度吸引年轻人。卡特彼勒服装在伦敦有一个全球授权品牌，卡特彼勒鞋类在美国有一个全球授权品牌且有自己的门店。位于伊利诺伊州的那家面积为 5000 平方英尺的门店是其第一家门店，离该公司总部不远。随后卡特彼勒又在伦敦、纽约等城市开设了更多门店，且网上销售业务也在增长。

卡特彼勒的产品范围本身就令人吃惊——从休闲服到奢侈品应有尽有。包括普通牛仔裤（五个口袋，后面有一个黄色的补丁）、限量版牛仔裤、帽子、太阳镜、手表、靴子、凉鞋、运动鞋服、包和婴儿鞋服。在其大型门店里，还可以买到高档产品，如皮夹克和钟表。卡特彼勒跨越了不同的界限，从前卫到传统，从年轻人到老年人。

卡特彼勒的品牌个性

卡特彼勒品牌延伸成功的秘诀似乎是品牌个性的持续应用，其品牌个性包括：

- 努力；
- 坚韧；
- 适应力强；
- 坚决；
- 大胆；
- 结实；
- 独立；
- 友善。

这些个性已延伸到产品和消费者购物体验中，如其鞋类产品看起来很结实；其手表产品的金属表带上有看起来像推土机轮胎面上的花纹；其旗舰店的内部装饰采用醒目的卡特彼勒黄色，并摆放了一款由卡特彼勒赞助的赛车复制品；店内地板的一部分是由类似于其工厂地板的木块制成的；当访客靠近店内显示屏时，会发出反向蜂鸣音。

卡特彼勒公司的最新创新成果是全球首款具有集成热成像功能的智能手机卡特彼勒 S60，这一成果也完全符合其品牌个性特征。随后卡特彼勒公司和布利特集团（Bullitt Group）又合作开发了一系列新的耐用智能和功能手机，旨在重塑人们对手机能做什么和应该做什么的期望。如今，卡特彼勒智能手机已遍布全球七十多个国家，重新定义了工作场所技术的影响。

卡特彼勒 2017 年的销售收入为 455 亿美元，这已经证明，其精心策划的品牌延伸能够坚持并强化原有的品牌主张，使消费者的情感联系与品牌延伸后保持的品牌个性相协调，因此其品牌延伸是成功的。一致性是至关重要的，且卡特彼勒的品牌管理严格遵守了各项规则，因此其品牌总价值得到了大大提高。

通过产品创新增加弹性

我们已经看到，在增加弹性和品牌延伸方面，企业品牌可以多么成功，但在产品品牌却不是那么容易，尤其是当消费者的观念根深蒂固，还没有准备好接受创新时。例如，制造商发现，试图向习惯使用洗衣粉或洗衣液的消费者推销洗衣皂片就很难。问题似乎出在创新的性质——皂片本身的产品属性 / 优点，皂片体积小，消费者不再需要用勺舀、测量后倒出洗衣粉或洗衣液。这项创新的目标消费者是那些不喜欢洗衣服且希望尽可能减少洗衣服时间的年轻人们。然而，消费者似乎希望能够根据需要洗的衣服的相对脏度来调整洗涤产品的用量。品牌经理面临的挑战是，如何说服消费者相信皂片具有便利和省时的优点。品牌经理将其与 20 世纪 50 年代茶包支持者遇到的问题进行了比较。我们都知道，茶包最终获得了成功，但在说服消费者方面进行了大量投资。因此如果消费者的观念根深蒂固，企业必须为长时间且昂贵的广告和促销活动做好准备。

在上述案例中，调查人员可能只问了让消费者接受所必需的两个关键问题中的一个，即“你喜欢吗？”但是没有问另一个问题——“你会购买吗？”而可口可乐公司在试图推出新产品“New Coke”时，同样的问题也引起了巨大的尴尬。对超过 10 万人进行的味觉测试使可口可乐公司确信，消费者虽然更喜欢这种新产品，但却不会购买，因为他们对“老可乐”才是“正品”的看法根深蒂固，认为任何其他饮料都一定是替代品。当你操作品牌时，实际上操作的是消费者的情绪，因此品牌经理需要了解消费者的情绪。

前面卡特彼勒的案例展示了一个企业品牌如何延伸到大多数人认为不可能延伸到的类别中。而案例研究 9 则展示了箭牌糖果在过去几年中如何通过产品创新将其品牌延伸到不同的类别。

案例研究 9

箭牌糖果

口香糖也可以延伸！

箭牌糖果自 19 世纪 90 年代以来一直是口香糖领域的领军品牌，以蜜菓、绿箭、冬清等产品品牌而闻名。后随着消费者越来越注重健康，箭牌糖果又延伸到无糖市场，产品销量加速增长。进入美国市场的新产品品牌包括 Extra Polar Ice（益达极地冰）、珠穆朗玛（Everest）和首款圆片状口香糖品牌易极（Eclipse）。其最新的品牌之一是一种拥有多种口味的叫作“5”的无糖口香糖，这款产品的包装根据口味使用不同的颜色，看起来像复杂的香烟包装设计。该产品品牌针对的是青年市场，但一些评论员指出，其包装更适合老年消费者。

为了促进公司的发展，箭牌糖果公司已成功瞄准海外市场。目前在世界各国拥有二十多家工厂，产品销往美国、塞尔维亚、墨西哥、澳大利亚、英国、加拿大、西班牙、新西兰、菲律宾、法国、肯尼亚、中国、印度、波兰、俄罗斯等一百八十多个国家。现在箭牌糖果公司 60% 以上的销售收入来自美国以外的其他国家。德意志银行分析师亚历克斯 · 布朗在谈到箭牌时曾说：

“箭牌现在可以被视为一个全球品牌，”他还说，“没有多少公司可以拥有世界市场 50% 的份额，没有债务，回报率很高，并拥有很高的品牌知名度。”

2004 年，箭牌糖果公司以 14.8 亿美元的价格从卡夫食品收购了 Life Savers 和 Altoids 两个糖果品牌业务。2007 年 1 月 23 日，箭牌糖果公司又以 3 亿美元的价格收购了俄罗斯著名巧克力品牌 A. Korkunov 80% 的初始股权。2008 年 4 月 28 日，玛氏公司宣布将以 230 亿美元收购箭牌糖果公司，使其成为旗下的一家子公司。

但箭牌糖果品牌没有自满的空间，因为其竞争品牌的所有者，如吉百利、卡夫食品、蒙得利等公司都很强大。截至 2013 年，箭牌已占据全球口香糖约三分之一的市场份额。尽管竞争激烈，但箭牌仍在创新产品开发方面保持着领先地位，例如获得专利的伟哥口香糖。像箭牌、Navson、Kerry 这样的顶级口香糖生产企业已经开始生产新产品能量口香糖。而箭牌公司含有健康益处成分的口香糖产品和其他创新产品是否会受到消费者的青睐和信任应另当别论，因为这在很大程度上取决于箭牌糖果公司能否很好地管理消费者的认知，从而将其现在享有的信任和忠诚度转移到以前未涉足的类别中并与已经被消费者信任的品牌竞争。

然而，箭牌糖果公司似乎决心要取胜，其昂贵的营销活动包括请网球明星威廉姆斯姐妹、艺人克里斯·布朗和其他名人来作品牌代言人。虽然名人代言可能是非常有效的，但也存在问题。克里斯·布朗在 2009 年初因攻击歌手蕾哈娜而被捕，这导致箭牌糖果公司中止了其作为发言人的绿箭口香糖活动。公司发言人詹妮弗·路德在 2009 年 2 月 9 日美国有线电视新闻网报道中说："公司对针对克里斯·布朗的严重指控表示担忧。"然而，箭牌的品牌足够强大，最终克服了这一挫折。

但我们应看到，箭牌这一全球品牌能否继续保持其市场第一的地位仍有待观察。

从上面的案例中，我们可以看到品牌延伸和产品系列延伸既有优点也有缺点。

优点

- 延伸品牌比创建新品牌成本低。
- 消费者有了更好的选择。
- 如果品牌值得信赖，消费者承担的风险会更低。
- 协同作用有助于节省营销成本。
- 有助于品牌振兴。
- 如果成功，可以为主要品牌形象增添力量。
- 可以阻止其他竞争对手进入该类别，并扩大覆盖范围。
- 可以为更多的延伸铺平道路，并促进创新。

缺点

- 如果原有品牌的形象是负面的，那么延伸就不太可能获得成功。
- 如果定位不明确，可能会让消费者感到困惑，并影响现有品牌的销售。
- 如果延伸不成功，可能会损害原有品牌形象。
- 零售商可能不会重视品牌延伸和产品系列延伸。
- 所有品牌都有自己的界限，跨越这些界限会削弱品牌力量。

无论利弊如何，只要一个品牌不丧失其基本特征，消费者就能与之相关，该品牌也就有可能延伸到其他类别。

当品牌出现问题时会发生什么？品牌还能和从前一样辉煌吗？还是注定要被割舍抛弃？

大冒险：品牌振兴 / 重新定位

品牌经理面临的第二个巨大的困境是，一个品牌走下坡路。而造成品牌走下坡路的原因在于，要么是品牌被忽视，要么是消费者无法与之密切相关，要么是竞争已经侵蚀了品牌地位。而品牌经理需要决定是否振兴品牌，且如果需要振兴品牌，又该如何振兴。振兴品牌过程通常被认为是对品牌重新定位，需要以更有利的方式说服目标受众改变对品牌的看法。

有时，有些已经失去光芒和市场吸引力的品牌在不进行实质性重新定位的情况下可以继续使用，甚至在重新定位失败的情况下也可以继续使用，而有些品牌则经历了从低调品牌成为全球品牌的巨大变化（见案例研究 10）。

我最喜欢的经历了真正的转型和振兴的品牌之一是马自达，曾领导过马自达的福特前首席执行官马克·菲尔德慷慨地抽出时间，为我提供信息，以展示一个境况不佳的品牌是如何再次变成伟大的品牌的（见案例研究 11）。

案例研究 10

Tab 无糖苏打水

客户生命线

让我们看一看，当著名品牌 Tab 无糖苏打水奄奄一息时发生了什么。在 Tab 无糖苏打水的市场份额缩水至不到 1% 时，可口可乐更令其雪上加霜。这个曾经如此成功的品牌几乎成为同类别中最差的一个。Tab 无糖苏打水于 1963 年推出，并立即成为“自由”一代的饮料，是“美丽的人喝的美丽的饮料”。但是，在 1982 年可乐品牌为了增加更多动力而引入了无糖可口可乐后，Tab 就开始走下坡路。Tab 无糖苏打水的没落不仅是由于无糖可口可乐的蚕食，同时也由于其受到了百事无糖可乐和其他碳酸饮料的竞争攻击。在 20 世纪 80 年代和 90 年代，可口可乐公司曾多次尝试通过各种产品变化（例如，降低致癌糖精的含量，增加阿斯巴甜的含量，添加钙等），甚至通过将 Tab 无糖苏打水重新定位为含“炖水果”的饮料来使其振兴。然而，所有这些努力都未能成功。

最大的问题是，为什么一个以管理成功品牌而闻名的公司要保住一个明显表现不佳甚至可能消亡的品牌？答案似乎是害怕客户的不良反应和负面宣传。可口可乐公司在 1985 年试图用新产品“New Coke”取代“老可乐”时就犯了一个可怕的错误。全世界的消费者都在叫嚷着要买“老可乐”，因为他们认为那才是“正品”，最终“New Coke”也被放弃。

在这方面，经常喝 Tab 无糖苏打水的人（虽然数量相对较少）由于对自己喜爱的品牌非常推崇，因此被称为“Tab 瘾者”。这些仍然喝 Tab 无糖苏打水的人对 Tab 品牌是非常忠诚的，并且已经竭尽全力证明了这一点。尽管现在很少有经销商囤入 Tab 无糖苏打水，但据报道，一些消费者历尽千辛地找到一家销售 Tab 无糖苏打水的商店，并向可口可乐公司强烈抱怨该产品的供应问题。

而问题的答案还应有另一个部分，那就是解释为什么 Tab 这个品牌没有被撤销。虽然可口可乐公司分销系统允许各瓶装饮料企业在生产上有一定的自主性，但企业如果不能从一个品牌中获利，就会倾向于不再生产这个品牌的产品。现在许多瓶装饮料生产企业已经不再生产 Tab 无糖苏打水，只有少数企业还坚持生产以满足市场需求。可口可乐公司尽管并不缺钱，但在几年前就已停止为 Tab 无糖苏打水提供市场资源，而这个“精选”市场的小额利润，还是令可口可乐公司满意的。

再回到消费者身上。可口可乐公司对 Tab 的情况有何评论？前董事长兼首席执行官道格拉斯·达夫特曾表示，这表明了公司的关心，“我们希望确保那些想喝 Tab 的人能买到 Tab”。可口可乐一直坚定不移地致力于品牌发展，现在消费者仍可以在网上购买 Tab。因此，在某些情况下，如果消费者强烈支持，一些公司似乎会继续支持没落的品牌。而 Tab 这个品牌就是这样生存下来。

案例研究 11

马自达

品牌的振兴

这个案例研究应该能对品牌管理从业人员有所启发，它不仅关乎品牌的振兴，也关乎前沿的从业人员如何对品牌战略进行全面的审视，从消费者洞察、个性和产品到内部和外部沟通。尽管在我撰写本案例的过程中公司的领导层发生了变化，但其品牌管理的理念并未发生改变。

我一直都喜欢马自达这个品牌，它是那种使我感觉有亲和力的品牌之一。我一直认为马自达汽车有自己的风格和档次。但诞生于 1920 年的马自达会让人产生这样的疑问："作为'潜力巨大'的品牌，为什么却从未成为世界知名品牌？"（相较于许多日本品牌，这个问题的确存在。在日本，品牌管理不是传统实力的体现，这就是问题的答案。）马自达一直保持着相当低的知名度，很少做广告或促销。尽管其设计能力很强，但是直到 1996 年福特公司成为其第一大股东时，这一品牌已经几乎被遗忘了。

从那时起，品牌振兴就成为马自达公司关注的一个重要焦点，而现在马自达已经成为全球品牌。然而，需要指出的是，马自达的重新定位和品牌化是非常日本化的，而不是西方化的，也就是说如果试图将西方品牌价值强加于亚洲品牌，传统和未来将遭到破坏。这是日本企业开始认识到品牌管理的重要性的一个例子，而以前日本企业主要关注运营效率和质量。本案例研究说明了品牌如何能在各个方面实现完全重建，以及品牌管理在挽救并重新建立企业中的作用有多重要。本案例还清楚地展示了品牌经理成功承担这些重大责任所必须具备的众多技能、将所有公司员工纳入品牌愿景的重要性以及品牌如何真正推动企业发展。

企业成功的关键是品牌

从业务转型的一开始，品牌化一直都是首要议题。曾领导过马自达的福特前首席执行官马克·菲尔德在 1999 年对马自达员工说：

为了使马自达在业务盈利能力方面实现跨越式发展，我们制定了以下目标：

- 制定我们的品牌管理战略；
- 成功推出新产品，进一步强化现有产品；
- 保持我们在全球的销售势头；
- 加强我们在日本国内经销商网络。

菲尔德还评论道：

为了提高市场占有率，树立品牌形象，马自达必须完全理解和满足目标受众的需求……我们必须继续提供更高的价值和满意度……其关键是品牌战略……通过我们的品牌战略，我们的目标是打造一个能使我们与竞争对手区别开来的品牌，一个能提高客户满意度、提高价值的品牌，最终为我们提供持久的利润增长……随着我们的发展，我们的所有活动都将与我们的品牌紧密相连。

品牌战略的重要性

菲尔德清楚地认识到品牌战略的重要性及其对马自达的意义：

首先，品牌战略是关于与客户的关系。通过加强我们的客户洞察，可以了解他们的真正需求。在此基础上，我们应该与他们建立情感联系。我们正是通过这个接触点和其他接触点展示了我们的品牌。接触并爱上我们品牌的客户将成为我们的资产，他们的重要性与其他资产（如盈利能力和员工）没有任何不同。

其次，这是一种业务增长战略，具有一致的管理体系。为什么？因为品牌化需要两个方面：沟通和产品，两者必须协同工作，这样可以形成一个管理系统。由于员工、产品、销售、服务以及公司本身都与客户有着密切的联系，所以一切都必须在品牌战略的基础上进行协调。

最后，品牌战略是产生盈利能力的一种手段。一个与客户有着强烈情感联系的品牌可以采用拉动式营销，从而创造一个高效、高利润的商业环境。

菲尔德进一步评论：

最重要的是高级管理层的意志和承诺。品牌战略不是一个简单的形象战略问题。因此，高级管理层应负全责，不应让公关、营销、广告等传播团体单独行动，各自为政。高级管理层必须领导整个组织开始品牌建设和创造变革。

第二重要的是高级管理层的合作和承诺。他们必须理解和分享高级管理层的方向，促进组织内不同职能部门之间的协调和合作，从而开发明确表达我们品牌的产品和服务。

最后，高级管理层必须引导组织对品牌所代表的理念产生认知和热情。

品牌方向推拉

马自达已采取措施确保其品牌形象和公司盈利能力不会因通过折扣和返利购买市场份额而受损，折扣和返利是许多品牌经理受竞争对手战略诱惑而采取的典型“推动”方法。相反，马自达关注的是“拉动”方法，这包括给客户真正想要的东西，并让他们在品牌与客户关系中投入情感。采用这种方法意味着，品牌所有者必须了解自己想要关注哪个特定消费者群体，然后尝试满足他们的需求和欲望，并提升真正的价值和其他动力。

每个品牌的核心都是消费者

品牌化的一个基本前提是，品牌只存在于人们的头脑中；公司不拥有品牌——消费者拥有品牌；品牌的创立者是消费者，而不是公司。马自达拥有相似的理念。因此，品牌经理明确了解他们希望吸引和留住的消费者是至关重要的，这意味着他们需要通过研究获得消费者洞察。对于马自达来说，这意味着了解目标消费者的深层次需求，而不仅仅是大多数人的一般需求。例如，马自达发现了其原型目标受众的以下深层次需求：

- 渴望过一种充满新刺激和兴奋的生活，同时尊重其个人风格。
- 渴望像孩子一样敏感——被生活中最简单的事情所感动。
- 讨厌被规则和规范束缚，让感觉和情感引导自己去追求自己想要的东西。
- 希望保持个人的独特性，吸引别人的注意并受到他人的尊重。

- 渴望成为一个拥有独特个性和见解的高能力人才。
- 想通过表达自己独特的价值观和观点来打动和说服周围的人。
- 为自己设定高目标，渴望通过不遵守现行规范来挑战新的可能性。

马自达品牌 DNA

马自达采用了生命科学的方法，用“DNA”这一人类生命的基本组成部分来说明这一点。马自达品牌战略的核心是马自达品牌的 DNA，即品牌的本质，它有两个方面：个性和产品。马自达品牌的个性方面可以概括为以下三个特点：时尚、富有洞察力和精神饱满。这三个特点是马自达品牌个性背后的驱动力和品牌 DNA 的基础。然而，为了理解马自达品牌的 DNA，我们必须明白，关键的产品属性也不可或缺。这些关键的产品属性包括：独特的设计、卓越的功能性以及灵敏的操纵性和性能。

品牌个性

马自达品牌个性属性定义如下：

- **时尚**：每一款马自达产品都应当保证可以引起人们的关注。我们承认，马自达的客户是自信和真正与众不同的人。

- **富有洞察力**：我们暗示，马自达对客户的需求和价值观有着“街头智慧”的理解，马自达总是采用创造性的方法来满足这些需求。
- **精神饱满**：我们认为，马自达品牌体现了对生活的热爱，热情且富有表现力，就像马自达的客户一样。同时，马自达品牌个性通过反映客户对自己和生活的感受，与马自达客户建立了深厚的情感联系。

产品属性

产品是马自达品牌方程式的重要组成部分，其要素定义如下：

- **独特的设计**：所有产品的目标都是让马自达的产品内外都有与众不同的设计；也就是说，无论是在内部还是外部，马自达的产品都是运动的、年轻的、结实的和内容充实的。
- **卓越的功能性**：马自达要求其产品具有卓越的功能性；这意味着需要实现最智能的空间使用并且具有较高的功能效率，以及坚固、高品质的外观。
- **灵敏的操纵性和性能**：这一属性是马自达的传统，创造了感官驾驶体验，让车主在驾驶过程中感到满意。

正是产品 / 所有权经验表达了品牌联系。虽然高水平的产品属性有助于理解马自达希望其所有产品具有的性能，但还不够具体，无法帮助规划师、设计师和工程师。因此，公司开发了其他工具，其中第一个工具称为产品理念。

产品理念包括质量创新和设计政策，正如马克·菲尔德所解释的：

我们的产品理念清楚地说明了我们的优先事项。我们希望成为这六个领域的领导者：设计、工艺、质量、稳定性和操控、制动以及包装创新。在充分考虑环境友好性和安全性的同时，我们的产品开发旨在在这六个领域发挥领导作用。

"设计政策"采用了马自达的"和谐对比"设计主题，这是一份独特和一流设计指南。新的设计主题"和谐对比"旨在创造马自达未来的产品，其设计平衡了功能和风格，使它们彼此和谐。"和谐"是指，在我们的产品中，细节、材料、色彩组合、构型、空间构造、功能、外观等内在的平衡和比例……这是良好设计的基础。

为了在产品之间进一步拓展设计方向，马自达开发了家族脸谱。家族脸谱是品牌标志和五点式格栅的结合，将应用于未来所有车型，使其成为马自达身份和独特性的视觉表达。例如，一些已经在展厅展示的车型（如普力马和MPV）以及未来的概念产品都显示了马自达的脸谱——独特的五点式格栅以及马自达带翅膀的M

品牌标志。肢体语言显示出独特的“和谐对比”，锐利和柔和形成强烈的对比。因此，马自达品牌战略不仅仅是一种形象战略，也是一种包括产品开发在内的核心业务战略。体现品牌战略各个方面的新产品将陆续在市场上推出。

情感联系

马自达品牌战略的关键要素是与消费者建立“情感联系”。品牌管理的关键成功因素是：“全球视角”“倾听客户的声音”和“建立情感联系”。下面的例子是马自达为实现这一目标而采取的一些举措。

在产品营销方面，马自达于1999年9月与来自北美洲、欧洲、大洋洲、亚洲和中东地区的主要国内外经销商和分销商一起组织了第一个“产品日”活动（Shohin Ibento），为他们提供了观看和推动现有产品和未来产品的机会。不同市场的经理与全球团队分享有关新产品活动和以产品为中心的战略的成功及“最佳实践”。这是一个分享观点和倾听客户意见的好例子。

马自达还通过与日本、美国和欧洲的主要营销人员举办季度品牌峰会，确保其品牌和营销战略的全球一致性。菲尔德说：

> 这些会议使人们对品牌及其在市场上的稳定运行方式有了共识。清晰的内部沟通对于在全球建立一致的品牌形象至关重要。需要一条品牌信息在全球范围内支持

品牌。我们的主要市场经理参与这项活动，提供本地化意见。

为了与目标客户建立持久的情感联系，我们需要加深对他们价值观的理解。我们需要深刻理解每个人的潜在需求。只有抓住这一点，我们才能与目标客户建立起强烈的情感联系。我们称之为马自达的“深层次需求”。这就是我们用来识别目标客户的方法。正是因为有了目标客户，我们才渴望建立一种情感联系，并鼓励他们热爱我们的品牌，并对我们的品牌保持热情。

马自达的广告观

马自达对广告和在市场上保持清晰一致的信息的重要性有着明确的看法。然而，菲尔德强调，广告不是品牌：

广告只是品牌的一个方面。广告支持和说明了我们的品牌身份，并使其对于市场来说更清晰。仅仅通过广告，不能创造一个强大的品牌。如今的客户见了太多的广告战略。广告所提供的是一个向全世界客户以清晰、一致的方式展示我们品牌的机会。

为了确保这一点，我们开发了“沟通理念”，从而管理我们的整体沟通，包括广告。为了让广告与我们的全球品牌定位一致，我们设计出一句在全球使用的广告语。

我们的全球广告语用于我们所有的广告，帮助我们向全球不同的市场传递一致的信息。另一项与我们的全球广告更好地结合的创新是我们的视觉标识结束标签，我们称之为广告六。我指的是在我们电视广告的最后两到三秒钟，以及在宣传广告结束时展示我们的标识的方式。

广告六是我们与客户一起研发的，以确保视觉提示在传递马自达品牌 DNA 时是一致的。我们打算在不远的将来把广告六应用到全世界的所有电视广告中。

我再次强调，我们的广告描绘了马自达品牌的清晰画面，传达了始终如一的情感信息。在最基本的层面上，我们的企业信息必须支持我们的全球品牌定位，同时为我们的目标客户提供相关性。

为了使我们的品牌焕然一新，我们不仅要管理和控制广告，还要始终以我们的沟通理念为指导管理和控制所有的沟通。例如，我们的日常经营事务、公关活动以及所有的新闻活动和会议都是基于品牌战略。

品牌管理结构与内部沟通

随着品牌战略的开发，马自达还实施了其他举措。最早的创新之一是重组营销组织，以加强对品牌化的关注。除了产品营销部，马自达还成立了品牌营销分部作为营销部的一部分。

品牌营销分部负责通过品牌战略下的沟通过程对产品开发进行一致的规划、实施和管理。马自达认为，这样的组织对于积极推广其品牌战略是必不可少的。

第二项创新计划是将品牌战略传达给公司的每名员工。菲尔德说：

> 我们为1400名高级管理人员举办了向下传达品牌的活动。这些管理者接受了关于品牌和品牌战略的基本知识教育，而当他们回到各自的部门和团队时，他们会向下传达这些知识。通过检查可以确保我们的信息在整个组织中传播。马自达使用这种方法成功地传播了品牌知识，并提高了实施品牌战略的意识，从而优化自己的品牌。通过尽量多地举办内部沟通活动，得以在全球范围内共享目标。

现在马自达的每个人都在为实现这些共同目标而改变自己的日常工作，公司也正以这种方式进行自我改造。马自达的每个人都会相互提供内部协助，共同为品牌开发和执行负责。

第三项创新是品牌向下传达工具包，这是专门为内部教育开发的。该工具包分发给所有部门，并向每名员工分发了突出关键词的品牌卡。正如菲尔德所说："没有每名员工的全心全意投入，品牌战略永远不会奏效。我们相信，我们所有的员工都需要更新他们的想法，让马自达品牌指导他们的日常工作和任务。"

艰难的决定：品牌撤销

有时，除了终止或出售一个品牌外，别无选择，换句话说就是，品牌经理决定将某个品牌从产品组合中移除。这通常是对“品牌能否振兴”这个问题作出否定回答的结果。终止品牌通常被称为“品牌撤销”，而被出售的不受欢迎的品牌通常被称为“孤儿品牌”。撤销品牌的原因包括：

- 当品牌快速衰败时，没有可预见的复苏振兴之路。
- 品牌不再盈利，也不太可能再次盈利。
- 由于市场创新，品牌已经完全过时了。
- 与其他品牌相比，品牌的重要性排名不够高，无法在未来的投资组合中占据一席之地。
- 品牌的客户群已受到侵蚀，不太可能再回来购买本品牌产品。
- 就投资回报而言，振兴品牌是不合算的。
- 品牌管理不到位，导致品牌偏离了真正的定位和个性。

品牌的管理、维护和振兴都需要花费大量资金。在当今竞争激烈的世界里，持有大型投资组合在经济上是不可行的。例如，联合利华已经将所拥有的品牌总数从 1600 个减少到 400 个，从而集中精力打造那些实力品牌。与公司品牌化方法相比，产品品牌化方法的财务问题更为严重，因为在广告和促销方面没有协同效应，每个品牌都必须在缺乏公司支持的情况下在市场上走自己的路。即使品牌得到公司的支持，但市场是如此的活跃，消费者的口味又是如此的反复无常，有时要振兴一个品牌也是非常困难的。

明智的品牌经理会根据不同变化来发展自己的品牌。革命性的变化往往不被消费者接受，而且很难维持，因为消费者不会与剧烈的变化关联。奥兹莫比尔就是一个因为市场变化、品牌管理不足、产品开发不当和消费者态度转变而成为牺牲品的品牌的典型案例（见案例研究 12）。

案例研究 12

奥兹莫比尔

最后一座停车场

奥兹莫比尔（Oldsmobile）曾是通用汽车公司投资组合中的一个品牌，后来逐步被淘汰——换言之，就是通用汽车公司撤销了这个品牌。这个品牌本身已经有一百多年的历史，拥有深厚的传统，但通用汽车公司却决定不再进一步尝试振兴它。20 世纪 90 年代，奥兹莫比尔汽车曾被投入巨大资源，这一时期涉及大量的广告和促销支出以及各种产品改进。但为什么这个著名的品牌被撤销了？因为通用汽车公司未能成功解决四个根本问题。

第一，名称问题。

在品牌名称中使用“old”（在英文中的意思是“老”）一词是不明智的。这个品牌的一个明显问题恰恰就是它的名称本身，几十年来对于消费者来说一直是具有很大的威慑力，以至于在 20 世纪 60 年代，通用汽车公司发起了一次广告活动，旨在将品牌名称改为“扬莫比尔”（Youngmobile）。然而，问题却依然存在。在 20 世纪 80 年代，通用汽车公司改变了“这不是你父亲的奥兹莫比尔”的广告语，试图改变人们对一个受人尊敬但过时的品牌的印象。尽管通用汽车公司作出了努力，但是该品牌仍然无法摆脱时代的印记。

第二，产品问题。

从 20 世纪 40 年代到 80 年代，奥兹莫比尔品牌的传统和形象是运动性和创新性的。它的“火箭”发动机和车身长、底盘低的设计都很著名且令人惊羡。但从 20 世纪 80 年代起，产品开发却就不再是这个品牌的核心个性。雪佛兰发动机被替换，柴油发动机成为了新选择。这些产品决定尽管是与 20 世纪 70 年代阿拉伯国家的石油禁运有关，且受当时大型汽车被宣布为“耗油”的影响，但对奥兹莫比尔的品牌形象破坏起到了推波助澜的作用。

第三，形象重新定位问题。

尽管为将该品牌重新打造成为一个奢侈品牌花费了 40 亿美元，同时改变标志和产品类型，以期同欧洲对手竞争，但最终这次尝试还是失败了。因为为了促进销售后续采取的主要折扣措施与前期努力相悖，使消费者感到困惑。消费者不能接受品牌如此大的变革，他们认为“真的不是那样”，他们与老品牌传统的联系太密切了。因此，该品牌汽车产品的销售对象变成机构组织，而不再是个人。

第四，消费者问题。

以上所有问题的结果——这意味着品牌管理不足——是大量消费者不再使用这个品牌的产品，他们看不到任何优点，也看不到与其他品牌汽车的任何区别，也不再感觉与品牌有情感联系。

通用汽车公司最终放弃了这个没落的品牌。有部著作曾这样写道："就像所有伟大的人物一样，奥兹莫比尔可能不会真正死去；它会逐渐消失，但仍会被人们记住。"

人们想知道，如果奥兹莫比尔一直保持其最初的身份，并利用其传统，发展成为一个运动型和创新型品牌，它是否能够生存下来。通过混乱的品牌传播和产品开发强加的品牌个性精神分裂症让人们基本上都不再选购其产品。奥兹莫比尔已经丧失了消费者所知道的值得信赖的个性。这种情感联系被破坏了。

强制撤销

有时，一些公司会被迫合理化其品牌组合，撤销或出售一些品牌。这可能是也可能不是其自身无能的结果。对通用汽车公司而言，部分原因是市场力量，部分原因是品牌管理不善。美国汽车业的重组进程始于 2009 年初，这是全球经济衰退引起的。通用汽车公司是受灾最严重的公司之一，并于当年 6 月申请破产。当时为了生存和获得政府投资，通用汽车公司必须为减少品牌组合制定一个可持续发展的计划。

结果是，到 2009 年 6 月 18 日，只有四个品牌——别克、雪佛兰、GMC 和凯迪拉克被保留下来；其余的品牌要么被出售，要么被撤销。悍马很快被卖给了一家中国公司（但最后未成功），萨博也被卖出。还有包括庞蒂亚克和土星在内的著名品牌也都成为受害者。通用汽车公司有太多未能通过相关性测试的品牌，且对这些品牌的投资又太少并缺乏重点。公司破产后，时任首席执行官的韩德胜在 2009 年 6 月 18 日《金融时报》上发表的一篇文章中表示："我们 100% 的产品、技术和营销支出现在将集中在四个核心品牌上。每一个品牌都要获得成功，这是我们的挑战 / 承诺。"通用汽车公司如果后续要避免进一步的生存危机，还需要做的是，改变消费者对其有些厌倦和与品牌形象无关的看法。

如今，通用汽车公司已经有所恢复，拥有宝骏、别克、凯迪拉克、雪佛兰、GMC、霍顿、解放、安吉星、欧宝、沃克斯豪尔、五菱等品牌，但还没有重现从前的辉煌。

时局不好的时候，只有真正强大的品牌才能生存下去——除非可以得到国家政府的救助。

小结

本章第 1 节主要讨论了关于品牌架构需要作出的决策以及针对出现的问题没有规则或正确答案的事实，第 2 节则讨论了品牌经理基于品牌管理所作出的各种决策，并说明了作出各种决策是一项多么困难的工作。

延伸、撤销和振兴品牌既可能是带来高利润的行为，但在最坏的情况下也可能是毁灭性和灾难性的行为。但这正是品牌管理工作令人兴奋的原因。

既然我们已经知道了我们在对什么进行品牌化，那么我们在第 5 章就可以着手研究如何构建一个强大的品牌战略。

第 5 章

品牌愿景与品牌个性

在上一章，我们研究了与品牌架构相关的重要问题，明确了对消费者的清晰理解对品牌成功至关重要并强调了情感在打造强大品牌时的重要作用。在本章，我将更深入地解释情感品牌战略的重要性，以及世界上最好的品牌如何制定这样的战略，最终创造品牌愿景和人性化的品牌个性。

品牌战略的理性和感性

我们决不能忘记，品牌承诺往往是在现实商业世界中作出的——包括卓越的质量、服务和当今的创新方面。然而，这并不是品牌成功的源泉所在。这些要素仅仅是一家公司进入品牌化游戏必须付出的代价，而品牌化游戏是一种心理游戏。随着平价成为常规，品牌的特征与属性相互匹配，用理性的方法制定品牌战略变得越来越困难。在理性的世界里，一切都是平等的。因此，当在购买过程中筛选出质量这个理性要素和其他令人信服的产品属性时，消费者几乎总是在情感层面上作出真正的购买决定。

对现代科学的一次简明的探索告诉我们为什么会这样。大脑中理性的、有意识的部分支配着非理性的、更情绪化的部分，这一观点现在已经被推翻了。核磁共振扫描结果显示，人们作决策的过程大多是快速和情绪化的，往往是下意识的，而且比之前想象的更直观。情绪驱动理性，而不是理性驱动情绪，如今已是无可争议的事实。我们的感情产生得非常迅速，先于有意识的思考。大脑的感性部分比理性部分要大得多，并且在活跃强度上超过理性部分，向理性脑发送的信号数量是向感性脑发送的信号数量的 10 倍。更重要的是，研究已经证明，回忆和记忆是情感体验的结果。

下面的问题和陈述提供了一个简单的例子，说明这是如何发生的。理性的想法往往是分析性的，但帮助消费者作出购买决策的是感性化的陈述。

理性	感性
我需要它吗？	我想要它！
它是做什么用的？	看起来很酷！
多少钱？	我要买了！
它与……相比如何？	我只想要这个牌子！

神经科学明确指出，品牌经理需要运用感性的品牌战略，因为任何品牌战略的最终结果都是获得信任和忠诚，这是感性的，而不是理性的思想和行为。

鉴于越来越多的科学证据证明了情感在人们的决定和行动中的力量，我们就可以明确地说，没有情感品牌战略，就不可能创立伟大的品牌！我们如果看看世界各地强大的品牌，就会发现，它们会引发与上面右栏所列的感性类似的想法。强大的品牌用它们的战略创造了巨大的情感资本。

实力品牌的特征——情感资本

为了赢得客户和留住客户，品牌经理们越来越多地转向战略的情感方面。实力品牌开发情感资本，因为它们具有以下特征：

- 非常个性化——人们选择品牌的原因非常个性化，无论是自我表达、归属感还是其他原因。
- 唤起情感——品牌有时会释放出不可阻挡的情感，激发激情和真正的兴奋。
- 生活和进化——就像人一样，品牌可以生活、成长、进化和成熟。但幸运的是，如果管理得当，品牌就没有生命周期，可以永远活下去。

- 沟通——强大的品牌倾听，接受反馈，在学习过程中改变自己的行为，并和人一样根据不同的情况以不同的方式与不同的人交谈。品牌相信对话，而不是独白。
- 建立巨大的信任——人们信任自己选择的品牌，并且经常抵制所有替代品。
- 产生忠诚和友谊——信任为长久的关系铺平了道路，品牌可以成为终生的朋友。
- 提供伟大的经历——像伟大的人物一样，伟大的品牌很好相处，值得拥有，并且平易近人。

鉴于这些关于品牌发展的情感资本的事实，我们需要理解，品牌是一种关系。星巴克创始人霍华德·舒尔茨曾在给员工的一封信中说："我想强调的是，我们成功的关键在于我们的价值观、我们的文化以及我们与合作伙伴和客户之间的关系。当我们处于最佳状态时，我们会为真正提升生活质量的人创造情感体验。"如果所有顶级品牌都是这样做的（我对此毫无疑问），那么与消费者建立情感关系的过程是什么？顶级品牌如何建立这种关系？

品牌成功的情感阶梯

为了建立一个感性的品牌战略，品牌经理必须采取一些步骤，非常像爬梯子，如图 5.1 所示。为了说明这些步骤，让我们试想两个人之间发展起来的关系，而不是品牌和消费者之间的关系。一个人在房间的某个特定位置看到另一个人，并想与其见面。在这种意识产生之后，可能会有一个会面的机会，尽管这两个人的谈话时间可能很短，但他们确实彼此交换了信息，并决定是否有足够的兴趣进一步发展关系。如果他们有兴趣的话，更多次的见面会加强他们之间的相互尊重，而这两个人也就成了朋友。如果友谊开花结果，他们之间就会产生信任和忠诚。亲密的朋友互相信任，彼此交换自己不会告诉别人的信息以及自己珍视的人或物，

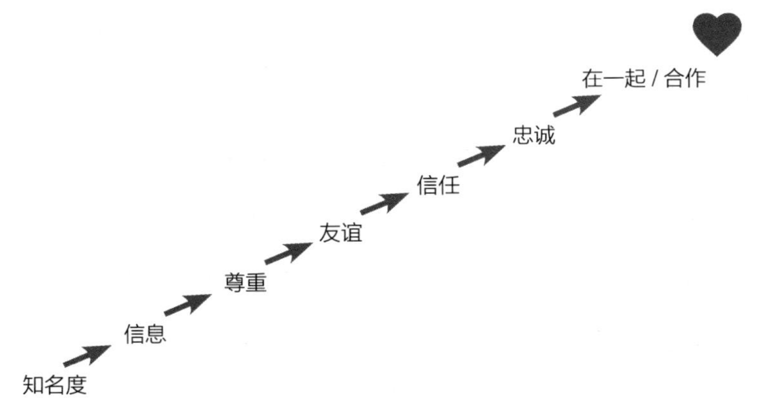

图 5.1　品牌成功的情感阶梯（第一部分）

比如自己的孩子。亲密的朋友互相忠诚，面对危险互相保护，如果他们中的任何一个说了一些让对方不安的话，对方也会体谅。当关系更加亲密时，他们很有可能成为终生的朋友。

品牌与消费者的关系也以非常相似的方式发展。首先是品牌获得知名度，然后是消费者参与和购买——多次见面——这会让消费者对品牌产生尊重，然后是友谊和信任的产生，进而品牌忠诚度和终身客户关系也随之产生。那些强大的品牌做得会更好。星巴克、苹果等强大品牌明白，这样做不仅仅是一种选择。如果没有成为客户的朋友，并让客户觉得舒适、熟悉和可靠，那么就永远不会成为有实力的品牌。那些没有和消费者建立友谊的企业往往就是卡在获得知名度阶段。

为了让品牌获得知名度而大量投入资金，通常会伴随着许多品牌的发布，但品牌的后续管理可能不会让品牌爬上阶梯，如图 5.2 所示。很多时候，获得知名度以后可能会产生一种“迷恋”，但众所周知，真正的友谊和爱远远不是最初的兴奋。建立友谊需要很长时间，且友谊必须通过一致性和可靠性来赢得。品牌缺乏这些品质，就不会赢得信任。强大的品牌会发展出这样的情感关系，但有些品牌有时会忘记自己所需要的，最终会失败。例如，在其历史的早期阶段，英国在线旅游平台 Lastminute.com 获得了 84% 的品牌知名度评级，但只获得了 17% 的信任度评级。一些品牌经理花费数百万美元让品牌获得知名度——这是实现这一目标的必要步骤——但却忽视了品牌与消费者关系真正获得长期成功所必需的情感要素。所以，这里要传达的信息是，要想爬上阶梯，通过促销、折扣和其他货币激励手段来购买消费者的心是不够的。这样的活动只会使品牌贬值，使其商品化，使消费者理性地思考它。而我们需要的是深思熟虑，制定相关的情感战略。

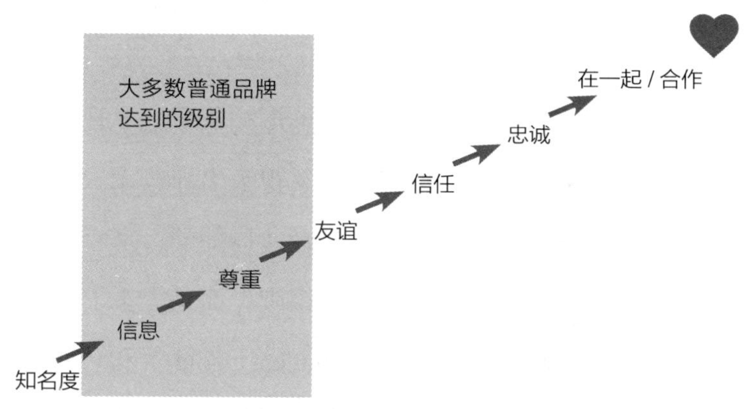

图 5.2　品牌成功的情感阶梯（第二部分）

考虑到这一事实，我们如何找到与消费者建立强烈情感联系的关键，并爬上阶梯，从而获得信任、忠诚和长期的客户关系？答案是，把注意力集中在具有普遍吸引力的情感上。

找到情感品牌驱动力并创造品牌愿景

任何品牌战略中最重要的部分都源自于品牌在目标客户心目中在情感上代表什么或希望自己在目标客户心目中在情感上代表什么。这必须与客户和业务有关，并且具有普遍的吸引力。如果情感驱动力不满足这三个标准，那么品牌在地区、国家或全球范围都不会获得成功。

许多世界顶级品牌都会选择一两个符合这类标准的情感词汇。例如，可口可乐公司多年来一直使用"幸福"这一情感词汇。

耐克一直与"获胜"这一情感词汇相联系。尽管耐克赞助了精英运动员和赛事，但并没有忽视吸引那些无法参加精英水平比赛的大众。耐克的理念是众所周知的，多年来，它一直使用诸如"你不是赢得了一枚银牌，而是失去了一枚金牌"（You don’t win a silver medal you lost a gold ）和"如果你赢得了一枚银牌，那仅仅意味着你是最好的失败者"（If you win a silver medal it just mean you are the best of the losers）的广告语。但这些广告语扩大了品牌吸引力，吸引了普通人：你可以和自己竞争，你可以做得更好，没有终点线，胜利是一种心态，以及罗杰·费德勒所做广告中的"胜利永远不会变老"（Winning never grows old）。

电信运营商 Orange 在英国上市时，其情感驱动力是

“乐观主义”。Orange 以较高的价格进入市场前，做了一些有趣的消费者调查，结果显示许多人（大约一半）倾向于悲观主义和半乐观主义。这往往是基因自带的，我们天生就有不同程度的倾向。Orange 品牌就建立在这种情感上，因为每个人心中都有希望。从利用这一特点吸引员工，到通过展示人们愉快玩耍的广告进行沟通以及 Orange 总部一间名为“幻想之城”的会议室和一间名为“未来学总监”的高级管理办公室，Orange 这一品牌就是这样逐渐占据市场份额，并在多个国家的市场上成为第一大运营商。

相比之下，根据同样的情感路线，让我们来看看世界上管理得最好的 B2B（企业对企业）品牌之一巴斯夫。巴斯夫是德国化工企业巨头。这里需要注意的一点是，巴斯夫生产的大部分产品都是商品原料，通常被加入其他产品或其他企业制造的产品中。然而，这并不意味着公司不代表任何东西。其品牌围绕的是“成功”这一情感词汇。在品牌推广传播中巴斯夫把自己描绘成有助于某些事物，如借防寒服和宽阔的桥梁就能取得成就和成功。巴斯夫曾发表了一份品牌愿景声明称：“我们通过可信和可靠的合作伙伴关系创造成功的机会。”对于一个 B2B 品牌来说，这是一份情感声明，以合作伙伴为目标，通过相互信任和可靠性为他们提供成功的机会。这表明了巴斯夫对合作伙伴关系的关注和关心以及帮助合作伙伴做好工作的承诺。

另一个真正登上全球排行榜的品牌是印度的塔塔。其愿景是，每个品牌都希望获得“信任”。事实上，“得到信任的领导能力”是公司标志的一部分。

塔塔是我所知道的唯一一个始终关注业务信任的品牌。我们已经看到了“信任”这一元素在品牌建设中的重要性，例如在本章关于情感品牌成功阶梯中就有此元素。缺乏信任，就永远不会拥有一个强大的品牌。事实上，塔塔采用多品牌组合策略，拥有许多被收购的品牌，如捷豹路虎、泰特莱等，在六大洲的多个行业开展业务，拥有一百多家公司。

虽然塔塔没有明确的品牌愿景声明，但是“信任”的情感元素贯穿了整个企业。塔塔有一份使命声明和一份愿景声明：

- **使命**：在塔塔集团，我们的目标是改善我们所服务的社区的生活质量。我们通过在具有国家经济意义的部门中发挥领导作用来实现这一目标，集团为此带来了一系列独特的能力。
- **愿景**：塔塔的名字是一种独特的资产，代表着得到信任的领导力。利用这一资产来统一我们的公司，是长期获得成功和向股东提供超出资本成本回报的途径。

尽管使命声明和愿景声明混合了企业和品牌元素，但信任文化坚定地放在塔塔所有活动和其所属但不直接使用有塔塔名称的公司活动的最前面。需要注意的一点是，“改善社区生活质量”，因为这突出了公司正在努力实现的情感利益。

另一个很好的情感品牌化的例子就是贺曼公司（见案例研究 13）。

案例研究 13

贺曼公司丰富人们的生活

如果要问贺曼从事什么行业，大多数人可能会说是制造和销售贺卡——事实上，贺曼是以这种类型的产品而闻名，但制造和销售贺卡并不是贺曼品牌业务的全部内容。贺曼品牌显然专注于丰富人们生活的事业。在一份强有力的品牌愿景声明中，贺曼公司表示，希望“在帮助人们表达自己、庆祝、加强关系和丰富生活方面发挥最大的作用”。从这一角度看，贺曼公司的业务已使其获得了一系列巨大的商业机会，并已经证明了它是非常成功且具有很高盈利能力的企业。

贺曼公司已经存在了一个多世纪，2015 年的合并收入为 37 亿美元。尽管网络品牌 Moonpig 等数字公司和环保消费者崛起，但作为一家私营公司，贺曼的收入仍高达数十亿美元，这一事实证明了其品牌的实力和可持续性。

“贺曼金王冠”拥有两千多家店铺，是“美国最长寿的专业零售店网络之一”，并“专注于帮助消费者连接、庆祝和纪念生活中的所有特殊场合”。贺曼频道是迷你剧、电视电影和家庭视频的主要制作人 / 发行商，而贺曼名人堂获得的艾美奖比任何其他系列节目都要多。贺曼公司还涉足有线电视、房地产和其他人际关系构建产品的零售，如蜡笔、橡皮泥、派对餐碟、礼品、包装纸等。但贺曼公司认为，这些实际上只是业务能力，品牌对人们来说意味着什么、为人们做了什么才是最重要的。

整个贺曼品牌及其业务都是围绕着情感而建立的，真诚地关心客户。事实上，贺曼公司的愿景是："我们将在生活中的每一天都做出真正的改变，创造一个情感联系更加紧密的世界。"贺曼公司的信念和价值观声明从一句话开始："我们的产品和服务必须丰富人们的生活。"这种对员工和公众发表的声明不仅仅是良好品牌的基础，也是人类情感和行为的强大驱动力。贺曼品牌成功地将情感融入与消费者的每一个接触点，并以此产生品牌忠诚度。

在整个品牌管理过程中，贺曼公司都将其愿景和价值观融入生活。例如，贺曼强大的企业社会责任计划强调其致力于建立关系和丰富人们的生活。此项计划包括协助社区项目的员工志愿服务以及对各种计划的慈善捐助，以改善贫困人口的生活，帮助人们与远在他乡的亲人建立联系。贺曼公司还指出："这些信念和价值观指导我们的业务战略，公司行为，我们与业务合作伙伴、供应商、客户、社区以及彼此之间的关系。"

在总结其品牌战略开发的方法时，贺曼公司表示："我们的品牌将继续繁荣，因为我们的关注点是持久存在的——人类需要与他人建立情感联系。这就是让我们的品牌真正与众不同的原因。"通过在丰富人们生活的基础上以品牌相关的方式表达其业务目标，贺曼公司发现了成为世界顶级私人品牌的关键所在。

我们已经看到世界级品牌是如何基于普遍的吸引力使用与其业务和客户相关的情感，并通过运用相关的情感来形成品牌愿景的。情感元素对国际和全球品牌来说都很重要。

我想说的最后一点是，消费者如何成为情感品牌战略创造和发展中变革的力量。

有意义和有目的的品牌

品牌战略师所采用的情感维度在某种程度上是由消费者需求的力量推动的。消费者“强迫”越来越多的品牌去证明自己正在改变消费者的生活。这一观点得到了一项市场研究以及品牌健康与实力排名的证实，如哈瓦斯集团（Havas Group）在 2017 年发表的题为“有意义的品牌”的研究结果。本书最后一章跟踪和衡量品牌成功，揭示了更多的研究，但我想在这里说明的主要观点是，消费者喜欢满足他们情感需求的品牌，并将回馈那些为他们的生活增添价值和意义的品牌。事实上，根据一项研究，75% 的受访者希望品牌能为他们的幸福和生活质量作出更大的贡献，但只有 40% 的人相信品牌可以做到。

研究表明，人们不会在意他们使用的 74% 的品牌消失。这是很有趣的，在消费者质疑品牌的目的以及品牌必须满足品牌所有者和支持者对彼此之间情感联系的渴望的情况下，这无疑是一种越来越受欢迎的趋势。

情感驱动的、旨在改善生活的品牌有时被称为有目的的品牌，类似于上面提到的有意义的概念。许多世界上最好的品牌现在都专注于这一情感层面，关注人们的希望和愿望，激励和鼓励他们。这些品牌认为而且确实有能力使世界变得更美好，在追求利润的同时注重达到目的，有时甚至认为达到目的比追求利润更重要。这些寻求增加价值和促进可持续发展的方法。我在本书中前面的部分提到过的品牌，包括联合利华和贺曼就处于这个哲学领域里。雀巢是另一个进入这个领域的全球品牌。雀巢公司曾表示："我们正在提高生活质量，为实现更健康的未来作出贡献。每天我们都要接触数十亿人。我们想为个人、家庭、社区和地球打造一个更好、更健康的世界。"

我们已经讨论了品牌成功的情感基础，现在来看一看与品牌建设密切相关的下一个步骤——品牌个性。让我们先看看这个概念背后的心理学。

品牌个性

品牌个性背后的心理学

品牌化很大程度上依赖于对心理学的了解——人们的思维方式和行为方式。我们对品牌化如何运作的理解很大程度上源于瑞士心理学家卡尔·荣格的研究，他提到了四种不同的心理功能，即思维、感受、感官和直觉。

品牌战略师和营销人员发现，让一个品牌对这四种心理功能产生吸引力，可以给品牌带来竞争优势。

思维

大脑的思考部分涉及理性和逻辑，通常称为左脑活动。左脑负责分析、推理、计算和其他逻辑程序。理性和逻辑是强有力的说服者，可以影响购买行为，因为它们提供了采取某种行动的理由。这种对大脑功能的理解让品牌产品的功能理性地呈现给消费者。例如，含氟化物的牙膏有助于预防蛀牙，这是购买这种牙膏的一个很好的理由。将理性和原因投射到品牌传播中是很有用处的，但这并不是影响人们心灵的唯一方式。

感受

感受是对人类行为的另一个强大影响，广告和促销活动都可以刺激感受的产生。感受由右脑控制，与情绪、幸福、恐惧、愤怒、悲伤和爱有关。例如，一只高兴地玩着卫生纸的小狗或者一个悲伤的、营养不良的孩子的形象几乎可以在每个人身上引起情感反应。大多数品牌经理现在都认同，在任何可能的情况下，建立一个在感受和情感方面吸引消费者的强大品牌都是至关重要的。这在很大程度上可以通过创建一个如本章前文介绍的情感愿景，然后加强品牌个性来实现。

感官

顾名思义，感官是指触觉、味觉、听觉、嗅觉和视觉，都是右脑功能。同样，品牌传播可以通过吸引一个或多个心理感官过程来刺激欲望。由于传感器与感觉和情感相连，所以它们可以成为强大的说服者。例如，过去的音乐可以唤起怀旧情怀。霍维斯（Hovis）面包品牌的著名电视广告强烈地激发了观众的感官功能，非常成功。这则广告的整体色调为深褐色，画面中是一个小男孩，穿着二战前的衣服，爬上陡峭的鹅卵石山，两边都是老式的房屋，他把面包带回家。他爬山的背景音乐是怀旧的铜管乐队音乐。因此品牌可以唤起久远的记忆和情感。

香奈儿、倩碧等品牌也经常使用感官营销，如在商店里和杂志上放置香薰条。杂志对这类感官品牌推广的统计显示，68% 的读者在闻到放在里面的香味后会购买该产品。

直觉

直觉是另一种右脑功能。它违背逻辑和理性，经常表现为冲动行为。像“我知道它适合我”这样的说法是典型的试图证明直觉和自发行为的例子。品牌经理通过研究消费者的生活方式和兴趣、深入分析消费者决定购买的时间和方式来锁定直观的过程。

对那些想要建立品牌的人来说，理解这四种功能是必要的，因为它们是每个人个性的组成部分。品牌建设者已经学到了很多关于个性的知识，并巧妙地将这些知识运用到品牌战略中，以期真正地接近客户，并与他们建立深厚、持久的关系。作为一条自然的推论，品牌化的关键技能之一就是为产品、企业和国家塑造个性。一个品牌的个性，能够激发这四种心理功能。

品牌平台

品牌个性是品牌建设一大要素，支撑着品牌愿景，而另一个要素是战略品牌定位，二者共同构成了任何企业开发强大和可持续品牌都所必需的基本平台。

品牌平台清晰地明确了两个概念：品牌识别和品牌形象。品牌识别是自己的品牌希望在市场上树立的形象，而品牌形象是自己品牌在市场上的实际形象。如果两者之间存在差异，我们称之为“感知差距”。企业尽管要不惜一切代价避免感知差距的出现，但有时却并不会真正通过市场调查来检验这种情况。这种识别和形象的区别也适用于人，它与品牌个性概念相联系。

我们都希望自己在别人心目中树立某种形象，心理学家可能会将这与“自尊”联系起来。如果我们原想在面试中让面试官认为我们是自信的，但事后却被告知我们缺乏自信，这种感觉很不好。我们必须记住，我之前就说过品牌是关系。品牌就像人一样高度依赖于不同目标受众的感知。为了确立自己的识别，并努力将自己的识别与自己的形象相匹配，品牌将个性建立在为自己的愿景选择的情感属性之上。了解了伟大品牌背后的一些基本情感和心理驱动因素后，现在让我们仔细研究品牌个性是如何发展的，以及为什么品牌个性具有重要意义。我们还是从心理学开始。

个性、品牌联想和象征意义

也许建立情感品牌战略最成功的一种方法就是，为自己的品牌创造个性。在现实世界中，那些从人群中脱颖而出的人似乎总是有某种“魅力”。他们的个性和态度受到别人的尊重，有时也会让人敬畏。他们命令人们紧随其后，而其他人总是想在他们身边。他们不一定是外向或内向的，但当他们在身边时，人们会感觉很好。伟大的品牌在这方面就像伟大的人物，而品牌经理的角色就是通过建立强大而不可抗拒的品牌个性来管理品牌与消费者的关系。

就像人类之间的关系一样，无论是对是错，通常都不是逻辑和理性的函数，相反，而是情感碰撞和错失的结果。鉴于这一现实，在许多情况下，品牌管理继续关注关系的非情感方面、促销功能、属性、价格折扣等，对品牌客户关系的发展几乎没有影响，这似乎很奇怪。尽管这些活动可能会带来短期的销售增长，品牌都乐于模仿，但却不会通过与客户建立情感关系来吸引客户和留住客户。事实上，这些活动可能会阻止品牌与客户建立关系，让品牌在消费者心目中的价值降低。

关系是靠情感发展的，关系的存在或解除取决于人与人之间的情感契合。因此，品牌必须反映出消费者喜欢的个性，这意味着品牌和消费者有情感基础或具有优势。事实上，最好的品牌都有精心设计的个性，适合品牌本身及其目标受众。人们普遍渴望被人喜欢、关注和爱。但是品牌管理经常忽略这一点。研究结果清楚地表明，企业失去的 68% 的客户，都表示自己感觉被忽视或不被关注。因此，品牌与消费者关系的情感维度非常重要，正是品牌的个性和态度吸引了消费者，让消费者保持对品牌的忠诚。

品牌个性可以通过建立强大的情感联系来加强品牌与客户的关系，而强大的品牌个性还有助于支持前述情感驱动因素和愿景。基于我们在前面所看到的心理基础，品牌可以创造出强烈的情感意义，而情感意义是通过情感吸引力的拉动而产生的，对人们来说可能象征一些事物，例如它们代表什么、它们相信什么、它们关心什么、它们热爱什么、它们渴望成为什么样的品牌、它们想和什么类型的人在一起、它们想要的关系、它们想让人们了解的与它们相关的事物以及它们喜欢哪种朋友。出于所有这些原因，人们渴望拥有知名品牌。下面的分类说明了人们发现品牌所表达的一些内在需求和关联。

忠实的朋友

人们有时会感到孤独，需要和别人交谈，而品牌可以成为扮演这个角色的朋友。一个人经常购买某产品的品牌可以发展这种关系。众所周知，人们谈论汽车等产品或企业时，就好像在谈论自己的朋友一样。一项研究通过让消费者描述他们使用的品牌产品的积极感受来引出一些想法，消费者的回答包括：

- 当你不在我身边的时候，我想你。
- 我和你在一起很开心。
- 我等不及再次见面了。

有时问一个品牌和一个典型客户之间的对话是什么样子的是很值得的。企业可能会从中发现这段关系正经历一个糟糕的时期，就像一位失望的客户提到一家银行时说：“你从来没有陪伴我。”

品牌不仅可以是个人的朋友，也可以是家庭的朋友。早餐桌上通常放着的谷类食品包是受欢迎和令人安心的，实际上有些人在喝下第一口他们最喜欢的品牌咖啡之前，都无法进行交谈！

值得信赖的合作伙伴

随着我们的成长，我们与他人分享我们的生活，品牌也可以扮演类似的分享角色。感激之情以及朋友、家人和伙伴的重视让伙伴关系成长。当顾客走进商店时，品牌往往会激发出顾客的信任感和熟悉感，因为顾客知道自己的品牌在那里，而且在购买和使用时，该品牌的产品也会具有同样出色的品质。致力于品牌服务和产品质量的企业都会向客户保证客户会受到重视，并且与客户之间的这种关系将发展成为实力优势。

B2B（企业对企业）品牌通常使用这种角度来制定品牌战略，因为与 B2C（企业对消费者）品牌相比，它们依赖的客户数量有限。

传统联系

过去是我们生活的一部分，也将永远是我们生活的一部分，人们对自己的传统无比忠诚。一些企业（例如哈雷－戴维森）将“爱国”作为品牌个性特征。传统的力量可以与怀旧的情感牵引力联系在一起，因为愉快的记忆会打动消费者。大众甲壳虫和迷你的推出为许多人带回 20 世纪 60 年代的美好回忆，取得了巨大的成功。像万宝龙和派克这样的品牌将时尚、奢华与怀旧结合在一起，过去几代人因此而热衷于用它们生产的书写工具书写重要的信件和文件。

对归属的崇拜

尽管每个人都是独一无二的，但无论是非正式的还是正式的，每个人都有同样的需求，想要归属于他人或与他人相联系。所以我们加入俱乐部、结婚或者成为社会或职业团体的成员。品牌通过给人们加入自己选择的部族的机会来满足这一需求。品牌个性为角色塑造和成为特殊人群提供了动力。美体小铺为人们提供了积极参与拯救环境和保护动物的机会；耐克允许人们成为自己选择的运动俱乐部的成员，并与他们的英雄成为“朋友”。曾经我和一家上市公司的总经理谈话时，他把他所穿的服装的品牌称为“我的品牌”。他为自己属于购买和穿这一品牌服装的人群而自豪。

感觉良好的因素

品牌给每个人以各种方式使自己感觉良好并表达这些积极感觉的机会，从而增强自尊。例如，有人可能会觉得：

- 用博斯香水很性感；
- 吃 After Eight 薄荷糖是一种奖赏；
- 住在马尔代夫的榕树度假村很浪漫；
- 在地中海俱乐部度假是年轻人的时尚；
- 驾驶宾利迷你受人尊敬；
- 佩戴伯爵手表的人是成功人士；
- 喝尊尼获加蓝方苏格兰威士忌很自信；
- 购买最新的 iPhone 很时尚；
- 穿着安德玛运动鞋和运动服很运动；
- 佩戴蒂芙尼珠宝很精致。

我们需要汲取的一点是，品牌在人们身上唤起的感觉可以自我满足。例如，有人如果感到自信，也将倾向于表现得很自信。品牌可以赋予人们新的能力和行为。

梦之队

品牌可以把人们带到令人眼花缭乱的成功高峰，而这正是梦想的源泉。人们可以穿得像好莱坞明星一样，成为精英商业团体的一员，或者穿戴奥运会选手的同款运动装备。孩子们可以像他们的英雄一样成为超级明星。当人们购买了正确品牌的产品，一切皆有可能。通过运用真正的个性将品牌带到生活中，帮助人们实现梦想。

真正的我

从渴望到启示，品牌能展现真实的你。品牌选择展现了一个人的生活方式、希望、兴趣和成功，并为每个人提供了表达自己个性的机会。你穿的衣服、你开的车、你点的饮料和你买的品牌都描绘了你是什么样的人以及你引领的生活或渴望引领的生活。有时候，像我平时一样的“真实的我”和我想成为的“真实的我”之间存在差异。例如，在家里，我可能只想穿上我最喜欢的品牌的牛仔裤和T恤，然后放松一下——因为我觉得在家里我就是这样的——穿着舒适的衣服，和朋友们一起放松。在晚宴或鸡尾酒会上，我可能会穿非常漂亮、引人注目的衣服，因为我想让人们看到我成熟的一面。品牌是让每个人都能向别人展示自己是什么样的和可以是什么样的工具。品牌可以以各种方式帮你说："嘿，这就是我！"

因为品牌提供了所有这些帮助人们展现自己个性的方式，所以企业创立具有个性的品牌可以推进业务，并建立强大的品牌客户关系，这并不奇怪。

品牌个性而非品牌价值

在深入研究一些品牌个性的例子之前，我应该解释为什么我（和许多顶级品牌）更喜欢使用个性特征，而不是传统的品牌价值。品牌价值往往与企业价值非常相似，具有"质量导向"或"全球性"等特征。但是，其他企业经常复制这些特征，因此使员工和客户可能都会感到困惑；这也就是更应使用品牌个性的原因。事实上，我们有四种心理功能，并通过它们来表达自己。在推动员工行为和品牌传播时，由于人们相互理解，所以这些个性特征尤其有价值。让我举一个真实的例子来说明这一点。

一天，我在会议之间的午餐时间穿过一家购物中心，经过一家卖钢笔、手表和礼品的商店。我路过的时候，两位年轻的女士从商店里出来，我无意中听到其中一位对另一位说："我再也不会来这家店了。他们太不友好了。"而她并没有说：“我再也不会来这家店了，因为他们的服务质量不符合我的期望。”事实上，我们是用人格类型的词语来衡量我们头脑中的事物，用个性特征来判断其他人、事件和我们在生活中经历的许多事情，包括品牌。

因此，用个性作为我们的情感愿景与我们的内外沟通和行为之间的主要桥梁是有意义的，特别是如果它是一个品牌的个性，还能够吸引心理的四种功能。既然这是真的，那么一家企业如何才能为自己或其产品和服务创造个性呢？答案就在个性特征的选择和应用。

大约有两百个描述个性特征的词可用于品牌建设，包括值得信赖、诚实、关心、友好、有创造力、喜爱娱乐、专业、真诚和好奇等。

用个性概念来建立自己的品牌形象是非常有用的。这是一种快速评估感知差距的方法，所要做的就是询问利益相关者（如客户、合作伙伴、代理商、分销商、投资者、员工等）这个问题：“如果这个品牌是一个人，你会如何描述它？”他们有能力并很容易回答这个问题。

下文是另一个真实的例子，是对服务业中与两个相互竞争的品牌都有交集的客户和相关人员进行的研究。我将这两个品牌称为品牌 A 和品牌 B。客户和相关人员所描述的事实上是他们的品牌体验（见图 5.3）。

品牌 A	品牌 B
• 久经世故 • 坚定而自信 • 高效 • 以自我为中心 • 冷漠	• 随和 • 谦逊 • 友好 • 关心他人 • 亲切友善

图 5.3　竞争性品牌个性感知研究

调查结果显示，人们对品牌 A 的反应既有积极的一面，也有消极的一面，而对品牌 B 的反应则完全不同，有更多积极的看法。如果这两个品牌是真正的人，那么人们与 A 的关系可能有时会让人不舒服，不太容易维持下去，而人们与 B 的关系则会更加温暖、顺畅和持久。这两个相互竞争的品牌都属于服务行业，而到 B 在收入、市场份额和盈利能力方面都比 A 做得更好，这就不足为奇了。A 的问题是，自认为自己的行为像 B 一样，创造的体验也和 B 一样，但实际上明显不是这样的。

“如果这个品牌是一个人，你会如何描述它？”对于想知道自己的品牌识别（个性）和形象之间可能存在什么差距的任何人来说，这个问题是一个可以快速评判且可靠的指标。

创造品牌个性

无论对一个品牌，一个产品还是一家企业来说，应该具有什么样的个性特征都是必须要明确的问题。通过很多种方法可以做到这一点，其中之一就是尽可能地将自己的个性与消费者的个性或他们喜欢的个性相匹配。这个过程包括：

- 确定目标受众；
- 了解他们需要什么、想要什么和喜欢什么；
- 建立消费者个性档案；
- 创建产品 / 企业个性，以匹配消费者个性。

这种方法受到了李维斯等公司的青睐，这些公司都对目标受众进行了细致的研究。对于李维斯最成功的产品之一 501 牛仔裤来说，符合客户形象的个性是：浪漫、性感、强壮、叛逆、足智多谋、独立和喜欢被人钦佩。这些品牌个性吸引着人们大脑的情感区域——他们的感觉和感官功能。哈雷－戴维森也对“大摩托车手”的个性进行了研究，并利用了男子气概、男性化、爱国、热爱自由和喜爱传统的特点，在 20 世纪 80 年代后期扭转了该品牌在面对日本竞争对手时逐渐失去市场份额的颓势。

但这种方法对大多数拥有广大客户群的企业品牌来说并不可行。建立企业品牌个性的过程可以包括确定已经存在的或者企业想拥有并准备好付诸实践的行为优势，这很可能受到企业或品牌愿景的影响。例如，如果一家公司想要被视为对社会负责，则可能需要有责任感、关心、足智多谋、友好和值得信赖的个性。而渣打银行拥有“一心做好，始终如一”（Here for good）的品牌愿景或宗旨，并拥有国际性、创造性、积极回应、值得信赖和勇敢的特点。因此，从企业的角度来看，品牌个性必须与品牌愿景很好地契合，将愿景付诸实践，这样，个性就变成了品牌识别。

还有一种方法是利用产品或企业的理性优势，将其转化为情感表达。下面关于路虎的案例研究展示了一个成熟品牌如何在竞争加剧的情况下通过将理性属性转化为情感属性创造出合适的个性，从而将自身提升到更高的水平（见案例研究 14）。

像路虎这样的品牌不仅能培养出目标受众喜欢的个性，而且有一种吸引人的生活“态度”，正如我们在关于绝对伏特加的案例中所看到的那样（见案例研究 15）。

案例研究 14

路虎

将理性属性转化为情感品牌个性

强大个性的吸引力是不可抗拒的，明智的品牌经理会将个性融入自己的公司、产品、服务、国家和地区中。路虎就认同，品牌赋予产品一种识别，并赋予产品真实性和权威性。但路虎也认同，在消费者决定购买时，产品所具有的理性特征和属性并不够强大。

因此，路虎将研究确定的理性属性转化为情感个性特征，强调品牌既要吸引人的心灵，又要吸引人的头脑。

路虎的理性属性包括：

- 4×4 工程和能力；
- 传统；
- 结实；
- 个性。

路虎认为，拥有这些属性是不够的，还要保证自己所做的每件事都必须表达和引入更强烈的情感价值。这一点尤其重要，因为竞争对手可以通过工程、质量、可靠性、规格、性能和样式来复制理性属性。因此，根据理性属性，路虎创造了以下情感价值：

- 至高无上的领导地位——与“4×4 工程和能力”相反；
- 真实性——与具有博物馆式内涵的“传统”相反；
- 勇气和决心——与“结实”相反；
- 个人主义——与“个性”的怪癖相反。

路虎还增加了目标客户可能拥有的特征，即

- 冒险的刺激；
- 对自由的热爱。

我们认为，正是这些特点让路虎品牌更强大，更具有表现力，并将路虎的产品与其他产品区分开来。

案例研究 15

绝对伏特加

建立在强大个性基础上的品牌

背景

绝对伏特加是一个可以追溯到一个多世纪以前的品牌。1979年该品牌产品最初进入美国市场时，受到了冷遇。在竞争对手众多的市场中，没有人预料到绝对伏特加能在这一类别中占有优势并取得成功。然而，绝对伏特加后来确实成功了，并成为一个世界闻名的品牌。

2007 年之前，价格更高的伏特加品牌，如灰雁、雪树、肖邦等越来越受欢迎，使得绝对伏特加成为中档品牌，产品销量大幅下降。然而，2007 年 5 月绝对伏特加发起的一项新营销活动“在绝对世界里”大大提高了其品牌知名度。

2008 年，拥有该品牌的瑞典政府以 83 亿美元的价格将其出售给保乐力加，这个价格远远超出了投资者的预期。

绝对伏特加的品牌个性

绝对伏特加的成功可以归因于对品牌的良好管理。这是一个以智慧和幽默为主、个性鲜明、魅力四射、与目标客户产生强烈情感联系的品牌。这些是使绝对伏特加成功的原因，而不是它的品味。公司前总裁戈兰·伦德奎斯特这样描述："绝对是一种个性。我们会喜欢某些人，但另一些人却更好玩、更有趣。"

绝对伏特加的品牌个性体现了智慧、领悟力、乐观和勇敢，它也被描述为聪明、时尚、现代和具有创造性。通过其之前众所周知的"在绝对世界里"活动，绝对伏特加创造和体现了社会的普遍呼声。该活动广告的例子包括：

- 在绝对世界里，货币应该被仁慈的拥抱所取代。
- 在绝对世界里，我们所有的冲突都将通过和平和有趣的交流来解决。
- 在绝对世界里，坐在轮椅上，却什么都可以拿到。
- 在绝对世界里，月亮不仅仅会照亮黑夜。

除了通过传统的平面媒体和广播媒体传播品牌的个性外，绝对伏特加还使用网络和 Facebook 等新媒体。其网站邀请访问者分享自己对"绝对世界里"的事物会有什么样的看法，并对其他人的看法进行评论。这项邀请为激发其在线社区的想象力提供了一个平台。"我们的消费者是聪明的，我们希望他们有一种能点燃对话并让他们思考绝对世界愿景的直觉。"前高级品牌总监蒂姆·墨菲说。同样，绝对伏特加也使用 Facebook 来推广其广告，以传达其个性特征。

该品牌还曾进行过一次这样的冒险，通过"绝对 Deadmau5"进入游戏世界，这款"Deadmau5"游戏是"游戏玩家和音乐迷的沉浸式旅程，有一个惊人的目标——让你体验与众不同的绝对之夜”。这次游戏为消费者提供了独特的虚拟体验，让他们与绝对伏特加这个顶级品牌和加拿大电子音乐制作人 Deadmau5 一起度过一个美妙的夜晚。

通过所有这些巧妙推广以及它著名的瓶式包装，绝对伏特加创造出高度分化的个性和人们所喜欢的生活态度。

下面还有一些具有明确个性的主要品牌的例子。卡特彼勒建立了一套与其商业产品相匹配的个性特征，并且相当成功地将品牌扩展到完全不同的类别，如服装和手机，但其所有的产品都具有这些相同的特征，即勤奋、坚韧、适应力强、坚定、大胆、坚固、独立和可以成为好朋友。巴斯夫具有创新、成功、负责、胜任和开放的个性特征。而贺曼的个性是具有创造性、关怀 / 关爱、个性、优雅、传统和感人。

毫无疑问，到目前为止，我们已经意识到，知名品牌建立和规划了与它们建立的情感驱动因素或愿景相匹配的基于个性的识别。确定自己品牌个性应该是什么样的人？会不会是想要传达品牌愿景的人？

品牌个性是长期的

人类的个性主要是在年轻时形成的，随着时间的推移变化十分缓慢。同样，品牌个性也只能缓慢发展，且不应快速或频繁变化。我们认为，如果我们的朋友在行为上不可预测，这是很奇怪的。一般来说，社会认为具有改变或替代人格的人具有双相障碍或精神分裂症。消费者是完全相同的——他们喜欢与企业或产品建立关系时，企业或产品是一致性的和可预测的。与客户建立友谊是品牌的主要目标。人们可以非常喜欢品牌，与它们分享自己的生活。当品牌和客户个性融合时，彼此间可以形成紧密的纽带。

品牌个性必须简单

品牌个性不能太复杂。人类的个性极其复杂，难以理解，想要设计出符合人类复杂性的品牌个性是徒劳的。虽然“品牌个性应该具备多少特征”这个问题没有确切的答案，但理想情况下，不应超过五个，而七个已是极限，因为超过这一极限个数，个性就很难传播。此外，对于企业品牌来说，企业要让员工了解其个性并付诸实践，就必须简短地列出清单，并清楚地解释这些特征的含义，这个问题将在第9章进一步讨论。灵活调整品牌个性是促进多种特征的形成的一种常用技巧。

灵活调整品牌价值

有些品牌巧妙地融合了品牌个性的理性特征和情感特征，从而能够灵活地调整品牌个性，以适应自己所面对的受众。通过品牌的多个个性特征，自己与众不同的方面就可以展示给不同的目标受众。例如，一个大型电信公司品牌如果具有一系列特征，包括友好、创新、值得信赖、理解和现代，那么可以将所有这些特征传达给两类主要目标受众，对于居民消费者强调友好、现代和值得信赖，对于商业企业则可以强调创新和理解。因此，在品牌传播中，品牌个性的态度对居民受众来说会显得更加感性，因为他们更容易被情感态度所吸引，而商业受众则更加理性，因为这会影响他们对决策的态度。虽然品牌与消费者的关系基于情感战略，但表现出来的情感程度是根据与品牌建立关系的消费者群体的需要来控制的，并由沟通时品牌的态度来体现。

因此，品牌可以说是反映消费者的想法、感受、态度、行为、生活方式和个性的一面镜子。因为自己的品牌管理能够与消费者的情感相联系并保持这种联系，从而了解他们的想法，因此一些成功的品牌已经成为全球知名品牌。而品牌经理必须是“指导”方面的专家，充分利用所有参与者（品牌和消费者）之间的关系。要做到这一点，没有比管理态度、情感和情绪更好的方法了。在某种程度上，我们可以说，品牌管理是反思性事务——通过品牌这面镜子，预测消费者想要看到什么反映在他们自己身上。

个性与品牌态度

消费者对品牌的态度很大程度上取决于品牌代表什么，尤其是品牌个性的传播方式。品牌态度是品牌传播的产物——品牌如何与消费者对话。例如，品牌态度包含在视觉效果和广告中。一个品牌如果有围绕着“温暖”“友好”和“平易近人”这三个词构建的个性，并且能够很好地传播，那么将被视为具有“关怀”的态度。而如果一个品牌将“博学”“值得信赖”和“专业”这几个词通过沟通付诸实践，则意味着它具有一种更务实的态度。

品牌传播方式的关键在于将品牌的态度和个性与消费者的态度和个性相匹配，因此对理解“什么让目标受众做出选择”这个问题的重要性不应低估。如果不能理解，那么品牌的态度可能会使情感关系建立过程终止。品牌可以“邀请”或“疏远”消费者。举例来说，如果一个品牌的个性流露出自信，可能会让一些消费者感到自卑，而会让另一些消费者感觉自己很聪明。以雄心勃勃或成熟的品牌态度，可以邀请那些有抱负的人，但会疏远那些认为自己永远无法攀登到这一高度的人。一个有趣的品牌可能会让一些人感到害羞，而让另一些人感觉良好。一个可靠的品牌可能会让一些人感到安全或无聊，而一个强硬的品牌可能会吸引那些积极的人，而疏远那些温和的人，以此类推。态度是双向的，品牌经理必须掌握消费者的这些内在想法和自我导向的感觉。

小结

21 世纪的品牌经理有许多复杂的任务要承担，但让消费者对品牌忠诚和与消费者建立终身关系才是真正的目标，因为只有达到这些目标，品牌才能经久不衰并增值。当品牌决定了商业方向，并通过情感联想将自己与消费者联系在一起时，才是最强大的。

情感的力量从生命开始就存在了——它是人类精神的巨大动力和主要驱动力。尽管理性的属性可能会吸引人，但情感的属性却会让产品大卖。在打造强大品牌的过程中，通过强大的、以情感为基础的品牌愿景（以具有魅力的品牌个性为基础）大大增强了情感联想。

我们在后面的几章还会看到，品牌个性是沟通和员工参与的驱动力。通过发展与心理功能相关的强大情感联系，使品牌人性化，创造识别，并强化品牌与消费者和员工的关系。

在下一章，我将讨论品牌定位和品牌经理可以采用的众多战略。情感定位战略就是其中之一，读者将看到这如何以及应该如何与选择的其他战略相联系。在阅读下一章时，请记住，所有伟大的品牌定位都源于经过深思熟虑的品牌愿景和魅力个性，而这些通常都基于消费者洞察。

第 6 章

品牌定位

定位对品牌管理至关重要，因为它既展示了产品的基本有形方面，也以人们心目中的形象构建无形资产。定位关注的是所选择的目标受众，以及影响他们对品牌与其他品牌关系的看法，从而将竞争加入品牌战略中。通过本章所述的战略，定位寻求的是说服人们某个特定品牌既不同于其他品牌又优于其他品牌的最佳方式。为了做到这一点，定位进入竞争维度，在与竞争对手的竞争中向特定的目标受众推销业务和品牌。

本章将解释定位过程在实现从被视为普通品牌到被视为领导品牌的战略飞跃中所起的关键作用，以及由此带来的所有回报。如果没有准确的定位，强大的或者世界级的品牌是不可能被打造出来的。

定位过程

如果个性是品牌识别的主要组成部分，那么定位则是品牌战略差异化平台的一根支柱。这在一定程度上与核心品牌价值如何投射到外部世界有关。一个人可以有一个伟大的人格，而一家企业也可以为自己或其产品创造一个独特的个性，但是这必须被人们看到并且认可，否则将没有什么效果。而反过来说，如果企业或产品被认为是有个性的，定位会更成功，因为个性本身就是一个区分因素。然而，正如我们下面将看到的，即使是个性也不足以完全区分品牌化业务。

小心差距！避免感知差距

所有品牌经理都渴望为自己的品牌（一个或多个）树立良好的形象。然而，品牌形象可能与我们希望品牌拥有的识别和个性不同，因为形象受制于感知，即人们思考某个事物甚至想象它是什么的方式。因此，如果我们错误地或不够强烈地投射出某个识别，而我们想确认我们所识别的人的想法可能会与我们的预期完全不同。他们可能认为我们是不诚实的，或者认为我们的包装看起来很廉价。形象可以基于事实或虚构，这取决于人们如何感知事物。识别和形象之间的差异通常称为感知差距，而这种差距必须不惜一切代价地避免。

为了避免识别和形象之间的感知差距，我们必须确保确认所提供的一切；最终履行所作出的承诺；目标消费者看到取决于消费者感知的品牌个性 / 识别并与之相联系。B2C 或 B2B 组织的定位过程，没有区别。

两个关键问题

由于定位涉及创造差异感知，因此品牌经理使用各种战略来回答两个关键问题：

第一，我们的品牌为什么不同？

第二，我们的品牌为什么更好？

对于品牌经理来说，说服人们相信自己的品牌不同于竞争对手的品牌，而且优于竞争对手的品牌，这是至关重要的。简而言之，定位的主要目标是在人们的头脑中创造和拥有一个感知空间，使一个品牌与其他品牌区别开来。

定位不仅仅是要在个性上区分一个品牌，尽管这很重要。在定位一个品牌时，可以介绍该品牌的实际表现以及它的个性。这将发挥竞争性商业动态以及品牌属性和价值的作用。其目的是描绘品牌的战略竞争优势，积极影响目标受众的认知，使品牌脱颖而出。

需要注意的一点是，品牌愿景和品牌个性一般不会随着时间而发生太大的变化。但与品牌愿景和品牌个性不同，定位可能会更频繁地发生变化，这是因为市场动态和竞争行为不断发生变化。因此，持续进行的研究很有必要，以跟踪自己的品牌对竞争对手的感知程度、维度和影响。而所有这些都必须在彻底了解目标受众需求的基础上完成。我将在本章后面的部分详细解释如何编制定位陈述以及应该注意的要点。

下面有几种广泛的定位战略可供选择，其中有几个是一些公司使用过的最有效的战略。

十三种实力定位战略

下面有十三种主要战略，这些战略可以单独使用，也可以组合使用，从而确立强有力的定位。下面将介绍这些战略的基本原理，以及需要考虑的一些优缺点。

特征和属性

这可能是最明显的战略，传统上在许多行业中使用最频繁。这一战略的重点是那些可以用来支持这样一种观点的品牌属性：这里的产品是不同的，或者更好的，或者既是不同的又是更好的。

机动车行业是这一战略的典型用户，大多数汽车制造商要么现在这样做，要么不得不这样做，从而在人们头脑中保持固有形象。最好的例子之一就是沃尔沃，多年来它一直将其汽车定位为道路上最安全的汽车，尽管其汽车可能不是道路上最安全的，而沃尔沃也并不是开发了许多安全汽车技术的品牌。然而，在全世界范围内，如果询问人们哪种品牌的汽车最安全，80% 以上的人可能都会说出沃尔沃的名字。有趣的是，尽管沃尔沃现在归中国公司吉利所有，但这种看法并没有改变（中国品牌的原产国质量往往备受怀疑，可能是因为这个原因，这种所有权的改变并没有广泛宣传）。一些服务企业也可以使用这一战略，例如丽思卡尔顿酒店就主打其毫不打折的高服务质量标准。丽思卡尔顿让员工以这种方式思考，即“我们是为女士们先生们服务的女士们先生们”。

优点：通过使用这一战略，既可以像沃尔沃一样经久不衰，也可以像激光打印机或带有鼻压条的 3M 口罩一样短时间一枝独秀。但无论哪种情况，都可能快速创造市场份额，特别是当你的产品是第一个进入市场且具有新的或独有的特征或属性时。

缺点：特性和属性迟早会被复制（随着技术的进步，速度越来越快），这将使市场份额收益受到侵蚀。竞争对手可能会开发出使你的产品很快过时的增强功能，因此重新定位可能很困难。技术变革通过提高产品的复制速度和缩短产品的生命周期来对抗这一战略。智能手机是功能 / 属性永无止境竞争的典型受害者，每年少数竞争对手都会推出近百种新产品。

利益

这一战略通过描述客户将获得的利益（一个或多个）例如，含氟化物的牙膏（一个特性）有助于防止蛀牙（一个利益），将特性和属性带入下一阶段。

利益定位战略真正回答了消费者心目中关于“这个产品有哪些功能是为我设计的”的问题。消费者总是在寻找情感上的利益。

优点：通过让人们清楚地了解品牌属性的真正含义，这种战略有助于使企业及其产品更具吸引力。与“特征和属性”战略相似，利益定位既可以建立短期的竞争优势，还可以让企业处于市场领先地位并快速获利。这是一种相当灵活的战略，可以通过冷静逻辑的方式（针对左脑）或更情感化的方式（针对右脑）进行扩展。

示例

特征	理性吸引力	情感吸引力
美白牙膏	经临床证明，让牙齿更白	更迷人的微笑，增强自信

缺点：与“特征和属性”战略一样，利益定位战略也可能是短暂的，今天的利益和竞争优势可能是未来基础产品的一部分。利益定位战略以独特销售主张的概念为基础，而独特销售主张容易受到易复制、进一步增强和技术创新的影响。如我今天买到一台处理速度很快的笔记本电脑，它拥有目前最高的技术水平。但六个月后我就会发现，这个产品类别有了新的行业标准。

问题—解决方案

这是另一种广泛使用且非常有效的战略，它基于这样一个前提：消费者不一定是为了达到某个目的而想要购买产品或与企业进行交易。他们真正想要的是问题的解决方案，而产品或企业提供这个解决方案。下面是一些例子。

人们常常把一些银行产品视为一种不得不接受的产品。有一天早上醒来，他们兴高采烈地喊道：“透支真棒！”这种情况不可能发生。更可能发生的是，他们会彻夜未眠，想着如何解决当前的经济问题，而透支可能是解决的方法。许多科技企业都采用这一战略。宜家则传达了这样的信息，即“好生活，宜家有办法”（Affordable solutions to better living）。

优点：这一战略显然既适合金融服务、IT、通信等行业，也可被更广泛地使用。因为各种问题总是会对消费者产生情感效果或影响，所以这是一个有用的战略，因为情感可以被植入这种定位中，通常是通过提出与解决方案相关的情感利益来实现的。

示例：人寿保险

问题	解决方案	情感利益
如果我出了什么事，我的家人会怎么样？	人寿保险	内心的宁静；如果发生悲剧，我的家人会得到照顾

缺点：其他竞争对手也可以解决消费者同样的问题，甚至可能在解决方案上有所改进。在以技术为主导的行业中，因为这种战略现在被过度使用，所以其他的差异化手段也是必不可少的。

如果只提出解决方案采取的方法，但未提供解决方案，那么就可能出现大问题。例如，不履行担保。此外，为了通过这一战略（特别是在技术驱动的行业）维护品牌信誉，新产品开发至关重要，因为生命周期的压缩意味着新产品创新速度快，今天出现的问题也会迅速消失。变化速度也会给消费者带来不同的问题。因此必须时刻保持领先地位。

竞争

每一家企业都必须时刻意识到竞争的存在——企业正在做什么，打算做什么。根据竞争对手的战略，可能有必要改变自己的位置——被动战略。当然，也可以积极主动地改变自己在竞争中所处的不利地位。多年来一直在进行的最大的商业战争之一是互联网软件和硬件供应商之间的战争。在 2001 年 7 月 19 日《远东经济评论》的整版广告中，甲骨文公司声称，其运行 SAP 的速度是 IBM 的四倍。甲骨文公司还使用一张大图表强调了这一点："这就是 SAP 客户选择甲骨文而不是 IBM 的原因。十分有趣。"同样，惠普和甲骨文在 2009 年开展了联合品牌宣传活动。2009 年 6 月 19 日至 21 日在《华尔街日报》上刊登的头版广告，标题是"甲骨文运行速度快 10 倍"，接着是"世界上最快的数据库计算机。硬件由 HP 提供，软件由甲骨文提供"。

杜蕾丝几年前的一则平面广告简单、整洁、直截了当，"所有使用我们竞争对手产品的人：父亲节快乐"。杜蕾丝标志放在页面右下角。没有比这更直接的了。

优点：当定位企业而不是定位产品时，竞争定位战略往往更有效。企业往往在个性、文化、规模、视觉识别等方面具有更为独特的特点，人们更容易与之相联系，而且在管理良好的情况下，企业形象有助于让企业保持领先一步的状态。然而，对于产品而言，在差异化方面的合作往往较少，尤其是在当今日益混乱的市场中。尽管如此，但是只要消费者相信数字，基于事实或统计的定位战略一定可以占据重要位置！

缺点：竞争定位战略可能会导致报复，但在一些国家，通过立法可以阻止报复行为。然而这也会产生大量的浪费性支出和令人尴尬的公共事件，比如伏击式营销。这里要说明的是，最好确保自己的产品或企业可以为目标受众提供其他产品或企业无法匹配的内容。

企业资历或识别

一些企业依靠其企业名称的力量来支持产品，并通过自有品牌的声誉来定位产品。这种方法是很有力的，索尼、IBM、雀巢等公司都证明了这一点。母公司品牌名称的纯粹力量和普遍存在会使那些试图确立自己地位的潜在竞争对手的日子很难过。著名的广告语“你永远不会因为购买 IBM 产品而被解雇”就是品牌实力的一个例子。

优点：企业名称的力量有助于加强产品，甚至让普通产品获得强势地位。一个著名的企业名称可以跨越不同的行业，在某些情况下，可以创造全球性的产品定位，例如索尼从消费电子产品行业进入娱乐行业。

缺点：如果企业经历低谷，产品也会受到影响，而且企业会失去信誉。管理不善的企业形象将使围绕企业名称和声誉定位的产品十分艰难。当然情况也可能恰恰相反，就像美国火石轮胎给最终用户福特带来了巨大的问题，因此给母公司普利司通带来了巨大的烦恼。

使用场合、时间和应用

这一定位战略可以被视为一个有效的区分因素，但只适用于产品和服务，而不适用于企业和大型机构。这一战略的价值来自以下情况：人们不仅以不同的方式使用产品，而且可能在不同的场合和不同的时间使用产品。例如，有些人将奥利奥饼干作为两餐之间的零食食用（时间）。一些人睡前饮用有营养的巧克力饮料（时间），而其他人在一天中的不同时间作为食品补充剂饮料（应用）。香槟通常只在庆祝（场合使用）时享用。

优点：产品和服务可以获得一个更容易防御的市场地位，并且战略与产品在不同使用情况下具有的能力一样灵活。

缺点：更有效用的产品可能会抢夺地位，并且随着消费者行为的变化，使用的时间或性质也可能发生变化。此外，这里的强势定位可能会限制机会，正如香槟生产商就试图扩大其使用范围的情况。

万金油就是一个很好的例子，许多消费者群体都使用这个产品，其标签上写着："无论哪里疼都能用。"这种软膏产品可用于年轻人和老年人的肌肉扭伤和疼痛，运动员的肌肉按摩和运动损伤，老年人的关节疼痛，头痛和缓解感冒等。

目标用户

目标用户定位战略是聚焦市场营销的一个很好的例子。了解目标受众的企业可以有效地将通用产品定位到不同客户群体中，就像耐克公司为不同运动群体提供专门的运动鞋，红牛作为一款全球知名能量饮料，主要针对喜欢极限运动的年轻人，其在世界能量饮料市场中占有最高的份额。

优点：这一战略有利于进入利基市场和保护利基市场，并建立强大的客户关系。在某个产品系列中，一种可以满足不同需求并且售价较低的通用产品存在广泛的客户群，而这种战略就是取胜利器。2016 年，耐克的收入约为 324 亿美元，在美国销售的每两双运动鞋中就有一双是耐克运动鞋。

缺点：这一战略依赖于精确的分割，因此也依赖于研究。了解市场结构和动态但不了解客户真正需求的企业很可能会倒闭。这一战略可能会受到限制，用户特征会随着时间的推移而变化。例如，耐克公司发现，从运动鞋扩展到运动服比较容易，但进入老年人休闲服装市场却很困难。

抱负

抱负定位战略可以采用多种形式，但最常见的两种形式涉及：

- 地位和声望（与财富成就相关）；
- 自我完善（与非金钱成就相关）。

采用这两种形式的抱负定位战略都依赖于自我表达，因为大多数人都需要以一种或另一种方式表达自己，将自己与企业或品牌联系起来。

就地位和声望而言，劳力士和劳斯莱斯是人们用来说明自己在生活中的财务成就的实力品牌。在自我完善方面，阿迪达斯“一切皆有可能”的口号就充分体现了体育生活方式和体育成就。

优点：每个人都有抱负，而且彼此间总有情感联系。通过激发这些普遍的情感，品牌可以迅速成为全球参与者。当与其他战略结合时，这一战略可能变得更为强大。

缺点：因为并不是每个人都把自己看作为赢家，所以那些低成就者对这一战略是没有兴趣的。因此，了解你的目标受众至关重要。

原因与伦理

这种定位战略也与情感相联系，主要关注人们的信仰和归属感需求。雅芳、贝纳通和其他一些企业都选择自己认为会认同某种理念或者希望与特定的集团或运动相联系的目标客户群。雅芳以女性为目标，支持女性事业；例如，雅芳曾在 43 个国家对 3 万名女性进行了一项调查，以明确她们认为自己面临的最大挑战是什么、个人幸福需要什么以及生活中最重要的是什么。美体小铺一直使用这种定位战略，因为其反对在动物身上测试化妆品和其他产品，并致力于环境保护。

这一定位战略正变得越来越重要而且被广泛使用，因为其涉及思想和言论自由、环境责任、民主、妇女解放和其他社会趋势。通过品牌道德化的概念来扩展其使用和吸引力也是一种类似的定位战略，纯真饮料就是一个很好的例子（见案例研究 16）。

优点：通过这一定位战略，企业可以拥有强势地位。联系其他有关应用、目标用户和情感的战略时，这个定位战略可能更加强大。现在消费者都要求各企业有道德和社会责任，尤其是年轻人，而且很多企业在自己的定位和品牌管理行动计划中忽略这方面。

缺点：所从事的事业可能会流行，也可能会过时；可能会受到某些人欢迎，也可能会让其他人感到不舒服；因此，制定适当的目标至关重要。此外，虽然某项事业很流行，但“随波逐流”效应经常发生。正如现在的情况一样，数百家企业都向我们坚定地承诺，将尽一切努力保护环境。一个品牌如果开始采用这一定位战略，就将长期承受高额营销预算，从而向核心受众证明自己的承诺。

案例研究 16

纯真饮料（Innocent Drinks）

道德和社会责任可以充满乐趣

总部位于英国的纯真饮料以其思慕雪和古怪的品牌推广而闻名，它总是积极组织参与一些营销活动。纯真饮料在其令人愉快的和耳目一新的网站上表述得非常清楚："我们希望纯真成为一家全球性、天然和有道德的食品和饮料公司，始终保持商业成功和社会意识。"纯真品牌的承诺是："味道好，做得好。"纯真品牌的价值是：

- 自然；
- 具有创业精神；
- 负责；
- 商业化；
- 慷慨。

每年，纯真都至少向慈善机构捐赠 10% 的公司利润，其中大部分通过纯真基金会捐赠，目的是改善一些依赖于可持续发展农业国家的农村社区生活，而这些国家都是纯真饮料所需水果的原产地。2007 年 9 月，纯真成为世界上第一家推广使用 100% 再生塑料瓶的公司。在 2011 年，由于塑料的质量变差而不可再使用，这一比例不得不暂时降低到 35%。如今，用于盛装果汁和思慕雪的再生塑料瓶使用比例已重回 50%，且纯真仍继续努力充分利用各种塑料材料。纯真包装的其他可持续性特征包括：每份饮料使用尽可能少的材料、使用碳排放量低的材料以及使用具有广泛可用的可持续废物管理选择的材料。

纯真对原料的采购方式也是非常负责的。例如，从 2005 年起，纯真优先购买来自顾及环境和工人利益的农场的原料，其使用的所有香蕉都通过了环保组织雨林联盟的认证。纯真还致力于通过密切关注碳排放量和水排放量成为一家资源高效型企业，并积极寻求在其业务活动中降低碳排放量和水排放量。

纯真公司尽管在 2009 年将 20% 的股份出售给了可口可乐公司，但表示不会改变其道德定位。联合创始人理查德·里德在 2009 年 4 月 6 日《卫报》的一篇文章中说：“纯真所作的每一个承诺都只与生产自然健康的产品有关，开创性地使用更好、更有社会和环保意识的原料、包装和生产技术，向慈善机构捐款，表达对世界的看法。我们只会让他们做得更多。”

从纯真的网站和社交媒体上的帖子，我们就可以看出这是一个享受乐趣的品牌。从其名为“水果塔”的公司总部到其网站上一处面向休闲人群的专区，纯真证明，作为一个有道德和社会意识的品牌并不需一直保持严肃。

价值

价值往往与人们的付出有关，但这种定位战略与价格无关。价值定位战略有两个主要要素：

- 价格 / 质量——也就是说，物有所值。维珍、阿尔迪、利德和麦当劳的定位战略就有这个要素。
- 情感价值——也就是说，当人们拥有某件产品（如，一辆迷你车）时，他们会产生的联想。宝马凭借销售系列迷你车掀起怀旧潮流，使消费者重新找回了某些记忆和情感。

优点：这是一个很好的定位战略。这个战略如果包含了以上两个要素，也可以作为促销战略使用。关键是要专注于价值，而不是价格。

缺点：如果关注价格，则往往会以商品为导向，不适合建立实力品牌和追求高溢价的企业。

情感

情感作为一种定位战略，可以单独存在，但通常与其他战略共同使用，用于为其他战略增加价值和力量。情感是非常重要的，正如研究一次又一次地表明这会让产品大卖。哈根达斯冰激凌就是一个很好的例子，这个品牌的成功是非常惊人的。它闯入了一个由雀巢等巨头主导的市场，以比竞争对手高出 40% 的价格销售自己的产品。其成功的关键是围绕纯粹的奢华和享受当下的概念创造独特的定位。哈根达斯在一些产品广告中用浪漫和性感的意象或者用幻想来描绘这一独特的定位。

优点：情感定位战略促使人们想要某种产品和做某些事情。情感创造欲望，而且其创造欲望的能力确实非常强大。缺乏情感的定位战略往往缺乏说服力和积极性。

缺点：这种定位战略可能不会动摇“冷漠的人”，即更精于计算、周密规划、节俭的人的想法。对于那些对价格敏感的人来说，费用是决定性因素，费用比他们的情感更重要。

个性

如前一章所述，基于个性创造品牌是非常有效的，这种定位战略经常被企业用来打造世界级的品牌。但人们不会对自己认为不相关或不讨人喜欢的个性作出反应。

尽管这并不是一张详尽的列表，但事实证明，以下个性对大多数人来说都非常有吸引力：

- 关心；
- 现代；

- 创新；
- 温暖；
- 独立；
- 坚强；
- 诚实；
- 有经验；
- 真实；
- 久经世故；
- 成功；
- 鼓舞人心；
- 精力充沛；
- 可信；
- 可靠；
- 亲切友善；
- 风趣。

优点：人们对这一定位战略非常敏感，如果与其他战略结合，可以带来较高的市场份额、忠诚度和盈利能力。这是真正获得和保持战略竞争优势的唯一途径。

缺点：这一定位战略依赖于对目标受众的清晰理解和大量投资，从而确保客户在任何情况下都能体验到一致的个性。例如，建立企业个性就要求改变企业的整个文化，使所有员工在日常工作中都具有这种个性。

号称第一

这是一种令人羡慕的定位战略，因为会使人们产生“领导者”的感觉。在高科技领域，这种定位战略可以为品牌创造奇迹，并提供差异感知，即使自己提供的产品和服务质量可能与其他品牌相似，如亚马逊就始终保持行业领导者的地位，尽管其他企业也提供类似的产品和服务。咨询公司埃森哲是第一家将自己定位为技术咨询专家的公司，并一直是全球最大的管理咨询公司和技术服务供应商。

优点：当自己的品牌被广泛认为是市场领导者时，企业如果能保持持续的创新，就可以一直居于这个位置。

缺点：不断创新最明显的关注点是保持领先地位，因此企业需要在研究和开发上投入大量资金。

从组合战略中获得力量

上面所讨论的实力定位战略可以按照企业和人们的意愿以各种方式组合。其中两个著名的例子是全球顶尖私人品牌家居专家宜家和世界上最受推崇的品牌运动鞋与服装制造商耐克。这两个品牌都是采用强大定位战略组合的全球品牌（见案例研究 17 和案例研究 18）。

案例研究 17

宜家

利用多重定位建立全球利基领导力

宜家成功地使用了组合定位战略以满足不同特定细分市场需求，在竞争激烈的全球市场中找到一个独特的位置。宜家是一家瑞典公司，在世界各地销售家具和家居用品。宜家使用人口统计学和基于家庭的市场细分，主要目标客户为年轻人，尤其是年轻的已婚夫妇，他们希望有一个美好、时尚和舒适的家，但买不起昂贵的家具。

全球宜家门店在店外和店内使用一致的品牌形象，并通过保持低成本和提供优质服务仔细考虑其消费者市场细分的需求。宜家限制销售人员的数量，但保证足够的人员来回答所有客户的相关问题。一个复杂的计算机系统为宜家提供支持，该系统可以通知客户库存情况，并在适当的情况下通知客户交货时间。消费者可以现场购买并带走小件商品。所以，宜家门店看起来就像一个有销售人员的大型超市。客户可以自己组装所有较大的物品，也可以支付少量的额外费用让送货人员组装。

家具和家居用品都在样板间里展示，以便顾客可以看到各种组合在自己家中所呈现的样子。宜家每家门店都有一个自助餐厅和一个儿童游戏区，以满足年轻家庭的需求。营业时间也尽量配合需要工作的客户的时间。

宜家深知，其客户群没有多少可支配收入，但他们渴望为自己和亲人提供最好的家。宜家的一个口号概括了其关键定位："好生活，宜家有办法。"这让目标客户知道宜家了解他们的处境和面临的挑战。这句话就是宜家的品牌承诺，宜家将为客户的问题提供解决方案。这是一个明智之举，因为大多数人都很感激别人能帮助自己解决问题。此外，宜家还向客户证明，宜家知道他们正在为自己和家人寻求更好的生活。

宜家还有许多与客户建立情感联系的名句，包括"让你生活得更好的伙伴""我们各尽其责""我们一起省钱"。这些定位使宜家和客户成为合作伙伴，共同努力以取得预期的结果。而在品牌传播中，为了强化自己的承诺，宜家通常会说："好好生活，爱你的家。"这也就引入了情感层面。

在多重定位方面，宜家使用目标客户、价值、抱负、特征和属性、利益、使用场合、问题—解决方案和情感战略。宜家将所有这些战略结合在一起，为客户提供了非常好的体验。

案例研究 18

耐克

多重定位战略

作为全球最受欢迎品牌之一，耐克采用了组合定位战略，通过利用每个相关定位战略的最佳效益，使其品牌在多个产品线、商业利益中得以区分并与子品牌相互区分。这些定位战略包括特征和属性、利益、环境保护、情感、个性和抱负。

特征和属性

耐克通过在线和零售渠道引入 NIKEiD，将特征和属性营销提升到更高的水平。NIKEiD 赋予消费者自主设计和定制所选耐克运动鞋、服装和设备的功能和属性（如颜色、鞋底、内衬等的选择）的权力。始于一个由消费者驱动、由耐克支持的社区，该社区的成员分享 NIKEiD 的想法、概念和热情。所设计的每一款鞋都会有设计名称、设计师的名字、原产国和设计日期。据耐克称，自 2004 年以来，NIKEiD 业务增长了两倍多，每月有超过 300 万的独特访客访问 NIKEiD 网站。

这种定位战略还让耐克得以接触新用户（见前文中的“目标用户”定位战略），这些新用户可能会寻求定制设计，以此来表达自己，并将自己与大多数用户区分开来。

利益

耐克自由跑鞋是一个很好的例子。耐克自由跑鞋可以让客户的脚部肌肉较少收缩，从而获得力量以获得赤脚跑步的同样快感。跑鞋的各种特性都经过调整。最新的技术呈现出新的外底几何结构，使跑鞋能够与脚一起灵活伸缩。不同程度的“裸感跑步”型号和不同鞋号可以为消费者提供最适合自己的跑鞋。

耐克另一个利益定位战略的例子是 Flywire 鞋面技术的开发（很像悬索桥理论），即鞋面仅在关键点依靠细线支持，从而减轻了鞋子的重量。有了 Flywire 鞋面技术，鞋子可以非常轻便，但支撑力又不会受影响，这为各种运动都带来了巨大的利益。

环境保护

自 1993 年耐克推出鞋类回收计划“回收鞋子”以来，可持续性一直都是该品牌发展的关键点。考虑到消费者越来越期望品牌能够具有更强的环保意识，这一举措是十分及时的。耐克回收旧鞋和各种废料，用于建设、翻新和改造球场、健身房和其他体育设施设备。

耐克 Considered 环保系列将可持续性原则与运动创新相结合，是耐克倡议的可持续性自然延伸。其目标是，通过减少设计和开发过程中的废物、使用环保材料和消除毒素，创造性能创新产品，从而最大限度地减少对环境的影响。耐克还制定了 Considered 指数，该指数用于衡量产品商业化前的预测环境排放量。只有得分明显高于公司平均分的产品才被指定为“Considered”。

耐克 Considered 环保系列最终在 2012 年推出了 Flyknit 技术，这项技术极大地减少了制造产品所需的胶水和其他有害材料的使用。其代表产品 Flyknit Racer 与其他低帮的跑鞋相比，在生产过程中减少使用 80% 的废物。

情感

耐克很好地融入经常被重叠使用的情感定位战略，为所采用的其他战略，尤其是个性和抱负战略增加价值和力量。耐克的广告经常表达一系列的情感，这些情感往往围绕着胜利、勇气和“想做就做”这句口号。例如，2008 年首次推出的“勇气”运动，通过展示一些最受喜爱的运动员鼓舞人心的最美好时刻的拼贴来庆祝“想做就做”提出 20 周年。这次运动共展示了来自 17 个国家的 30 多名运动员，其中包括迈克尔・乔丹。

“电视广告非常坦诚地庆祝我们认为是有史以来最鼓舞人心的品牌口号之一——想做就做。”耐克前全球品牌营销副总裁杰奎因・伊达尔戈说，“无论是职业选手还是业余选手，这都是运动员人格的核心。这可以号召他们武装自己，做得更好，迈上一个新的台阶。”

个性

多年来，耐克一直以利用名人运动员来宣传其品牌而闻名。其中一些著名人士包括迈克尔・乔丹和罗杰・费德勒。他们不仅仅是耐克的代言人，他们为耐克增加了可信度并以其在各自运动领域内的知名度、个性和影响力增强了耐克的品牌个性。

这些个性在情感上与消费者交流，并试图激励消费者像那些运动员代言人一样，在运动方面表现出色，穿着耐克鞋“想做就做”。

抱负

耐克的使命宣言是，为世界上的每一位运动员（你如果身体健康，就是一名运动员）带来灵感和创新。其在灵感和创新上都表现得非常出色。撇开产品创新不谈，耐克一直在虔诚地、始终如一地通过激活品牌活动宣传品牌鼓舞人心的方面，其商标和广告语“想做就做”最能体现这一点。

“耐克 + 赛跑全人类”是一个很好的鼓舞人心的例子。这一挑战赛于 2008 年 8 月 31 日举办，是世界上规模最大的一日跑步活动，为全球大约 100 万名跑步者提供了一个同台竞技的机会。10 公里赛事在 25 个城市举行，包括洛杉矶、纽约、伦敦、马德里、巴黎、伊斯坦布尔、墨尔本、上海、圣保罗和温哥华等。

“耐克 + 赛跑全人类是一项激励和连接全球 100 万名跑步者的活动，”耐克品牌与品类管理前副总裁特雷弗 · 爱德华兹表示，“我们为跑步者提供新的竞赛和比赛方式，比赛路线上设置传奇地标，每一场比赛都以可以上头条新闻的音乐表演结束。这对我们来说是一种前所未有的方式，可以为全世界的消费者带来全新的跑步体验。”

俘获人心

无论采用哪种战略，定位的关键都是通过吸引人们的理性和情感来捕捉人们的心灵和思想。明智的品牌经理理解这一点，并知道如何结合不同的战略，以满足消费者的理性和情感需求。

选择定位战略

无论你最终选择什么战略或战略组合，你都需要记住以下几点：

- 这个定位对你试图接触和影响的目标受众来说必须是突出的或重要的。与目标受众交流其不感兴趣的信息是没有好处的，因为他们要么会忽略，要么很快忘记。
- 这个定位必须以实际实力为基础。提出无法实现的主张会造成巨大的信誉损失。
- 这个定位必须反映出某种形式的竞争优势。整个定位的重点是向目标受众说明并让他们相信你与竞争对手不同，而且比竞争对手更好，所以无论区别是什么，你都必须清楚地表达出来。

- 最后，这个定位必须能够简单地传播，以便每个人都能获得真正的信息，并且能够激励目标受众。定位的目的是，激发目标受众的行动，而定位的传播必须小心谨慎。

重新定位

如本章前文所述，大多数定位都是重新定位。除非你有一家没有人听说过的企业或一种没有人听说过的产品，否则你在市场上就已经有了一个形象；因此，如果你想改变形象，就需要重新定位。在大多数情况下，了解你的形象是什么以及是否与你试图描绘的识别相匹配，这是非常重要的。

重新定位的八个原因

企业试图重新定位自身或其产品的主要原因有八个，包括：

- 形象不好或败坏（过时或不一致）；
- 形象模糊；
- 目标受众或其需求和愿望发生变化；
- 战略方向发生变化；
- 新的或振兴的企业个性 / 识别；
- 竞争对手定位发生变化或出现新的竞争对手；
- 重大事件；
- 重新发现丧失的价值。

形象不好或败坏（过时或不一致）

无论出于什么原因，你所拥有的形象可能并不完全是你想要的。汽车品牌罗孚就是一个典型的例子。罗孚即使以高价被宝马收购且宝马后来又投入重金欲重振罗孚，罗孚也从未恢复昔日的辉煌。后来宝马被迫承认失败，并将该品牌出售给其他公司，但该品牌也未能实现重振。

形象模糊

有时人们对你的企业或产品的看法并不清楚。这并不是说你的企业或产品很差，可能是人们对它们的感受不强烈——也可以说，人们对它们漠不关心。这通常是定位不清和 / 或缺乏品牌传播支持造成的。

目标受众或其需求和愿望发生变化

如果营销重点发生变化，则重新定位是必需的。理论上，这可能很难做到，因为其取决于新的重点与旧的重点之间的差距。举例来说，如果可口可乐公司决定将 60 岁以上的人群作为新目标受众，那么就必须重新定位，而且是说服新目标受众接受其产品不是仅为年轻人生产的饮料的一个主要挑战。在考虑将你的企业或产品的营销扩展到新的细分市场时，必须通过实际市场调研，以确定新定位是否可能成为现实，或者业务是否规模过大且成本过高，甚至可能让现有客户群体产生不好的看法。试想如果可口可乐试图通过必要的广告进入 60 岁以上人群的细分市场，那么年轻人会有什么反应？

另一个案例是英国赛马。为了阻止人们对这项运动兴趣的下降趋势，2008 年一个品牌化项目应运而生。引发这一现象的原因是，赛马的主要客户群正在变老和衰退，而年轻人的兴趣并不在此。除此之外，其他运动也吸引了人们的注意力，让人们愿意花钱观看。因此，英国赛马业的主要任务是提高其吸引力，以打入新的目标市场。

一家品牌机构 2009 年 5 月 12 日在《卫报》上发表的一份研究报告显示："大约 10% 的英国人每年至少观看一次比赛，其中大约三分之一的人定期观看比赛，另外三分之二的人每年观看一次比赛。品牌再造项目的目的是，将不定期观看比赛的人转变为定期观看比赛的人，同时至少也要接触一下另外 90% 不观看这项运动比赛的一些人。特别值得关注的是，还要吸引被称为‘互联网一代’的青年人观看比赛，否则这项运动的受欢迎程度和繁荣程度将不可避免地下降。18 至 30 岁的人群（尤其是年轻女性）以及 55 岁以上的人群被视为主要的目标群体。”

战略方向发生变化

如前所述，当业务需要从一个类别转移到另一个类别时，战略方向也会随之变化。这种情况通常发生在某一类别中产品变得过于拥挤，出现较大竞争压力时，例如出现销售和利润下降。类别存在于消费者的头脑中，并不由企业来定义。类别取决于人们如何组织关于自己所看到事物的信息，无论是按名称、用法、属性还是其他描述符号。成功的类别重新定位取决于产品是否拥有消费者在新类别中接受所需的属性，因此在重新定位之前应对此进行测试，明确是否需要对产品进行少许修改或增强，并重新包装。此外，还应注意确保对新类别的正确定义。IBM 从被视为计算机硬件销售公司变为基于解决方案的信息技术公司，就成功实现了重新定位。

新的或振兴的企业个性 / 识别

这种原因引起的重新定位相当于一次整形手术。一些企业认为完全改变自己的识别——不仅是使用一个新标志，而且可能改变名称，是值得的。新的结构和新的个性都是为了克服过去的问题或利用新的机会。乐喜金星更名为“LG”，就是企业试图将其形象向更高端市场转移并瞄准更具潜力的客户群的例子。

这种重新定位的另一个例子是著名的专业运动手表品牌泰格豪雅。公司组织了几项成本很高的全球广告宣传活动，利用运动特征个性，努力将其从前冷酷、机械、技术高效的形象转变为更温暖、更人性化的形象。但克服逆境、控制自己的基本定位立场依然被保留下来。公司称：“将品牌与体育界通过纯粹的身心努力取得成功的重量级人物相联系，我们希望能够东山再起，变得更加人性化。”重新定位采用个性定位战略起到了关键作用。泰格豪雅现在属于酩悦·轩尼诗—路易·威登集团（关于泰格豪雅的更多信息见第 7 章）。

竞争对手定位发生变化或出现新的竞争对手

有时候，竞争对手的靠近会让你自己认为最好远离并进行重新定位。在美国，当雷克萨斯侵占宝马的地位，并开始侵蚀它的客户群时，宝马就是这样做的。另一个例子是宾利。尽管宾利和劳斯莱斯同属一家公司几十年，但宾利一直被视为廉价版的劳斯莱斯。这种定位对两种品牌的汽车销售都会有影响，尤其是对现在已为大众集团所有的宾利影响更大。但宾利通过重新定位，创造高性能发动机以支持其运动性形象，从“无名小卒”一跃成为世界最豪华的跑车品牌之一。如英超足球运动员对“小型宾利”（Baby Bentley）的追捧，使此车在众多名人和“崇拜者”中掀起了一股热潮。总而言之，销售量的猛增使宾利成为成功进行重新定位的代表例子之一。

重大事件

有时，一些重大事件的发生也会引发企业重新定位的需求。重大事件可能是一个突然发生的、意想不到的危机。媒体通常会抓住这样的危机，作为突显品牌失败的机会。例如，2004 年 3 月，可口可乐就再次遭受了公开曝光，英国《卫报》在 3 月 20 日写道：

> 首先，本月早些时候，可口可乐新品牌的瓶装纯净水达沙尼（Dasani）被披露是从自来水管道中抽取的自来水。后来有消息称，该公司所描述的基于美国国家航空和宇宙航行局航天器技术的“高度复杂的净化过程”实际上是在许多中等规模

的生活水净化装置中使用的反渗透技术。

昨天，在负责该产品700万英镑营销活动的高管们尚觉得情况不会更糟的时候，情况确实变得更糟了。整个英国所有在售的达沙尼被迫从货架上撤下，因为达沙尼被一种致癌化学物质溴酸盐污染了。

这篇文章接着写道："可口可乐公司称自愿撤回所有达沙尼，以确保其只为消费者提供最高质量的产品。"但消费者可能在这句声明中没有得到多少安慰。

面对如此棘手的问题，可口可乐公司立即针对企业在全球水资源短缺和其他水资源问题中应承担的社会责任开展了专项活动，以期化解危机。

另一个重大事件的例子是英国机场管理局推迟开放希思罗机场新的5号航站楼导致的公共关系危机。正如媒体很快指出的那样，"希思罗机场5号航站楼昨天开放时的混乱场面是英国公共关系失误的典型案例。乘客得到的不是高科技、无障碍的旅行体验，而是要面对秩序拥挤不堪、航班延误、航班取消、缺乏训练的工作人员和行李混乱"。

2017年，英国航空的IT系统在5月份的一个假期出现故障，成千上万旅客的行程受到影响，他们找不到行李，也没有地方停留。这次故障后来被描述为重新启动系统时的人为错误，给英国航空公司造成了巨大的损失，而消费者对这家航空公司的信心也可能需要数年的时间才能恢复。瑞安航空也曾面临巨大的危机，因为缺少可用的飞行员，该航空公司取消了很多航班，影响了数十万人的出行。

从这些案例中品牌经理可吸取的经验教训很清楚：第一，不要宣传自己不能提供的产品；第二，不要做虚假宣传；第三，不要在质量上妥协。

重新发现丧失的价值

有时，当一个品牌不再受消费者重视，并且销量持平或下降时，与其试图创造一个全新的定位，不如从过去的成功战略中寻找答案，或者唤起消费者对过去价值观的怀念。家乐氏公司（Kellogg’s）曾为其玉米片产品发起过一场宣传活动，广告语是“第一次地再试一次”（Try them again for the first time）。这种基于品牌传承的战略可能会非常成功，尤其是当竞争对手相对较新且目标受众有怀旧情感时。这样消费者可以很容易地在头脑中回答为什么企业或产品是不同的、更好的。

重新定位和改变——新范式

二十多年前，主要受前文所述因素影响，品牌重新定位是一个相当不寻常的事件。但如今，随着各企业寻求跟上变革和创新的步伐，重新定位变得越来越频繁。不断的创新成为成功的必由之路，因此重新定位也是同样必要的。如今，品牌重新定位已成为常态，而非特例，品牌重新定位的频率相较以前要高得多。这意味着，品牌经理必须对如何维持和提高市场领导地位和/或抱负持多种观点。

以下是在变革世界中品牌重新定位时需要考虑的一些因素：

- 接受重新定位是品牌发展的重要组成部分。
- 确保不会改变自己的产品/服务/企业的个性，因为这将使自己的品牌陷入“精神分裂症”状态。
- 收集市场情报，了解客户不断变化的需求以及竞争反馈。
- 记住，这是在进行感知管理。这意味着，为感知管理做预算也是必需的。重新定位意味着，现金支出需要花费在形象和产品传播推广上，以改变人们的看法，使人们认为你仍然是或者现在是不同的和更好的。要坚定人们的看法，需要花的钱就越多。
- 请记住，你在产品线中的所有产品/服务都必须根据你的新定位进行更改；如果更改起来很困难，则你的重新定位可能会遇到问题。例如，对于机动车辆，这可能需要长达七年的时间，因为产品所在的产品线将降低重新定位的速度。

- 从每个能对你的品牌产生影响的人那里得到认可，否则重新定位的努力将是白费的。
- 记住基本要素：为了进行重新定位，你要么为品牌主张增加更多价值，要么改变目标受众。

定位应该是革命性的还是渐进性的？

革命性定位是一个术语，通常适用于以下情况：你从零开始，有一个新产品、一家新企业或一个新的个人目标。在这种情况下，目前没有定位，必须第一次创建一个定位。换句话说，如果你不在任何地方，你就必须去某个地方。在这种情况下，定位必须是革命性的。你必须在所有资深的竞争对手中选择一个重要的位置，并产生影响。

而渐进性定位是逐渐塑造你的形象。这里的问题是，一旦你到了某个地方，就必须决定下一步去哪里，而不是被落在后面。这是一个重新定位的问题，可能非常危险。危险在于突然完全脱离你一直占据的位置，且是消费者已习惯的位置，而却既不能疏远消费者尤其是现有消费者，也不能失去你的独特识别。

在大多数情况下，品牌经理在平衡这两种定位方法时会陷入困境。例如，乔治·阿玛尼曾在接受美国有线电视新闻网采访时表示，他最大的问题是保持经典设计的时尚性，同时进行时尚的变化。他认为，这是一种真正的二分法。一方面，现有的客户群希望看到他的经典风格；另一方面，由于技术进步和媒体炒作，时尚正在快速发展。阿玛尼说，媒体现在对个人风格不太敏感，更关注大众设计师的作品。因此，如果最新的大众设计时尚含有红色，每个人（包括阿玛尼）都会穿红色的衣服。他说，如果不这样做，他在这一季就不会得到媒体的支持。因此，像阿玛尼这样的设计师面临的难题是如何既保持自己独特风格（即定位），同时又融入最新的潮流。他的答案是：做渐进性的改变，而不是革命性的变化。在定位自己的产品时，他必须要调和识别与现代性之间的冲突，也必须对顾客保持不变的态度，以满足他们对古典风格和现代时尚的期望。

平等定位

时间过得很快，人们的愿望、需求和渴望随着时间的推移而改变。有时候，你只需要接受你正（或已经）落在后面的事实，并且必须赶上。你必须让人们相信你“紧跟潮流”，而不是脱离最新的趋势，你是最新的、现代的，并且能够与其他人提供的产品相匹配。这意味着平等定位，即向人们展示你并不处于不利地位。

通常，这种定位关注的是特征和优势这些更基本的竞争要素，并与你试图留住或获得的客户的需求和愿望保持一致。这种定位也主要局限于针对特定类别（如个人电脑）的竞争对手。这些特定类别产品的生命周期短，以至于当客户开始用左脑分析和证明哪些特定品牌的特征和优势既能发挥作用又物有所值时，上市的下一系列升级型号已经使一切都过时了。因此，这种定位旨在向你的客户传达这样的信息，即你拥有成为该特定领域强力竞争者所必需的要素。如作为计算机制造商或零售商，你所拥有的产品必须配备最新芯片，且硬盘大小、内存容量和运行速度都处于领先地位。

优势定位

每个人都愿意成为优胜者，每个人都想选择最好的，但这种定位很难创造和保持。这种定位远远超越了平等定位，寻求创造不平等、差异优势和超越其他人的形象，成为无可争议的领导者。包括一些世界顶级品牌在内的品牌已经开始使用这种定位了。而一些品牌则只把这种定位放在董事会议程上，却不去付诸实践。

只有目标受众认可，优势定位才能实现。换言之，你只有必须证明你提供的某种产品至少与竞争产品一样优秀，才有可能说服目标受众相信你真的可以提供更多的产品或特别的产品。

品牌获得优势地位意味着获得可持续的竞争优势，将在竞争中成为最受欢迎的选择。

需要发布定位声明

除非你完全控制了通过传播塑造形象的各个方面，但这是最不可能实现的，否则你就需要为人们提供一份传播简报。这是编写书面定位声明的主要原因之一。如果定位声明不是书面的，那么就存在着危险，想法可能被误解，战略可能被扭曲，关键信息可能表达不清。结果很可能使目标受众头脑中产生混乱。如果你想保证信息清晰，并塑造一致的形象且实现定位，那么定位声明是必不可少的。

什么是定位声明？

定位声明是内部文件，不向公众提供。定位声明总结战略，并作为战略营销和品牌管理的指南。定位声明会特别简要地说明你希望人们对你、你的产品或企业持有什么样的看法。定位声明不仅能说明你想要的形象，而且是对战略进行的一项很好的测试，因为定位声明能很快告诉你，你希望人们持有的看法是否可信、可实现或可接受。编写定位声明不容易，通常需要多次尝试，最好还要广泛听取他人的意见。例如：

企业定位声明需要经过尽可能多的高级经理的审读，以获得一致同意和认可，并确保执行。产品经理还需要寻求其他人的意见和认可。

在编写定位声明之前，你必须完全理解以下几方面：

- **你的品牌：**这似乎很明显，但你必须非常清楚你能提供什么，这将吸引你试图影响的人。如果你提供的是产品，这意味着要密切关注其所有的特征和属性，以及人们从中获得的利益。你应该始终寻找有助于区分你必须提供的产品和竞争对手正在提供的产品的因素。服务也是如此。你能提出什么样的服务标准，使你有机会显示竞争优势？企业本身往往就具有很多显著的特征，例如全球地位、业绩记录、个性以及其他可以突出显示并用作区分因素的独特特征。

- **你想影响的目标受众：**知道人们需要什么和想要什么是至关重要的，且这两者之间存在区别。我可能需要吃点东西，但我想要的是咖喱。更重要的是，我可能想要素食咖喱，因为这种食物符合我的信仰。因此，同时了解人们的表面需求和深层次的需求非常重要。除非精确理解客户，否则你可能会发送无关信息，并使客户失去对你的信任。
- **你面对的竞争对手（有竞争力的一群人）：**没有对竞争的全面了解，任何战略都是不完整的，无论你是足球经理、营销经理、演艺人员、常务董事还是总理都可能需要提出一些问题，包括：
  - 客户在关心哪些竞争对手？
  - 竞争对手使用什么定位战略，为什么？
  - 竞争对手发送了哪些关键信息？
  - 竞争对手的优势和主要差异是什么？
  - 客户为什么要从竞争对手那里购买产品？
  - 竞争对手现在的形象是怎样的？
  - 客户认为竞争对手和我们之间有什么区别？
  - 如果离开我们，客户会转向哪个竞争对手？这里可能出现的一个主要问题是决定谁是竞争对手。这一问题与快速消费品尤其相关。对快速消费品来说，类别的定义变得极其重要，且在进行任何定位时都需要考虑这一问题。例如，如果我们问埃尔顿·约翰和罗德·斯图尔特是否属于“摇滚乐艺人”，我们几乎肯定会回答“是”；但是，如果我们问他们是否与滚石乐队竞争，我们可能会回答“否”。因此，产品类别的定义是分析竞争对手非常关键的第一阶段，对定位工作至关重要。

为什么你的品牌不同于竞争对手且优于竞争对手（战略竞争优势或可持续的竞争优势）：对这项进行分析，你可以对选择的定位和需要采用的定位战略作出一些准确的判断，从而影响目标受众的看法。定位过程中的重要一环是将对目标受众需求和愿望以及竞争对手的分析相结合。你如果没有战略竞争优势，那么就很难取胜，因此努力获得战略竞争优势至关重要。

你期望人们因选择你的品牌而获得的情感和理性利益：如果你把自己放在客户的位置上，你很可能会理解他们的想法，并成功地掌握他们的看法，你会更加容易发现是否已获得预期形象。

当你写下你的定位声明时，其中包含的某些内容在本质上是有抱负的或必须是事实。不过这并不重要，因为这些声明仅供内部使用。然而，重要的是你要实现这些有抱负的承诺以满足消费者的期望或愿望。因此直到你能够真正做到声明中承诺的，定位的传播推广才能开始。

如果你没有内部资源来做这些，那么可能需要进行委托研究，虽然这可能需要一些时间，但你最后所传播推广的定位将更加集中和准确。一旦你准备好编写定位声明，请保证内容尽量简洁。

如何编写和使用定位声明

编写定位声明有很多种方法，但无论用哪种方法编写的定位声明都应该包含某些元素。根据过去的经验，我发现下面的模板是最实用的。

定位声明模板

品牌名称

优于

目标市场中的

（如果可能的话，你要瞄准的是一个或多个客户群体的需求和愿望，而不仅仅是人口统计学结果。）

竞争对手

（你的品牌在你所属类别、行业等中的主要竞争对手。最好说出主要竞争对手的名称。）

因为它具有

战略竞争优势（可持续的竞争优势）

（与其他品牌相比或与指定的竞争对手相比，你的品牌在满足这些需求方面具有的一个或多个特定优势。）

结果是提出

关键提议

（你的目标受众将体验到的真正的情感和实际利益主要来自战略竞争优势。）

品牌个性（性格）

如前几章所述，你的品牌应具有个性。你可以在定位声明的结尾单独陈述品牌个性，也可以将描述个性的词语融入定位声明其他段落中，而且这样可能更有效。

按部就班地完成定位声明，将得到两个关键问题的答案：

- 为什么你更好？
- 你为什么与众不同？

这两个问题对消费者来说是最重要的，消费者想知道为什么应该优先购买你的产品，而不是其他企业提供的产品。只有这两个问题得到了真实和充分的回答，你才能说服消费者把你的产品作为自己的首选。因此，必须非常谨慎确保定位声明的内容是可靠的、可信的和可传递的，并且与你试图影响其看法的目标受众的愿望和需求相关。

你会发现编写定位声明是一个困难的过程。这需要时间，通常需要修改几次才能使这些内容准确，并为所有参与业务和品牌管理的人所接受。但为此付出努力是值得的，因为定位声明作为一份文件提供给研究、广告和其他机构，以助传播推广。

示例：一家航空公司的定位声明

在这个特定的例子中，你会看到一家亚洲航空公司的品牌个性，这将其与其他国际航空公司区别开来。你还会看到这是如何被转移到每个目标受众的定位声明中的。在定位声明中，对细分市场进行详细说明是很重要的，因为各细分市场中消费者的需求和愿望是不同的，所以定位声明的总体主张也会有所不同。然而，细分市场定位声明从主品牌定位声明中获得指导，以确保一致性，并同时确保相关性。

这是一个真实的案例，在这个案例中，所有主要细分市场都有所涉及。出于保密目的，我没有写出该航空公司和其竞争对手的名称，但在实际中，它们是有名称的。此外，在主品牌声明中，客户群体的定位必须是概括性的。

消费者选择航空公司时最需要的是安全、舒适、便利，以及通过服务获得良好的品牌体验，无论是飞行前、飞行中还是飞行后。你会发现这些都反映在声明中了。你还会注意到，品牌的战略竞争优势，即亚洲服务质量，体现在不同的声明中。

总品牌定位声明

对于

航空服务的所有旅客

航空公司品牌 X

优于

其他国际航空公司

因为

采用最先进的系统和技术，具有全球影响力，并辅以自然、温暖与传统的民族个性服务，提供全亚洲最好的航空服务。

结果是

每一位客户都完全有信心，X 航空公司了解自己的个人需求和愿望，X 航空公司的员工自然、真诚且关心客户。

经济舱定位声明

对于

那些寻求舒适、安全、方便的旅客，所经历的旅程将执行新标准且融入具有吸引力的文化

航空公司品牌 X

优于

其他国际航空公司

因为

采用最先进的系统和技术，并辅以自然、温暖与传统的民族个性服务，提供全亚洲最好的航空服务。

结果是

旅客的旅程成为一种独特的经历和永久的记忆。

商务舱定位声明

对于

寻求纯享受增强体验的商务舱旅客

航空公司品牌 X

优于

其他国际航空公司

因为

提供具有独特个性的奢华的商务舱空间，并辅以自然、温暖与传统的民族个性服务，提供全亚洲最好的航空服务。

结果是

旅客享受到优质的服务，得到了他们应得的所有特权和关注，更快乐、更精神、更放松。

头等舱定位声明

对于

那些寻求绝对奢华、便利、隐私和个人认可的旅客

航空公司品牌 X

优于

其他国际航空公司

因为

提供独特的头等舱特权，服务员提供自然、温暖的服务，提供了无与伦比的亚洲航空服务体验。

结果是

乘坐飞机变成了“一次沉溺之旅”——具有迷人的传统所赋予的色彩和兴奋，并结合了世界上最具异国情调的大陆的个性。

当你以这种方式定位公司时，这些声明必须严格适用于产品、服务、员工、推广等。品牌管理的这部分内容将在后面几章中介绍。

下面是关于“创新英国”品牌的案例（见案例研究 19）。

案例研究 19

打造“创新英国”品牌

在 2000 年后，英国政府制定了一项品牌战略，并随后开展了一系列活动，旨在解决英国在某些市场（如日本）的消极观念问题，这些消极观念阻碍了贸易和投资。以下事务和战略在日本发起，由一个跨部门的公务员团队负责。

英国在关键市场上并没有被视为“创新型”国家，这对国际贸易和英国经济的发展无益。

全面的品牌战略被视为解决这一问题的重要途径。

这一战略由利益相关者团队制定，团队包括项目经理办公室、贸易部门、外事部门、私营部门等。

该品牌在日本推出，并在亚洲和其他主要市场宣传；为全球英国贸易代表举办了多次研讨会。

品牌价值观以一套个性特征形式呈现，这些价值观是可传递的，用于展现“创新英国”品牌传播的基调、方式和感觉（理性特征＝创造性、足智多谋、聪明；情感特征＝有远见、热情、鼓舞人心、开放、乐于分享想法 / 知识）。

情感特征被优先考虑，因为其可能会产生最大的影响，同时可以用于品牌区分。

一份概括性的定位声明旨在解释为什么“创新英国”与竞争

对手不同并优于竞争对手，如下所示：

“创新英国”定位声明

对于

政府、投资者、企业、研发机构和技术专业人士、学生以及任何寻求灵感、技术突破和远见卓识、将创造我们生活的世界组织。

“创新英国”

比其他国家好

因为

我们不仅证明真实性是科技思想、产品和创新实践的源泉，我们也有热情与他人分享我们的思想和突破，从而提高全世界所有人民的生活质量。

结果是

我们为那些想真正改变生活的人们和未来世界的个人或组织提供希望、乐观、机会和兴奋。

★ 理由包括：

- 英国拥有百余位诺贝尔奖获得者（科学界约 100 位），仅次于美国；
- 领导力传统与科技创新；
- 牛顿引力与运动定律；

- 达尔文的研究；
- 法拉第的电磁学；
- 弗莱明发现青霉素；
- 沃森和克里克发现 DNA 双螺旋结构；
- 霍奇金测定胆固醇的三维结构和破译胰岛素结构；
- 克隆动物；
- 无线电、电视、互联网、光纤的发明；
- 英国在音乐和音乐创新方面占据主导地位；
- 英国在经营全球时装公司等方面具有突出地位。

该品牌战略是时任首相布莱尔在日本 400 多人的招待会上通过视频信息公布的。

在“创新英国”活动中，其定位通过使用最新技术的消费者满意度调查得到加强。品牌战略和本地化活动已推广到新加坡等其他国家，取得了相当大的成功。活动还包括为全球英国贸易官员举办了一次研讨会，解释了品牌战略，并帮助他们规划如何使用该品牌战略。

该品牌的成功为英国企业带来了巨大的收益，下面两段政府部门的引文可以证明。

英国贸易投资总署

“创新推动经济进步。对于企业来说，这意味着持续增长或改进。对消费者来说，这意味着更高质量、更高价值的商品、更高效的服务和更高的生活水平。对于整个经济来说，创新是提高生产力的关键。”

英国外交和联邦事务部

“确定我们的品牌战略是推动英国成为一个创新型国家的必要先决条件。提出明确的建议有助于确保我们的活动以正确的方式面向正确的受众。保罗·唐波拉尔在这一过程中提供了巨大的帮助，因此我们在加强业务关系和国际合作方面取得了巨大的进展。”

注：我与英国驻日本大使馆密切合作，制定了“创新英国”品牌战略，还要特别感谢时任英国驻吉尔吉斯斯坦共和国大使罗宾·奥德·史密斯。

广告语的编写

广告语是通常出现在品牌名称后面的短语，以支持其个性和定位。广告语从不孤立地使用，总是与某种形式的传播推广相结合。广告语不能（实际上也不必）概括一切。必须是广泛的——能够锁定几条消息，其主旨可能会随着时间的推移而改变。广告语应该传达一种方向感，对观众、听众或读者传达行动号召。广告语可以非常成功地将品牌与目标受众的思想联系起来，并巩固彼此间的情感联系。广告语需要清晰地显示“差异”，说明优势，有效涵盖个性、服务和技术的复杂程度（如有必要），应对变化，并与本地和国外市场具体情况相结合。最重要的是，广告语必须传达承诺、兴奋和体验。只需要使用三四个词！

根据前文所述航空公司的定位声明，我在此提出一条广告语建议，即“属于你的不同世界”（Your world of difference）理由如下：

- 这条广告语有力地突出了差异的承诺，强化了基于个性的定位和相关差异化的产品开发。
- 让消费者产生想知道更多的兴趣和愿望。
- 向消费者和自己的员工传达了航空公司发展过程的

全部意义——追求与众不同和更好。

- 暗示航空公司的优越性。
- 这条广告语是概括性的，包含一系列信息，并赋予其力量。没有死板的承诺。
- 提醒消费者所获得的利益是其他地方所没有的。
- “世界”以一种支持个性定位的方式传达了全球性，如覆盖范围和规模（以及复杂性）。
- “世界”传达了一种“茧”的感觉，给消费者一种摆脱伴随着航空旅行体验的混乱和不便的感觉。
- 考虑到传播推广的背景，“不同世界”成为一个国家文化多样性的参考，代表了亚洲最优质的服务。
- “属于你的”将重点放在消费者身上。强调一种关系感，传达航空公司把消费者放在第一位的信息。
- 这与品牌个性特征相符。
- 紧凑、简单，容易记忆。
- 与对抗主要竞争对手的战略相协调。
- 安全稳定。如果市场环境发生根本性变化，则定位也需要改变，但强调“不同”的此条广告仍可使用。

然而，对于一家不知名的外国公司来说，将自己定位在成熟的市场中并非易事。中国海尔公司勇敢地为自己在美国创造了一个利基位置（见案例研究 20）。

案例研究 20

海尔

在成熟的西方市场中定位亚洲品牌：那些敢于取胜的品牌

由于我大部分时间都是在亚洲度过的，因此我经常告诉将在亚洲推广品牌的全球企业如何先在自己的国内市场占据第一的位置，然后在整个区域获得最重要的地位，如果需要的话，再走向全球。这背后的原理很简单。第一，很少有全球品牌能在不首先成为自己国内市场第一名的情况下成为全球品牌。第二，在研究国外全球市场时，常用方法显示首先占据所在地区第一名的位置是必要的。第二步就已经够艰难了，因为亚洲人口约占世界人口的一半，但与西方公司相比，亚洲公司完成任务要容易一些，因为了解文化不是一个大问题。第三，当你拥有规模、销量、知名度和经验时，你如果觉得自己能支撑下去，并能进入全球前两名或前三名，那么就去开拓全球市场。

通往成功的快车道

海尔公司成立于 1984 年，是一家中国跨国消费电子产品和家电公司，总部位于山东省青岛市。海尔产品种类繁多，主要包括冰箱、空调、电视、微波炉、洗衣机等。然而，海尔正在经历巨大的变革。据公司介绍，“海尔是当今世界领先的主要家用电器品牌，目前正从传统的制造商转型为开放的创业平台。在互联网和后电子商务时代，海尔将把生态系统扩展到社会网络和社区经济，同时提高海尔产品和服务的用户价值，并将诚信作为整个企业的核心竞争力。海尔的目标是，成为物联网时代的全球领导者”。目前，海尔旗下品牌包括海尔、卡萨帝、通用家电、Aqua、斐雪派克、统帅、日日顺、DCS和Monogram。每个品牌都拥有自己的市场地位，为终端用户提供卓越的用户体验。

回顾过去，作为中国大型家用电器制造商，海尔已经走上了通往成功的快车道，与上述的正常发展形成了鲜明对比。首席执行官张瑞敏带领一家濒临倒闭的集体企业，将质量视为首要任务，努力成长为如今世界第一大家用电器制造商。

张瑞敏最初的目标是让海尔成为美国五大大型家用电器制造商之一，尽管那时他的品牌在亚洲还不是家喻户晓。他的团队意识到首先必须解决质量方面的问题，因为没有一流的质量，任何品牌都无法生存下来，而亚洲企业生产的产品传统上缺少一流的质量。张瑞敏一直都知道质量的重要性。在20世纪80年代担任高级经理时，他就对质量非常执着。他曾经在一天下班时集合了他的员工，用大锤砸碎了76台有缺陷的冰箱，以证明他对质量的重视。

原产国问题

近年来，亚洲品牌面临的一个最关键的问题是“廉价和劣质”的观念。这种观念已经持续了几十年，而且很难改变。日本品牌花了 30 年时间才改变了类似的观念，而中国商品却仍然陷于“劣质”观念，这就是海尔选择以质量作为突破口来进行战斗的原因。而这位首席执行官真的把这场战斗带到了商业“敌国”美国。在美国，质量的改善从家庭做起。

战略

海尔的战略不是以低成本生产产品，向美国出口被视为“中国制造”的产品。海尔意识到，世界顶级品牌销售的都是亚洲制造的产品，但是海尔的品牌名称将受到母国标签的影响。

海尔采用扭转制造条件这种战略，使海尔产品在美国制造。海尔为南卡罗来纳州卡姆登的几家工厂购买了足够多的土地，并为其第一家冰箱工厂花费了 3000 万美元。这是“管理观念”（品牌管理的全部意义）的重要部分，并为未来奠定一个安全的基础，尽管生产成本会增加。海尔的员工主要是当地人，现在使用的标签是“美国制造”。

海尔声称自己促进了某些类别市场的增长。自进入美国以来，海尔已成为紧凑型冰箱和家用冷酒柜两个类别的畅销品牌；

同时，海尔在冷柜方面排名第三。事实上，海尔在进入美国后每年促进紧凑型冰箱市场增长 50%。海尔对不同市场的需求也很敏感，渴望为消费者提供审美价值。在美国推出的冷酒柜就是一个很好的例子，该产品有着精致的烟色玻璃门、曲线优美的线条、柔和的灯光和铬合金酒架。这是一个非常高档的产品，已列入国际葡萄酒配件目录。这项创新产品从概念和设计到零售供应用还不到一年。

海尔意识到，价格商品陷阱就在前面，并通过关注质量、设计和创新，以及给消费者真正想要的东西，努力避免在价格和促销上的竞争。海尔为改善自身形象所采取的一项关键举措是，表达对环境的关注。利用创新和技术，海尔已经开始引入环保设备，塑造一个关心环境的企业形象，并始终关注消费者所关心的问题。例如，2008 年，海尔与通用电气公司合作共同开发了环保型洗衣机，该洗衣机具有最新的节能技术、低噪音排放和更人性化的特点。

伙伴关系和结构

海尔美国分公司通过寻求战略合作伙伴关系，使其品牌得到认可和信誉，并确保沃尔玛等销售商能够销售其部分产品，主要是小型冰箱和冷柜。海尔通过提供物流协助、库存管理和无压力客户服务为零售商提高了价值。

市场营销速度和产品创新是张瑞敏的基本项目。他说："在这个信息时代，谁最快满足客户需求，谁就能取胜。我可以与任何能为我提供信息和技术以满足消费者需求的公司合作。”因此，海尔与爱立信等知名品牌合作，在其产品中使用蓝牙无线技术等。这样的联盟使海尔获得了一个海尔目前自己还没有的宝贵研发基地。就创新而言，众所周知，海尔每年有多达 400 种新产品投放市场。海尔获得的专利技术证书多不胜举，其双驱动洗衣机技术被列入了 IEC 标准。这表明，海尔在产品研发方面拥有世界一流的创新能力，所有这些发展都符合张瑞敏的愿景，即让创新成为其商业模式的关键驱动力。

海尔的失败率 / 成功率不得而知，而有人想知道其能否跟上这些变化率。张瑞敏的回答是：“无论我们走到哪里，战略总是以一种产品取得突破，然后引入越来越多的产品。这一战略在每个市场中都起到了作用。”

海尔在管理自己的品牌时，会从别人的错误中吸取教训。通常，在美国运营的日本公司都拥有一家由总部高管领导的全资子公司。张瑞敏足够聪明，却有一个不同的理念，他能够认识到，他的员工仍然落后于发达国家的同行很多年，因此积极鼓励外国专家及其管理人员加入。海尔美国分公司是海尔与一小群美国投资者的合资企业，海尔持有大部分股份。海尔母公司只参与企业和品牌战略制定，而了解市场的美国利益相关者负责运营。他们有很大的自主性，这使得决策的速度和灵活性都得以实现。海尔美国分公司总裁兼首席执行官迈克尔·杰马尔曾表示：“这是一个终身的机会，可以推出一个品牌，打造一个品牌，创造一个市场。”

品牌文化

丰田为打入美国豪华车市场而创立的雷克萨斯公司和品牌在启动之前就将一些日本高管派往美国，他们入住美国家庭，以更好地了解市场和美国消费者的行为。然后，由这些高管负责运营。然而，海尔却又走了一条不同的道路。其美国分公司的最高管理者是美国人。

品牌文化对海尔很重要，员工在入职之前必须成功完成一个四小时的启动计划。该计划强调团队合作、安全和质量的重要性。在车间里，展示了海尔传统的纪念品，包括一张“大锤事件”的照片。美国员工可以到中国旅游，以帮助他们了解企业的价值观，体验中国文化。对一些员工来说，这是一次终生难忘的经历。因此，海尔试图在员工关系中融入东西方的精华。

未来

海尔希望成为一个全球品牌。作为全球第一大家用电器制造商，海尔于 2012 年收购了新西兰电器制造公司斐雪派克，并于 2016 年 1 月以 54 亿美元收购了通用电气公司的电器部门。海尔对未来也有着积极的变革观，已认识到数字时代和物联网的影响。到目前为止，其战略遵循了图 6.1 所示的路径。

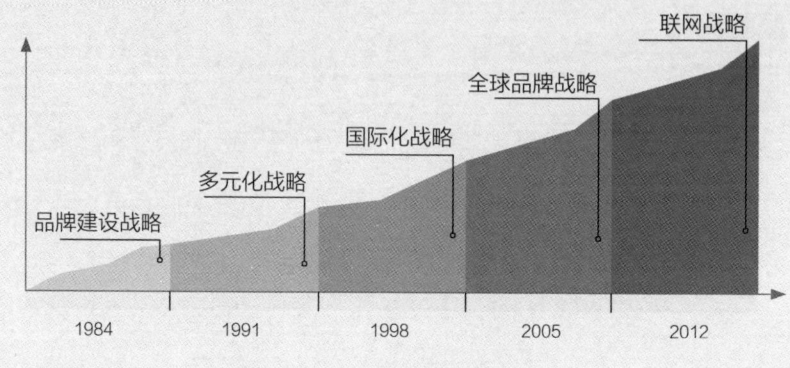

图 6.1 海尔的战略

海尔在其网站上表示：“互联网时代的到来已经打乱了传统经济的发展模式，而新模式的基础和运作在网络中得到了体现，市场和企业都体现了网络的特点。从海尔的角度来看，实施网络化企业发展战略的途径主要体现在三个方面，即企业无边界、管理无领导和供应链无尺度。”

张瑞敏对未来的看法是：“我想把海尔变成一家基于互联网的公司、一家不受国界限制的公司……我们相信，公司不再有内部和外部之分。”看起来，海尔下一阶段的转型正在进行中。

海尔只是中国公司中的一个代表。像张瑞敏这样有抱负、有激情、有才干的企业家以及海尔这样的大公司将在中国这个大国不断涌现。中国政府从“中国制造”向“中国品牌化”转变的新政策几乎肯定意味着，西方公司在未来几十年内对一些基本消费品类别的全球品牌控制即将终结。

小结

我想强调，良好的定位带来差异化和品牌优势，并以此来结束这一章。当一个品牌在消费者心目中占据独特位置时，竞争对手很难获得优势。这种位置对消费者来说越明显，品牌就越强大。

定位属于战略，而不是战术。它是品牌战略的四大要素之一，另外三个要素是架构、愿景和个性。定位可能需要根据消费者的需求、竞争对手的活动和市场动态随时改变。因此，在这些要素发挥作用时，需要经常进行研究，以监控你的品牌发展情况。

定位的主要目的是突出自己的品牌和那些竞争品牌之间的区别，试图建立一个战略竞争优势，并管理目标受众的看法。因此，任何定位战略都应该基于对消费者来说是十分重要的真正的品牌优势，而不仅仅是抱负。品牌形象和声誉将取决于如何建立一个有利、强大和可持续的地位，并履行自己的承诺。

前面几章已对品牌战略的各个方面进行了讨论，现在我将继续通过品牌管理来研究战略的实施。

品牌战略的激活与管理

到目前为止，本书已经讨论了在构建强大的品牌战略时需要解决的关键问题。现在我们来研究战略激活的要素以及如何管理这些要素。

品牌管理涉及五方面，而这五方面有时是由不同的部门或跨部门团队来负责的，其中还有可能涉及外部机构和咨询机构，包括：

- 品牌传播；
- 数字世界；
- 内部品牌参与；
- 品牌策划与控制；
- 衡量品牌成功（包括品牌评价）。

与我之前所论述的品牌战略发展相比，这五个方面在本质上更具战术性，也必须具有战术性，以应对市场和竞争对手的不断变化，并确保它们与消费者不断变化的需求和愿望保持相关。在接下来几章我们将会看到，有时很难在保持战略的同时作出战术性反应，这需要遵守一些规律。

在第 7 章，我将讨论整合传播战略和统一关键信息、机构的选择和简介以及品牌个性投射的重要性。

第 8 章既与品牌有关，同时也为不断变化的客户参与和电子商务世界提供了新的视角。

第 9 章是关于内部品牌参与的内容。本章将强调全体员工在履行承诺方面的作用。客户体验要像和提供客户体验的人所描述的一样好，而品牌愿景、个性和定位必须同一组织的各个层面上都得以实现。有时也被称为内部品牌化、员工品牌化或员工参与的“内部品牌参与”，经常被组织忽视。

第 10 章我将从计划和控制的角度来研究品牌管理，会涉及在管理客户体验时必须考虑且要持续保持在较高水平的因素，包括接触点分析、品牌行动规划和讨论品牌管理结构的必要性，这些都是确保品牌战略实施各个方面成功的重要因素。

在最后一章中，我将深入探讨品牌所有者和品牌经理如何衡量成功，尤其是关注快速增长的品牌价值评估专业化。

第 7 章 品牌传播

整体传播策略对品牌建设至关重要，因为它决定了形象创造的有效性。传播表达了消费者将体验到的品牌承诺，传播的语调、方式和风格反映了品牌个性，而媒体的选择影响目标细分市场的渗透。

在本章中，我将讨论品牌传播的趋势和形式。传播实践正在迅速改变，广告公司收到一份简短的报告并制定媒体计划的日子很快就会过去了。随着市场越来越分散，受众越来越复杂以及技术发展越来越快，与消费者交流品牌的机会几乎是无穷无尽的。与此相关的是，越来越多的证据表明，传统广告在任何地方都不能和过去一样有效。因此，企业必须非常小心地使用传统形式的广告，并应制定一个综合的传播计划，利用各种方式使品牌及其关键信息引起人们的注意。传统的传播渠道为从业人员和消费者所熟知，主要传达品牌代表什么、提供什么等信息和主张。但是，伴随数字技术的飞速发展，与目标受众沟通的传统方式也正在迅速改变。

尽管如此，旧的品牌传播手段仍然被大量使用。在本章中，我将介绍仍然相关的更传统的品牌传播方面，并在市场细分、一致性和个性预测方面举例说明。我还会简单介绍一下数字世界，其现在开始超越传统渠道，并在某些方面与传统渠道连接。数字传播和在线交易正在迅速发展，也代表着未来的发展方向。但一些品牌所有者却忽略了数字传播和在线交易。鉴于数字世界提供的不仅仅是交流的机会，所以我将在第 8 章专门讨论互联网及其强大的品牌建设能力。

传统传播渠道

有很多方法可以传达品牌想要在人们头脑中定位的关键信息，但是，正如本章将要展示的，每种方法的有效性都正在迅速改变。主要传统传播渠道包括：

- 广告；
- 直接营销；
- 促销；
- 赞助；
- 公共关系；
- 互联网；

• 综合传播。

让我们看看如何在品牌管理中利用这些渠道。

广告

广告是所谓的付费大众传播方式的一种，通常是指出版物上付费得到的空间，或广播、电视或电影屏幕上付费占用的时间，当然也包括海报、广告牌和其他户外广告。其主要目的是，劝说目标受众采取一些行动，或者对广告的内容形成一种态度。广告最常用于定位品牌。

广告主要通过重复一条特定的信息来实现形象差异化，让品牌得到人们的认可，并让人们记住、形成态度和偏好以及采取行动。广告经常被企业使用，但在其他应用中广告的使用也越来越广泛，是全球、区域和国家活动的一部分。但在这些活动中，传递信息没有对曝光和积极看法的需要重要。绝对伏特加是广告驱动品牌建设的一个很好的例子。在这个例子中，其产品个性（理解力、智慧、成熟）在世界各地进行一致的营销和广告宣传，并统一定位，以便吸引目标受众。该品牌在世界不同地区相关的活动中均获得了成功。

广告可以通过各种类型的媒体播放，这些媒体都有各自的优点和缺点。创造性的重复是广告成功的关键。商业广告空间的性质和成本决定了，广告只能承载有限数量的信息，因此广告的播放频率也是决定其效果的一个因素。由于播放次数有限，所以使感知变化很小。通常，公司抱怨广告效果欠佳的真正原因是广告播放的频率太低。负责品牌传播的经理们需要意识到，关键信息需要时间和多次重复才能击中要害，改变人们的看法，而这些看法的改变速度相对缓慢。尤其是形象广告，需要作出长期承诺。如果执行得当，进行良好的情感和创造性投入，形象广告会成为定位的得力助手。

情感在广告中的使用：吸引心灵和头脑

毫无疑问，情感会让产品大卖。就我们对心理过程的理解而言，情感仍然是一个谜，但我们知道情感起源于右脑，表现为一种唤醒状态。我们也知道，情感触发大脑的速度比理性思维快三千倍。情感可以是积极的（如幸福的状态）或消极的（如恐惧的状态）。就品牌形象而言，与受影响的人建立情感关系非常重要。如果积极的情感可以与我们所处的位置联系起来，那么我们就有更大的机会吸引人们，以改变他们的看法，或让他们产生我们想让他们持有的看法。

许多组织发现越来越难以将自己与其他组织的区分开来，尤其是服务公司，因此这些组织就越来越多地使用情感。例如，人寿保险公司不仅与消费者讨论投资和回报，而且在广告中使用情感问题和陈述，例如“如果你发生什么事，你的家庭会怎样”以及“我们给你带来内心的宁静”，以试图说服消费者为目的的金融服务公司是服务性组织的典型。一些金融服务公司与日益商品化市场中的竞争对手不同，并且比竞争对手更好。在美国，富达投资公司发布了一系列广告，展示了富达是人性化的和温暖的。分析人士说明了他们为什么喜欢为富达工作，这对寻求建议的小投资者来说非常有帮助。在这个科技时代，像富达这样拥有庞大的、分散的、由数百万人组成的客户群的公司必须证明自己不仅是冷酷、没有人情味的官僚机构，而且有关心客户的人性化的一面，尽管这些公司可能永遇不到客户群中绝大多数的客户。

广告激发人们的情感包括使用以下手段：

- 剧情；
- 震惊（恐惧）；
- 幽默；
- 温暖；
- 抱负；
- 音乐；
- 性。

所有这些手段都有自己的优点和缺点。任何有创造力的机构都必须进行仔细彻底的检查，以确保其获得的情感反应与整体定位和期望获得的形象一致。创造性选择的关键词是合适的。

剧情

剧情在定位中有着强大的作用。一个咖啡品牌刊登了一系列广告，展示了一对年轻夫妇在喝咖啡时相遇的情景以及这段关系的发展和起起伏伏。观众喜欢这种像迷你肥皂剧的广告。咖啡总是出现，是他们日常生活的一部分。剧情是通过故事创造出来的，而表演和叙述能吸引观众的注意力，体现品牌。但是，必须注意不要冒犯他人。2008 年，士力架播出了一则电视广告，以电视剧《天龙特工队》的 T 先生为主角。他说："快走。你真可怜，傻瓜。你是男人的耻辱。是时候像个真正的男人一样奔跑了！"尽管这则广告是为了取乐，但英国的同性恋团体认为这则广告冒犯了他们，士力架最终删除了这则广告。

震惊（恐惧）

震惊也可以成为强有力的影响，但要明确正面和负面反应之间的界线。一些非营利组织利用饥饿儿童和受虐动物的形象来提升自己的地位，但这很容易疏远观众。2012 年，伦敦交通局播出了"停下、思考、生活"运动的一系列广告。

这些广告描绘了躺在地上死去的青少年，广告语包括“我的朋友看到了文字，但没有看到卡车”以及“我的朋友听到了卡车的声音，但没有听到货车的声音”。这些令人震惊的海报是在向青少年传达在路上保持警惕的重要性。

与以上内容密切相关的是恐惧。那些卷入可怕车祸的人们因为沃尔沃汽车的安全特性活了下来。“沃尔沃拯救了我的生命”俱乐部帮助沃尔沃确立了自己的定位——最安全的汽车。而沃尔沃至今仍然保持这一定位。

幽默

幽默可以是把双刃剑。关于少数民族的笑话，即使许多人喜欢但可能会冒犯少数民族。因此，必须确保幽默后的惊喜是快乐而不是痛苦。幽默如果使用得当，会让观众放松，减少他们对关键信息的抵制。吉百利 2009 年的“眉毛”广告展示了一个年轻的男孩和一个年轻的女孩随着音乐节奏移动眉毛，吸引了世界各地观众的关注。接着，吉百利又制作了另外一则广告，通过办公室里的人在椅子上跳舞和假唱来展示吉百利可以释放快乐。

温暖

温暖也能让观众感到放松并产生积极的心理态度。投射出爱、爱国、友谊、关怀和其他温暖行为的形象对定位有很大帮助。强生公司的婴儿产品和其他产品广告已经建立了一个强大且无懈可击的温柔、关怀和爱的定位，这在公司的全球市场份额中得到了体现。

抱负

有抱负的广告可能有巨大的驱动力。耐克的“想做就做”运动都是关于自我提高和成功的，而罗杰·费德勒等成功运动员的广告有助于巩固这一定位。作为一种表达人们情感的方式，抱负常常通过儿童和知名人士在广告中表现出来。

音乐

音乐经常被用在电视和广播广告中，无论是作为铃声还是背景音乐。如果音乐令人难忘，则有助于观众或听众回忆起这则广告。高达 50% 的广告包括某种形式的音乐。音乐可以用来激发情感，霍维斯牌面包广告就成功地做到了这一点：一支英国铜管乐队演奏出非常感伤的曲调。音乐还可以表达有趣、兴奋、严肃和其他符合所需定位和感知的情感。

音乐可以用来刺激各个年龄层的人们的情绪，尤其特别适合年轻的观众。玛莎百货（Marks & Spencer）就用现代歌曲来重塑品牌，以迎合年轻的消费者。

音乐可以成为品牌的标志。然而，音乐也可能是一个非区分因素，就像许多汽车电视广告播放同一类型的戏剧性的古典音乐，产品在山丘、雨水和复杂地形中穿行。在场景和音乐方面缺乏创造力，会使消费者失去兴趣。

性

用“性”来帮助销售产品时，应该小心谨慎。微妙的表达是在品牌传播中使用性的关键。这里没有详细的指南，但是研究表明，性形象应该与产品优势有明确的联系，并且如果与幽默和尊重有联系，消费者会更容易接受，而且应当暗示，而不是直接说明。

有时，“性”使用不当有损害品牌形象的风险，就像蛋白质世界（Protein World）在其广告牌上所做的那样。广告牌上有一位漂亮的金发女郎，穿着比基尼，广告语是“你准备好去海滩了吗？”美国标准协会收到了 300 多个投诉，认为该品牌对女性存在“体形歧视”，并暗示了一个理想的目标——成为海报上的女人。

还曾经有品牌用过于性感的方式描绘了青少年穿着内衣或睡衣饮酒和聚会的画面。而相关广告也很快就被美国标准协会禁播了。

香水市场从一定程度上说明了“性”并不能真正帮助产品的销售。事实上，最近的研究似乎表明，“性”不会让产品大卖。伊利诺伊大学广告学教授约翰·威尔茨和合作伙伴发现，消费者不仅不太可能记住在广告中使用“性”的品牌，而且还可能对此类广告持消极态度。所以，也许“性”真的不能让产品大卖，而使用“性”的品牌也应该尝试改变自己的营销策略。

直接营销

直接营销是消费者在购买商品时直接与制造商或供应商打交道，不涉及零售商等中间机构。直接营销采用的手段包括：

- 直邮；
- 电话销售；
- 媒体广告。

为了达到效果，直接营销必须有明确的目标受众，否则可能损害公司的形象，如被视为垃圾邮件。直接营销如果做得好，不仅可以有效地促进销售，而且还有助于建立一个强大的地位。直接营销的优势包括：

- 以明确的细分市场为目标很有效。
- 有助于建立长期的关系。

- 是交互式的，因此涉及消费者。
- 很容易用反馈来衡量。
- 很容易为特定的人提供特定的消息。

可见的和一致的企业个性和身份并持有正确的价值观，对于定位和形象塑造都是至关重要的。戴尔电脑通过这种方式，以低成本高质量的产品和快速的交付流程塑造了一流的品牌形象。

促销

虽然广告费用往往占据了许多企业，特别是那些涉及消费品的企业的大部分传播推广预算，但企业也往往会使用促销技术使新产品取得进展，确立地位，获得新的客户挽回失去的客户，并加快其购买过程。促销方法包括：

- 购买即送免费礼品；
- 优惠券；
- 竞赛；
- 赠送样品；
- 降价；
- 折扣券；

- 薄利多销；
- “买一送一”的优惠；
- 礼品包；
- 特权卡。

促销活动的危险在于，持续的促销活动可能会降低品牌形象的档次。一些专家认为，由于这个原因，促销活动不应该被用于品牌建设，但美国运通、花旗银行、嘉士伯等公司发现，促销活动在增加客户群（主要是通过促成人们更换品牌）、增加消费者支出和让消费者更快决定购买方面非常有用。一般来说，最好避免进行价格折扣类型的促销，而应选择增值类型促销。为品牌产品增加更多的价值，而不是从价格中减去价值，让消费者在不丧失质量认知的情况下对价值有良好的认知。金钱的感知价值很少仅仅是价格的反映。

促销活动深受零售商和销售人员的喜爱，可以为企业提供短期的竞争优势，但竞争对手也总是倾向于进行类似的促销，所以效果可能是短暂的。

赞助和代言

随着越来越多的企业试图通过与名人相联系提升品牌形象，赞助和代言现在正成为许多品牌经理必须面对的事实。

在品牌管理的这个方面，需要注意的主要事情是，所选择的名人要与你的目标受众相关，并且适合你的品牌个性。下面的例子主要来自体育界，但是在其他不同的领域也可以找到许多例子。

品牌和体育赞助

体育运动具有普遍的吸引力，可以吸引不同国家的大众。体育赞助为企业品牌提供了比广告更大的优势，使其有机会从繁杂的传播推广中脱颖而出，并应对巨大的、有针对性的市场。因此，毫无疑问，大品牌同样被吸引，并且希望参与能够让自己在全球范围内获得影响力的重大体育赛事和活动，并愿意为获得影响力进行高额投资。巴克莱集团就是一个例子。该集团花费 1.3065 亿美元取得了 2006 年 9 月至 2009/2010 年赛季英超联赛的冠名权，英超更名为巴克莱超级联赛（Barclays Premier League，BPL）。尽管巴克莱已不再冠名英超，但仍然是英超的银行合作伙伴和主要赞助商之一。

世界上最具影响力、最有价值的足球俱乐部品牌之一的曼联在 2015/2016 年赛季，与阿迪达斯签署了一份为期 10 年、价值 7.5 亿英镑的赞助协议。该协议与阿迪达斯的交易金额是其与旧合作伙伴耐克交易金额的两倍多。

提到体育赞助自然不能缺少奥运会。里约奥运会的预期收入超过90亿美元，其中很大一部分就来自实力品牌。1984年洛杉矶奥运会赞助和转播权的成本急剧上升是转折点。美国广播公司为美国赞助和转播权支付了2.25亿美元，并成为官方赞助商的有限品牌之一。而支付400万美元的品牌可以在所属类别中享有独家赞助权。可口可乐为此支付了1200万美元而成为奥运会的官方指定饮料。如今，虽然所需费用要高得多，但大品牌在全球最大的体育赛事中仍然激烈竞争，力夺全球曝光率。例如，阿迪达斯在2007年签署了价值2.01亿美元的协议，成为2012年伦敦奥运会的第三大赞助商。这笔交易还包括赞助英国运动员在2008年北京奥运会、2010年温哥华冬奥会和2012年伦敦奥运会上使用的服装和设备。但鉴于60亿人都会观看奥运会，所以这样的投资是值得的。

体育运动、体育名人和品牌大使

体育运动和体育名人深受寻求全球曝光和认可的企业的欢迎，有助于这些企业提升品牌的形象。事实上，有些基金主要投资于体育运动。英国CF Lindsell Train股票基金已对曼联进行了42亿英镑的投资，并认为曼联的价值将会大幅超过其2017年20亿英镑的价值。其他许多基金也在投资体育品牌和相关产业。

体育名人与庞大的金融市场密不可分。这些体育名人在不同运动项目中的英勇表现以惊人的方式促进了企业的发展。在过去几年中，体育运动的成功已经促使自行车、网球拍、运动鞋和运动休闲产品的销量大幅增长。因此，许多企业都渴望世界级运动员为其代言。

请名人（品牌大使）代言时，相关性和适当性非常重要。不仅仅是体育用品品牌，事实上很多大品牌都会聘请名人代言。泰格豪雅就是这样一个成功管理其品牌和品牌大使的例子（见案例研究 21）。

案例研究 21

泰格豪雅

由名人和品牌大使推动的一致运动

泰格豪雅有体育界的许多品牌大使，这些品牌大使在各自的运动领域中的表现都很出色，如克里斯蒂亚诺·罗纳尔多、汤姆·布拉迪和丹·卡特。泰格豪雅是我一直推崇的品牌。据我所知，泰格豪雅一直坚定不移地专注于在竞争激烈的手表市场（尤其是豪华手表市场）上实施其战略并在这一类别有着非常独特的地位，是真正的全球性品牌。

> 一百五十多年来，泰格豪雅一直在面对每一个挑战，然后战胜挑战。泰格豪雅打破瑞士钟表制造业的悠久传统，使其产品达到了更高的精度和性能水平。泰格豪雅制定自己的规则，选择自己的道路，从不止步，从不妥协，从不在压力下屈服。

这是泰格豪雅对自己作出的简短描述。正是这种对该品牌所代表的含义的描述促使这一世界级品牌许多年来开展了许多传播推广活动，充分体现了其“从不在压力下屈服”的理念。

该品牌的一套理性和情感属性是推动传播和请名人代言的基

础。理性的一面包括坚固、结实、多功能、耐用、坚韧和技术高超，而情感的一面则包括精确、具有挑战性、时髦、有活力、冒险、坚韧和英雄气概。

这条信息出现在著名体育明星和传奇人物照片旁边。“某些冠军以及体育传奇人物的优势不是来自他们的体力，而是来自他们可以调动人类情感并为他们所设定的目标而不懈努力的能力。”

泰格豪雅在谈及自己的品牌大使时表示：“他们是运动员和演员、模特和冲浪运动员、跳水运动员和司机。他们来自地球的各个角落。他们每天都承受着巨大的压力，无论是在球场上、海上、摄像机前，还是在数百万球迷面前。他们从不停歇。他们从不逃跑。他们从不屈服。他们充分利用每一秒。”在谈及体育界品牌大使时则表示：“没有终点线，没有退出，没有躲藏。我们的体育界品牌大使都同样的痴迷，即挑战时间的界限，超越自己的极限。他们打破纪录，但从不休息。他们大声地表达自己的激情，邀请全世界为自己的胜利欢呼。”

下面的几个例子说明了体育产品的品牌化是如何围绕品牌个性以及品牌大使而展开的。

尤塞恩·博尔特

世界著名短跑名将尤塞恩·博尔特在2017年国际田联世界田径锦标赛之后退役。许多品牌（如佳得乐、维萨、维珍、彪马等）都与他合作过，让他为各自的产品代言。其中彪马从博尔特十几岁起就开始赞助他。作为田径界收入最高的运动员之一，博尔特大部分财富来自于他与彪马的赞助协议。2013年博尔特以每年1000万美元同彪马续约至其退役。博尔特还与维珍合作，并在维珍广告中大量出镜。

即使博尔特退役了，但有些品牌仍然希望其继续担任自己的品牌大使，彪马就是这样一个品牌。在2016年11月，博尔特又签署了一份为期三年的协议，担任外汇经纪商XM集团的品牌大使。“我很高兴与屡获殊荣的XM集团建立合作关系，”博尔特说，“XM和我有着相似的品牌价值观，我们的目标是做到最好。它的声誉帮助其成为行业领导者。与XM类似，我的关注点一直是最快速度。”

塞雷娜·威廉姆斯（小威）

塞雷娜·威廉姆斯多年来一直主宰着网球界，她是世界上收入最高的女运动员，这并不奇怪。Beats by Dre、摩根大通和耐克是她代言的品牌。

小威非常鼓舞人心，她甚至在怀孕期间还赢得了澳大利亚网球公开赛的冠军，因此，又有许多品牌邀请她代言。她与记忆枕品牌泰普尔签约，出现在该品牌“睡眠就是力量”的广告中。小威在重返赛场后表示，是怀孕给了她新的力量。

罗杰·费德勒

罗杰·费德勒是另一位吸引了大量代言和赞助的明星。他是世界上收入最高的网球运动员，他的很多合约已经至少持续了十年。最大的一份合约来自优衣库。从 2018 年开始，优衣库在十年间将向费德勒支付约 3 亿美元。费德勒代言的其他品牌包括威尔胜、劳力士、瑞士信贷、瑞士莲、酩悦酒庄和梅塞德斯等。

费德勒一直为这些品牌提供一个伟大的形象，同时也为自己塑造了一个绝妙的个人品牌形象。自 2006 以来，他一直是联合国儿童基金会的亲善大使，并拥有自己的慈善机构罗杰·费德勒基金会。

对于任何考虑聘请知名人物代言的品牌来说，仔细选择名人是很重要的。选择正确的代言人，就会产生回报。但如果代言人出了问题，品牌声誉也可能会受损。2012 年，兰斯·阿姆斯特朗服用兴奋剂的丑闻被揭露，他因此被剥夺了七个环法自行车赛冠军头衔并失去了与耐克、百威英博等赞助商的合约。泰格·伍兹因不忠丑闻和背部受伤问题而暂时退出了高尔夫界，这导致吉列、美国电话电报公司、泰格豪雅等许多品牌取消了他的代言。即使在复出后，虽然他仍在努力与最好的运动员竞争，但也只有耐克、劳力士等少数几个品牌仍邀请他做代言人。

篮球巨星科比·布莱恩特在与麦当劳签约期间被指控强奸。美国游泳队的英雄迈克尔·菲尔普斯因其吸食大麻的照片被曝光而失去了与家乐氏签订的合约。在 2017 年 9 月因卷入街头斗殴被捕后，英国板球运动员本·斯托克斯失去了与新百伦签订的每年 20 万英镑的合约。新百伦称："新百伦对我们的全球运动员所做的不符合我们的品牌文化和价值观的行为决不宽恕，因此我们已经结束了与本·斯托克斯的关系。"

当名人与品牌交织在一起时，任何人永远都不可能知道会发生什么，而公众虽然确实倾向于原谅和忘记，但在选择品牌时，还会关心这些负面信息。通过名人代言有时可以轻易接触到数百万人，但即使彻底分析也无法预测未来会发生的情况，因此请名人代言这种策略也总是存在风险因素。

以上内容自然而然地将我们引向所有高层管理人员和品牌经理工作中最有争议的部分：公共关系和危机管理。

公共关系与危机管理

我经常把公共关系（Public Relations, PR）看作是品牌管理中的“灰姑娘”，因为它工作非常努力，但在品牌获得成功时却很少受到赞誉。虽然广告和促销活动往往非常显眼并受到关注，但公关却是一个无名英雄，能够产生大量的感知变化，然而其扮演的角色却很少得到认可。

公关关系通常具有各种各样的其他名称，如“公司事务”“公司传播”和“公共事务”。

公关部门的基本工作是与各种目标群体沟通和发展关系，包括：

- 媒体；
- 员工；
- 股东；
- 商业伙伴；
- 行业分析师；
- 国内外投资者；
- 政府；
- 一般公众；
- 客户和潜在客户。

公关的优势

公关与媒体关系密切，并通过新闻稿、新闻发布会和采访、广告、报纸 / 杂志专栏、接待、赞助和其他活动与各种目标群体进行沟通。因为公关可以通过多渠道进行广泛的传播推广，所以它对品牌建设过程至关重要，而令人惊讶的是，许多企业并无意用公关来进行品牌建设。我建议更多的品牌经理以战略性的方式使用公关建立和保护自己的品牌，而不是像危机管理那样以被动的方式依赖公关。

令人惊讶的是，公关并没有在品牌建设和管理中得到更广泛的应用。公关尽管经常使用大众媒体，但与广告不同，不为空间付费，因此对想要节约资金的企业来说可能具有很大的吸引力。在许多情况下，公关既能影响公众舆论，又能以零成本建立 / 维护品牌声誉和形象。正是这个原因使公关在公众中的可信度往往高于广告。我并不是说公关可以完全替代广告和促销活动，而是说公关应该成为每个品牌经理的工具，因为其可以为各种活动提供宝贵的支持，就像这些活动可以对公关提供支持一样。

公关的优势还在于，相较于广告，公关新闻稿更容易受重视。报纸和杂志上广告的激增往往导致读者在很大程度上忽视了其中所包含的信息，只是粗略地瞥了一眼。同样，电视广告也经常被观众忽视，有时是因为广告本身质量差，但更多还是因为广告与观众毫无关联。众所周知，广告通过媒体的刺激影响人们的倾向，但公关以一种更具吸引力、更具新闻价值的方式呈现信息，从而更能引起人们的关注。

公关的缺点

公关工作不是一件容易的事情，需要花费大量的时间与目标受众会面和交谈，说服他们倾听某个观点，并对各种情况保持理性。公关工作还包括管理媒体，在许多竞争对手也在寻求评论的时候，特别是在重要的时间点，例如新产品发布时，要让记者等群体报道或为客户做正面宣传。公关是一个持续的过程，而不是一次性活动。

由公关部制作并发送给媒体的新闻报道必须具有重大意义和新闻价值。十分之九未被发布的新闻稿 / 新闻报道就是因为不够与众不同或有趣。因此，公关报道必须既及时又有趣。许多公关专业人士在编写包含普通信息的新闻稿时，都会采用特殊的方式对材料加以润色，以使新闻稿可以被采用。

正因为如此，公关专业人士必须具备良好的技能。事实上，公关工作的成功取决于公关从业人员的网络技能和演讲技巧——如何创造性和有说服力地表达自己的想法。

注意事项

许多大企业都有传播推广部门，其任务就包括处理公共关系。其中一些企业会通过常年聘用、签订项目合同或在危机时期聘用等多种合作形式请专业公司或个人来专门处理公共关系。需要注意的一些与品牌管理相关要点包括：

- 大多数新闻稿不会被媒体采用。用大量新闻稿淹没记者是没有效果的，因为他们寻找的是真正有新闻价值的稿件，而乏味的新闻稿通常会被他们立即扔进废纸篓。记者只有在有重要的事情要说、消费者愿意听的时候才会考虑新闻稿。他们只对那些让报纸或杂志大卖且有着人性化视角的新闻稿感兴趣。
- 将记者视为企业的战略合作伙伴。关系是非常重要的，获得好的关系都要经过一定时间。为记者们买午餐不会赢得媒体空间，而倾听他们的观点却很重要，因为他们总是与公众保持联系，知道公众想读、想看或想听什么。另外，不要试图与每个人成为朋友。从自己长远战略和未来形势角度来看，应仔细选择那些更适合的记者并投入大量时间与他们交谈。
- 充分利用自己的机会。行业的每个重要发展都可以让自己有机会发表评论和出名。一家银行将自己定位为“知识渊博的银行”，并设法在一家有影响力的报纸上设置一个定期专栏。在这个专栏里，这家银行撰写影响世界各地人民的金融发展的有关文章。

- 如果计划举办活动以提升企业或其品牌（一个或多个）的形象，请确保这些活动与企业的定位战略吻合。同样的情况也适用于赞助，即赞助必须与要展示的企业或品牌个性或身份相适应，并符合各自的特征。美泰出于慈善目的组织芭比娃娃世界峰会，将来自将近三十多个国家的儿童聚集在一起，这一活动就完全符合品牌的个性和定位策略。劳力士赞助体育赛事，只选择那些能提高品牌地位和声望的顶级赛事。在这两个例子中，美泰和劳力士这两个品牌都一致能以正确的方式向目标受众传达信息。

公共关系和危机管理：你可以预料到意外，但你能做好准备吗?

所有首席执行官和品牌经理都担心一场危机会影响市场和消费者的态度，从而导致股价暴跌，并对产品或服务以及提供产品或服务的企业的品牌形象造成严重的长期损害。对公关专家来说，这也是一场噩梦，因为当危机发生时，组织中的其他人似乎会突然远离问题，把“烫手山芋”交给公关人员。危机处理不当会引发更多危机，并破坏品牌形象，但如果作出好的反应可以挽救甚至加强品牌形象。

公关专家擅长处理尴尬且可能破坏形象的情况，有些专家能够将危机转化为机遇。当然，谁也不知道危机会在何时出现。然而，许多企业非常明智地编制了危机管理手册和程序，试图预测每种可能的灾难情况，并制定应对措施。危机情景规划尽管是由许多领先品牌完成的，但仍然是模拟性的，通常与实际危机发生时的真实事件并不相同。因此不管这些准备工作做得有多好，总有发生意外的机会。

遗憾的是，危机管理没有规则。我们可以看到一些企业不得不面对的各种危机，并从中收集有价值的信息，以说明哪些是对的，哪些是错的，哪些是可以做的，哪些应该避免。

在危机管理中，反应的速度和方式对于维持品牌形象至关重要。有时，公众最初比企业自身更了解问题或灾难，因为新闻团队在现场的报道速度往往很快。在这种情况下，企业面临缺乏信息的问题，但却要面对有人提出需要回答的难题。而品牌经理则必须尽快发表某种媒体声明，承认发生的事件。品牌经理可能不知道所有的细节，但必须说出自己所知道的，否则会对自己的品牌形象造成损害。

遇到危机时，品牌经理应该迅速行动，然而令人惊讶的是，即使是知名品牌也经常犯本可避免的错误。1999 年，在比利时中毒事件发生后，可口可乐公司在三天内没有发表任何媒体声明，造成了巨大的公关危机。尽管全欧洲的媒体都已得出具有破坏性的结论，而可口可乐总部却没有试图与公众沟通。当可口可乐发表声明时，已经太迟了。事实上这不仅是糟糕的公关处理和品牌管理，而且是不负责任的行为。如果危机发生在一个知名度较低、实力较差的品牌身上，那这个品牌可能会遭受永久和致命的损害。毫无疑问，这一由可口可乐公司高层作出的决定在不久之后导致管理层发生变化，并对这个世界最著名的饮料品牌的声誉造成了相当大的损害。

2008 年 8 月，中国奶制品生产商三鹿公司生产的奶粉因含有三聚氰胺导致中国 6 名婴儿死亡，另有 30 万名婴儿患病。新西兰乳业巨头恒天然在这一合资公司中拥有 43% 的股份，在获悉污染后数周内未发表任何评论。愤怒的消费者最终迫使该公司采取负责任的行动并召回产品，但这一拖延损害了其在客户中的声誉。

2017 年艾奎法克斯的公关危机也曾轰动一时。黑客在两个月内通过网络攻击获取了 40 万英国客户的详细信息且未被发现。2017 年 3 月，艾奎法克斯就收到了相关警告，但 5 月至 7 月艾奎法克斯不承认客户的详细信息被盗，直到 9 月才承认。丰田公司也曾未对问题汽车召回事件作出快速反应，社长丰田章男还接受了美国国会的聆讯。这些案例都是值得学习的。

而有些公司作出反应的速度却很快，例如强生公司的止痛药品牌泰诺的著名案例。在部分产品中发现有毒物质后，该产品从市场上快速下架，这既使强生公司避免了一次公关危机，也显示其对公众安全的担忧。之后强生公司又采用新包装使产品重新回到市场，这加强了其“关心”的关键属性。

危机管理的一个关键问题是，是否应该否认存在危机。许多企业都会否认危机的存在，直到自己必须作出反应或者情况变得更糟以至于不得不承认危机的存在。这是破坏品牌形象最快的方法，而品牌形象的重建却需要很长时间。一般来说，最好的建议是不要否认存在危机情况，即使你认为这并不重要。必须记住，你正在处理人类的感知，这些感知很脆弱，很容易受到影响，一旦根深蒂固，就很难改变。这里的公关信息是，如果消费者认为存在危机，那么就存在危机，而且危机很重要，特别是对从事媒体工作的消费者来说。感知可以是事实，也可以是虚构的，但感知存在于人们的头脑中。累积形成品牌形象的感知是现实的。

世界上最强大的品牌都拥有客户的信任，这种信任创造了品牌忠诚度。在任何危机中，保持这种信任对于保持品牌忠诚度至关重要。安心是公关反应的一个重要组成部分，未能迅速重新获得信任可能意味着品牌形象也会同样迅速遭遇破坏。

无论何时发生危机，国家和企业都有公关机会。对于企业来说，危机可以提供提高品牌实力的机会。

整合品牌传播

正如第 8 章中将要详细讨论的，互联网现在是品牌管理和市场传播推广的重要组成部分。然而，基于网络的传播和其他传播通常需要外部援助。现在的趋势是由一家机构提供整合传播，可以在各个方面为企业提供帮助。

在过去，品牌经理不得不依赖不同的机构或某个机构的一部分，通过各种方式进行品牌传播推广，但这种效率低下且常常不一致的方法已经让位给整合传播这种新理念，因为这种新理念让品牌保持一致性。和我交流过的许多品牌经理都欢迎这种趋势，因为一致性可以造就伟大的品牌。昆士兰旅游局开发的整合品牌传播就是一个很好的例子。

整合、创新传播："世界上最好的工作"

如上所述，营销活动应该忠于品牌，而不是成为品牌本身，品牌应该是渐进式的，而不是革命性的，但是支持品牌的营销活动确实可以是革命性的，也可以是非常创新的。我认为最好的例子之一是昆士兰旅游局开展的名为“世界上最好的工作”的活动。这项活动不仅展示了真正的创造力，而且通过整合营销和沟通方法取得了惊人的效果。此外，这项活动也展示了公共部门品牌是如何实施战略和进行研究的。

昆士兰旅游局将其品牌与澳大利亚的主品牌联系在一起，广告语是“昆士兰——闪耀澳大利亚魅力”。在 2009 年的全球经济衰退中，由于旅游市场饱和，昆士兰旅游品牌面临的挑战是要接触更多的人，吸引更多的游客，并提高除大堡礁以外昆士兰 600 个岛屿的知名度。

最大的创意是提供“世界上最好的工作”，这是一个为期六个月的任务，成功的申请者将成为大堡礁的看护人，清理游泳池、喂鱼和收发邮件。在照顾大堡礁的同时，成功的申请者还要去探索其他岛屿，并每周写一篇相关博客。报酬包括世界各地的往返旅行、食宿和在昆士兰州期间的所有费用，总计 15 万澳元。世界上的任何人都可以申请。

这一活动的预算仅 120 万美元并使用综合媒体。除了线下和线上广告以及手机营销外，还通过美国有线电视新闻网、娱乐体育节目电视网体育栏目和奥普拉脱口秀传播推广。令人难以置信的是，英国广播公司制作了一部关于这一活动的一小时电视纪录片。社交媒体被广泛使用，效果显著。该活动吸引了来自 201 个国家的 34684 名全球观众，并在 2009 年的戛纳国际广告节上获得了三个奖项，估计创造的全球宣传价值为2亿美元。结果显示，昆士兰旅游业增长20%。品牌投资回报率相当不错！

新的全球营销和媒体现实

在过去十年中，市场营销和品牌传播行业发生了一些重大变化，这些变化是由品牌经理和真正打造品牌的消费者推动的。第一，与以前相比，不仅竞争对手更多，媒体机会也更多——例如，现在美国有数百个有线电视频道。第二，相较于过去，企业现在将更多的钱花在促销上，而不是广告上。大众媒体随着影响力越来越小，越来越不流行。品牌经理意识到，在大规模定制的世界中，大众媒体已不再那么重要。第三，消费者更具辨别力和易变性，对传统媒体试图影响他们的容忍度更低。

传统的代理机构已经对这些全球营销和媒体现实作出了回应，提供给品牌和消费者更多选择和更加紧密的传播解决方案。品牌传播的最新发展是将许多传播平台整合在一起，以对目标受众产生更大的影响，并强化品牌识别。许多机构正在合并各个部门，为客户提供更完善、更具成本效益的“套餐”。

交互式整合传播

电视和印刷品是重要的广告媒介，但互联网和数字世界的发展为企业提供了更多有针对性的一对一广告机会。实力品牌企业现在正在制定涵盖所有可能的消费者沟通接触点的互动策略。例如，斯沃琪拥有自己的俱乐部和一个在线社区，并为俱乐部成员提供网络社交机会、分享共同兴趣和照片的机会以及参与论坛讨论的机会，同时也使用了所有传统手表广告宣传手段。斯沃琪俱乐部具有博客功能，俱乐部成员可以分享自己的品牌体验和意见。通过这一功能，斯沃琪与消费者产生了更多的接触点，并确保其品牌传播是双向的，而不是单向的。

从使用传统媒体向使用数字媒体的不断转变，确保了品牌获得最大的曝光率。而互动策略同时又确保了消费者参与并可以与品牌沟通。虽然第 8 章将详细讨论数字世界，但在这里值得一提的是，在品牌传播中有一项涉及传统和数字技术的有趣创新，即智能广告牌的开发。

雅虎已经获得了一项专利，即一项智能广告牌技术，通过传感器、摄像头和麦克风一起收集路人的信息。例如，对于司机来说，传感器可以监控他们开车经过的日期和时间，并显示他们是否看到了广告牌，而麦克风和摄像头可以捕捉到接近广告牌的车辆的图像或视频，雅虎与相关机构合作，将广告推送到他们的设备上。此外，雅虎还想为司机量身定做广告牌。

另一项研究是使用激光系统的 3D 广告牌，该系统可以向不同方向发射光束，从而以不同的角度投射不同的图片。眼睛跟踪技术可以在别人看广告时收集数据，麦克风可以接收有关广告的对话。尽管一切看起来开始变得相当可怕，但从品牌的角度来看，其全部意义在于为了使广告更加准确地与目标受众相关联。

无论采用哪种传播方式来吸引客户，都必须确保文案既简单又有相关性。

传播文案——简单、相关和一致

品牌传播的一个重要元素是使用的文案。品牌经理需要能够区分“品牌上”的创意和“品牌下”的创意。但往往企业品牌传播文案的基调与其品牌的个性并不匹配。

让品牌像人一样与目标受众交谈，这一点至关重要。我建议，所有发送给消费者的广告文案都要接受批判性分析，以确定品牌是否真的可与目标受众沟通。这里还有另外两个提示，即有时候少即是多以及情感会让产品大卖。

情感品牌传播：简单、充满情感的广告示例——梅赛德斯－奔驰

虽然那些最好的广告往往都言简意赅，但图片和文字却都充满了情感。下面就是一个很好的例子。

资料来源：梅赛德斯－奔驰。经许可使用。

产品属性就像人类欲望的要素被清晰地呈现出来。广告标题为："新的 C 级跑车。让情感释放。"

文案上写道："有梦想是多么美好。捕捉飞逝的青春。心跳加速，热情无限。绷紧你的神经。高度降低的运动化悬挂系统让你体验纯粹的驾驶乐趣，深刻体会道路上的每一条曲线和每一个转角。机械增压发动机具有强大的控制力。让你情不自禁。"

这则广告虽然有些过时，却是一个很好的例子，说明品牌是如何与消费者建立情感联系的。这则广告有着美妙的视觉效果和出色文案，不是杂乱无章的。在品牌传播中，少即是多。

简单性的挑战：表达多重个性特征

一些企业有多种理性和情感个性特征或价值观。但这可能会引发一个问题，就是如何规划全部的个性特征或价值观。有两种方法来解决这一问题。

如果品牌针对多个细分市场，那么很可能不同细分市场会的受众有不同的需求和愿望，而这些需求和愿望可以表示为情感联系或品牌期望拥有的个性形象特征。这与企业品牌化尤其相关。例如，一家电信公司需要对许多个细分市场进行宣传，但为了简单起见，我们假设其只有两个细分市场——家庭和企业，品牌个性是关怀、可靠、创新、足智多谋、自信和博学。

把这六个特征全部放到一则 40 秒或 60 秒的电视广告或任何其他类型的广告中都是不容易的。但是，如果我们仔细观察这两个细分市场并根据目标受众期望具有的特征检视公司个性，就会发现，企业和家庭在本质上是不同的。企业客户需要关注的优先特征可能是创新、足智多谋和可靠，而家庭需要关注的优先特征可能是关怀、可靠和自信。在这个真实的例子中，所有六个特征都与两个细分市场相关，但是两个细分市场各自关注的优先特征并不相同。在这种情况下，明智的做法是向广告公司简要介绍个性的重点，举办两个品牌传播活动，每个活动都以独特、有吸引力和适当的方式向特定的目标受众展示企业的整体个性。

要在不同文化背景下向同一细分市场表达多种个性特征是企业面临的另一项挑战。目标受众为年轻人的企业就是其中之一。例如，实力品牌李维斯已经使用了八个品牌个性特征以满足其全球受众的要求。

随着全球范围内传播活动的开展，李维斯扮演了其所谓的“品牌和弦”角色。个性特征就像电子键盘上的按键，借助这些按键不同的音符（特征或品牌价值）以不同的方式组合。就像电子键盘一样，使劲按下某个按键比轻轻按下能产生更大的声音。李维斯的品牌特征包括男性气概、叛逆、性感、个性、创意、美国、自由和年轻。

李维斯在不同的活动中以不同的组合演奏所有的“音符”，在特定的时间和特定的媒体上展示某些特性，而在其他场合则展示另一些特征。通过这种方式，李维斯确保随着时间的推移可以重复展示所有的品牌个性特征。有时可以淡化一些特征，以迎合文化敏感性。这种方法让品牌更加灵活。例如，法国人对“性”不太敏感，但在阿拉伯国家，“性”则有所禁忌；在德国，人们对叛逆的容忍度要高于日本。“品牌和弦”可以迎合这些细微差别，许多广告的制作可能需要几年时间。李维斯的品牌个性与每个产品的个性联系在一起，合作演奏“品牌和弦”。

例如，李维斯 501 系列是其最成功的产品之一，具有浪漫、性感、强壮、叛逆、足智多谋、独立和喜欢被人钦佩的品牌个性。但同时表达所有这些品牌个性基本上是不可能的。所以产品品牌应演奏自己的“品牌和弦”。具体表现为一项为期六个月的活动可能会体现出浪漫和性感，而另一个活动可能会体现出足智多谋和独立。李维斯通过四次活动把所有的个性特征都体现出来。

但并非所有的企业品牌都必须传达多种个性特征。著名的万宝路品牌只传达了两个主要特征，即力量和独立性，而且超过半个世纪一直只表现出这两个特征。在万宝路世界的广告中（背景为开阔的平原，山峦起伏），有着“硬汉”外形的万宝路牛仔（总是靠自己）和红白相间的独特香烟产品包装使得品牌传播的一致性从未受到质疑。

因此我想传递的信息是，对目标受众的了解越多，品牌传播就越有效，详见案例研究 22。

相关性：你说什么和怎么说取决于你知道什么

现在可能已经很清楚了，品牌在尝试与目标受众进行任何交流之前，很好地了解目标受众是至关重要的。一些品牌会不遗余力地了解自己的客户，并根据自己收集到的信息与客户进行沟通。品牌一旦了解了目标受众的思维和行为方式，就要为目标受众量身定做适合的沟通内容和方式。

案例研究 22

宝洁公司

跨文化洞察塑造品牌传播

宝洁公司拥有多个全球品牌，这些全球品牌具有相同的品牌定位和核心信息。通过真正了解每个国家的社会经济状况和消费者的愿望，宝洁成功地传达了品牌定位和核心信息，同时也使其产品针对各个不同市场进行本地化。消费者洞察的集合对于宝洁如何调整其与当地受众的沟通至关重要，同时也反映出其一致的品牌主张。这是一个很好的案例，显示出品牌可以根据对消费者的了解来调整表达内容（所说的内容）以及表达方式（如何说）。

以女性为目标

宝洁的许多品牌都以女性为目标受众，我们来看看宝洁旗下两个以女性为目标受众的品牌：帮宝适和护舒宝。宝洁定期对其目标市场进行长时间的仔细观察，以确定其潜在客户的生活是否有任何必须反映在其品牌传播中的变化。

宝洁表示，作为目标受众的女性在很多方面都在发生变化。

她们正在重塑自己。她们变得越来越独立，她们的要求越来越高，她们的质疑越来越多，她们也越来越自力更生并越来越意识到自己的力量，且彼此间的联系也越来越密切。越来越快的全球化步伐主要是由技术推动的，而社交网络和移动媒体，使女性在生活方式上团结起来。宝洁发现，人们越来越多地使用手机短信，尤其是年轻女性和青少年更喜欢在家里使用，因为在家里几乎没有隐私。例如，在沙特阿拉伯，青少年使用蓝牙技术来绕过那些阻止他们与异性交流的法律。

技术现在是女性生活的重要组成部分，她们以不同的方式使用技术，但作为一个整体，女性有一个共同的理想——个人成就感。正如使用连接技术一样，宝洁发现，这个理想的表达在不同的文化背景下和不同市场中也有所不同。在西方市场，女性将追求独立的非工作活动和激情视为通往幸福的途径；而新兴市场的女性则寻求在开发自身潜力、经济独立、遵守传统和履行家庭义务之间找到平衡。这些洞察促使宝洁密切关注女性的基本理想是如何分享的以及经过文化规范过滤的不同表达方式是如何影响她们购买女性品牌产品的决定，比如帮宝适和护舒宝。

帮宝适品牌

宝洁以及其旗下的其他品牌将帮宝适称为“实力品牌”。帮宝适曾是宝洁旗下最大的品牌，在全球的年度销售额已超过 100 亿美元。该品牌几乎遍布世界上的每个国家。帮宝适已经成为尿不湿类产品的通用名称，类似于高露洁在牙膏类产品中的地位，而了解消费者就是其成功的秘诀。

尽管母性是普遍存在的，而且母爱在世界上任何地方都是相似的，但是宝洁还是根据各地女性的不同愿望来定位帮宝适品牌。这个品牌代表着世界各地同样的核心理念：关心宝宝的成长。然而，宝洁负责品牌在欧洲传播的总监娜达·杜加斯表示：

> 我们的沟通方式根据目标受众的不同而不同。世界各国的妈妈主要分为三个群体，但哪一个群体占优势很大程度上取决于社会经济形势和国家经济发展。
>
> 第一个群体与发达国家和富裕阶层（但不限于她们）更为相关，她们的愿望是让孩子有所成就（如在很小的时候就学习音乐和参加实验）。这一群体的母亲的主要购买动力是：
>
> 自力更生，打造核心家庭：
>
> - 把自己看成一个人——而不仅仅是一个母亲
> - 与家庭以外的人有联系
> - 有来自一个小圈子的归属感
>
> 促进发展、跟踪孩子的进步并为孩子的成功之路提供指导：
>
> - 母亲认为自己是一名教练
> - 能够跟踪发展目标

- 寻求竞争优势，从而到达自己设定的目标

发现，将孩子视为个体，培养孩子的独立性：

- 把孩子看成一个“自我”
- 认为如果孩子已经做好准备，世界就是一个安全的地方
- 教孩子们做出自己的选择
- 通过经验和发现学习

更新、更好、前瞻以及为未来做好准备：

- 观察事物需较长时间
- 相信进步，想要最新、最好的
- 专注于明天，并制定实现目标的计划

对于这个群体，我们的沟通重点是让宝宝成为“英雄”，展示其进步和发展。

第二个群体关注的是与宝宝的关系以及身体和情感接触。这一群体的母亲的购买动力是：

构建纽带、归属和大家庭：

- 自己的世界是由大家庭定义的
- 自己住在一个家庭社区
- 传统、世代影响（母亲、祖母等）

活在当下：

- 在人生目标中，“成为母亲”最重要
- 更可能是一个家庭主妇

- 想在孩子们还是婴儿的时候享受每一天

保护欲：

- 认为孩子非常依赖自己
- 现在的世界与自己小时候的世界不同
- 可能会害怕自己的孩子离开家的那一天

美好时光：

- 专注于“现在”，不想分离
- 对失败和成功的记忆
- 享受生活的“过山车”

对于这个群体，我们再次调整我们的传播方式，以反映母亲与婴儿的亲密关系以及对婴儿的关爱。

最后，在较不富裕的国家，最重要的是实用、健康以及性能良好、性价比高的产品。这一群体的母亲的购买动力是：

健康成长、日常生活、身体健康：

- 很可能会生病
- 保证宝宝身体健康是一项成就
- 可能影响情绪和经济状况
- 使家庭处于危险之中

价值、责任、平衡和实用性：

- 生活就是这样
- 单亲

> • 权衡
>
> • 为自己做出正确的选择而骄傲
>
> • 每个选择都很重要
>
> 积极的自我形象、自信和对美好的信念：
>
> • 乐观的前景使今天更快乐
>
> • 得到人们的信任
>
> • 为自己，尤其是为孩子而坚持
>
> • 相信“好的”和“对的”事物
>
> 希望明天更美好：
>
> • 梦想是自由的
>
> • 希望孩子幸福、健康、受到良好教育并“拥有更好的生活”
>
> • 脚踏实地，但也能沉迷于幻想
>
> • 相信事情随时都会改变
>
> 对于这一细分市场，我们通过展示产品的性能和价值来确定我们的传播目标。

消费者洞察在品牌传播中的作用是，使品牌经理能够以与之相关和适合的方式和目标受众沟通。

另一个例子是宝洁旗下品牌护舒宝对消费者思维的敏锐洞察。娜达·杜加斯解释说：

> 护舒宝品牌代表女性的赋权，但赋权的感知方式不同，因此我们的传播方式也有所不同。

例如，在巴基斯坦、埃及和一些阿拉伯国家，妇女的成就是通过家庭地位来实现的：婚姻和孩子。在这种情况下，我们的传播主要关注已婚妇女及其家庭环境。在俄罗斯等国家，妇女通过良好的工作和经济独立实现自我。因此我们在传播中更多地关注独立和自信的女性所扮演的角色。

宝洁拥有多个全球品牌且不同品牌都需在全球传播，因此必须不断调整营销策略，以适应当地需求和当地文化的细微差别。所表达的内容以及说话方式在很大程度上取决于对不同目标受众的了解程度。

用品牌故事吸引顾客

我想强调品牌故事的重要性。现在，许多品牌不仅仅谈论业务，而是在讲述与自己代表什么、自己是什么以及自己的传统、文化和人相关的故事。品牌故事提供了通过品牌个性表达品牌愿景的机会。通过故事吸引各种人群，真的能以一种非硬性推销的方式将业务带到人们的生活中，且能让人们对品牌独特的个性产生信任和信心。如果人们对这个品牌有信心，他们就会成为消费者，进而成为故事的一部分。

TOMS 就是一个例子，这个品牌讲述了自己的故事，并用这种方式表达了自己的品牌代表什么。TOMS 是一个富有情感的品牌，其广告语“买一双，捐一双”（One for one）概括了品牌的理念。作为一家鞋业公司，TOMS 从一开始就宣称，自己的存在是为了改善人们的生活。顾客每买一双鞋，TOMS 都会赠送给有需要的人一双鞋。其网站简洁却非常有效地为访问者讲述了可信的故事。

正如 TOMS 表示：“因为你购买 TOMS 的产品，我们就会为需要的人提供鞋子和水，以及出生安全和预防欺凌服务。”通过说明“改善生活”“我们所给予的”“经过深思熟虑的伙伴关系”和“超越一对一”的含义，公司网站将解释性的故事穿插到主要的故事中。公司网站邀请消费者了解公司帮助所需人士的方式以及所产生的影响。公司网站尽管也有购物专栏但并没有像许多公司网站那样挤满了产品，而故事才是最开始出现的内容和主要的焦点，使人感到信服。

然而，与目标受众沟通，除了使信息简单和相关，成功的关键是保持一致。

一致性是关键

品牌传播的一致性非常重要。将一条消息一致地传递给目标受众要比传递多条消息好得多，因为多条消息不仅可能不会产生较大的影响，还可能使消费者感到困惑。

总部位于德国的世界领先化工公司巴斯夫是对品牌管理最好的企业之一。巴斯夫是一个主要生产和销售化学品及其配料而不为大多数人所知的 B2B 企业品牌，这个企业品牌是由什么组成的呢?

巴斯夫从最终产品的角度来看待这个问题，其产品被用于生产和制造许多不同种类的东西，而这些东西是人们生活的一部分，如大跨度桥梁、汽车、运动和休闲设备、防晒用品和服装（这一策略有点像“内置英特尔”，因为消费者永远看不到它的产品，但这些产品却改变了消费者所生活的世界，并使其他产品和过程得以存在）。

巴斯夫过去曾多次表示，自己在协助实现某些成就方面发挥了作用，因此自己也代表着成功和成就。这使得品牌脱离了单纯的商品地位，增加了情感因素。巴斯夫称："我们不仅销售化学原料，我们实际上代表着某种意义，帮助人们塑造世界。"

其最著名的品牌传播活动传达了"无形的贡献，显而易见的成功"这个关键信息。巴斯夫用一系列最终产品广告迎接一致性挑战，如一座大跨度桥梁、一辆汽车、一名冲浪板上的冲浪者、一名在寒冷天气中穿着防寒服的男子等。巴斯夫一致性和创造性地将一条关键信息与不同特色产品摆放在一起，每则广告旁边的信息条用两段文字简单地解释了"无形的贡献"和"显而易见的成功"的含义。每则广告的模板都是相同的。

小结

本章讨论了品牌传播的传统方面，并介绍了一些新的传播方式。如前所述，品牌与客户沟通的方式发生了一些根本性的变化，例如品牌故事的传播。这些变化主要是由互联网和新技术的使用创新推动的，但在成功传播中没有改变的是，需要有一个情感化的品牌战略以及邀请人们进入品牌世界的相关关键信息，且传递的品牌信息需要保持简单、相关和一致。下一章将更详细地介绍数字世界对品牌战略和传播的影响以及一些新品牌。

第 8 章

数字世界

当你读到这一章的时候，新的数字业务已经诞生，一些旧的数字业务将会消失（可能包括我提到的一些数字业务）；这就是数字技术的变化速度。本章将讨论正在发生的一些变化，一些企业在技术浪潮中乘风破浪，而另一些企业仍在寻求生存。社交媒体、在线业务和数字服务都将是我们讨论的对象，我们将简要介绍未来以及市场的发展方向。值得注意的是，一些观察者认为，数字品牌的出现是创造数字品牌的企业获得的胜利。我的观点是，这些企业只是对消费者的需求作出反应。消费者的口头禅似乎是“帮我找到我想要的，现在就给我”。寻找消费者隐藏的需求和愿望是数字世界中企业的最佳机会。同时也要记住，数字鸿沟已不再存在。

在这本书第一版出版后的几年里，经常使用互联网的人与那些几乎没有使用过互联网、没有这项技能或不愿意使用互联网的人之间的差距已经基本消失了。现在，从 4 岁到黄金年龄段的成年人，几乎所有年龄段的人都精通电脑和互联网。因此，现在互联网的流量巨大并快速增长。2017 年，每天有 5 亿条消息在推特发送，近 45 亿条信息在脸书发布以及超过 5 亿小时的视频在 YouTube 上传。随着内容的大量超载，这一增长仍在继续，品牌要脱颖而出比以往任何时候都困难。

互联网的出现及其应用已经彻底改变了人类交流和做生意的方式。没有网站或网上商店，企业就可能会倒闭。而许多人都有自己的个人网站或博客，有些人不管他们提供的是最新的化妆建议，还是音乐意境讲解，现在都渴望成为 YouTube 明星。

但是对于使用互联网的数亿人来说，脸书这样的社交网站不仅能告诉世界他们是谁，还能让他们与潜在的数百万人交流。隐私设置让用户可以选择谁可以查看他们的详细信息或与他们联系。不仅仅是社交网站，如今越来越多的网站允许用户发布视频博客（通常使用手机摄像头拍摄）。直播真人秀（实时观看发生的事情）不再占据垄断地位，因为观众可以通过自己选择的平台播出自己的真人秀节目。这不仅仅是一次已经发生的数字革命，而且还在进行中，越来越多的复杂服务正在出现，使我们的生活更便利，也使我们能更快地完成工作。

像谷歌、YouTube 和脸书这样的品牌在不到八年的时间里成为传奇，并且正在改变一切，从政治到人际关系，从找东西到最终达成交易。我们将在本章的案例研究中看到这些内容。谷歌、脸书、亚马逊和微软主宰着数字世界。在2017年第二季度，它们之间产生了740亿美元的交易额。因此，一些政治家和媒体认为，这些硅谷的巨人是垄断者，而垄断应该被打破。一些人还建议，应该将这几家公司作为公用事业公司监管。尽管处于市场顶层，但小型企业也仍有很多机会。事实上，还没有接受互联网的企业会发现自己处于越来越不利的地位，因为如今线上品牌战略和线下品牌战略同样重要。

速度系数

用户数达到1.5亿，电话用了89年时间，电视用了38年，手机用了14年，iPod用了7年，而脸书仅用了4年。这个新数字世界的特点就是超高的和不断增长的速度，这不仅仅指营销速度，还指创新和供给速度。互联网的发展使商品化速度如此之快，且这一速度很难被追上。这对品牌经理来说既是梦想，也是一场噩梦：一夜之间你就可以成为明星，但不久之后就过气了。对某些人来说，一个想法可能很好，但要想在这个想法过时之前获利可能需要很长时间。例如，MySpace和Bebo就是被抛弃的社交媒体。

当今的按需社会意味着技术正以前所未有的速度被大量创造出来。我们所拥有的这个数字世界代替了数字鸿沟。然而，随着创意的不断产生和技术的突破，保持竞争力是科技公司每天面临的挑战。甚至像脸书这样的巨头也必须不断地推出新产品、新服务并保持竞争优势才能生存。

根本性变化

上述技术创新正在互联网的各个领域成为改变游戏规则的因素。案例研究 23 将说明这种根本性的变化是如何发挥作用的。我们将看到，在相对较短的时间内，社交网络是如何进入并彻底改变全球传播格局的。这些新的渠道为每个人提供了机会和能力，让每个人立即了解世界各地发生的事情，并参与其中。新的数字世界允许用户在任何地点和任何时间与任何人进行实时互动。

本章与这个新的数字世界以及一些正在改变我们生活方式的公司密切相关。我们将着眼于在线商务的世界以及大量有助于使日常生活更便利的数字服务。首先我们谈谈社交媒体的兴起。

社交媒体的兴起

在过去 20 年中，与数字媒体相关的最具活力的发展之一是社交媒体的兴起，如脸书、推特、谷歌 + 和 Instagram。自从 20 世纪 90 年代末首次推出社交应用程序以来，脸书每月吸引全球超过 20 亿的用户，其中许多人已经将数字社交互动融入了自己的日常生活。社交媒体创造了全球社区，如果成功加以利用，也会成为创造全球品牌的最佳机会。脸书可以将社区聚集在一起，首席执行官马克 · 扎克伯格就此说，社交媒体网站可以为用户提供一种社区感。

社交媒体也不像消费品那样一直是西方主导的领域。中国腾讯公司开发的社交应用程序微信拥有 6 亿用户，每天发送 380 亿条消息。腾讯是中国第一家估值超过 5000 亿美元的公司（2017 年，其估值为 3910 亿英镑，脸书为 3870 亿英镑）。腾讯极具创新精神，为客户提供微信支付服务，并计划进军中国以外的市场。腾讯并不满足于自身服务的成功，还拥有芬兰移动游戏制造商 Supercell 的多数股权，以及色拉布（SNAP）、顺风车应用程序 Lyft 和电动车制造商特斯拉的股权。

对于社交媒体品牌经理来说，所面临的挑战总是基于这样一个事实：品牌不会被邀请参加人们与朋友和其他有共同兴趣的人之间的交谈。因此，品牌所有者和管理者必须极具创新能力，努力建立一个在线社交媒体，吸引消费者访问自己的网站。人们，尤其是千禧一代的消费者，不希望品牌直接将产品销售给自己，因此品牌的所有者和管理者必须聚交在线社交媒体这一平台。社交媒体分析现在正在改进，使品牌能够一天 24 小时、一周 7 天、一年 365 天理解人们对品牌的看法、人们喜欢和不喜欢什么以及人们发表评论和观点的频率等。

社交媒体的阴暗面

社交媒体也有一个阴暗面。目标明确地、欺凌性和利用他人弱点式地使用像脸书这样的网站需要与政府就其监管展开讨论，但事实证明这个问题很难解决。不仅言论自由是这场讨论中的一个问题，而且公开承认脸书故意进行了一些设计让人上瘾也是一个问题。脸书的第一任总裁肖恩·帕克公开谈论了脸书如何利用人类的“弱点”，让用户渴望通过验证，并使用“社会验证反馈循环”一词对此进行描述。脸书的一个早期设计问题是：“我们如何尽可能多地消耗你的时间和吸引你的注意力？”帕克说，将“喜欢”与多巴胺的小作用进行比较“是在利用人类心理中的一个弱点”。脸书现在拥有超过 20 亿用户。帕克补充说，脸书“改变了你与社会的关系以及人们彼此之间的关系”，并表示，推特、Instagram、色拉布和所有其他主要社交媒体网站都在做同样的事情。这真是耐人寻味。

现在围绕社交媒体的各种争论愈演愈烈，且随着各种刺激客户数量和客户欲望的创新的出现，争论点也会越来越多。

案例研究 23

脸书的 Instagram 与色拉布

色拉布是在 2011 年 9 月发布的一个应用程序，用户可以分享图片，而图片会按照用户预先设定的时间自动销毁。此后，色拉布不断改进其产品，增加了更多创新工具来增强相机和聊天功能，每天创建 28 亿个快照。色拉布还推出了色拉布故事，使用户可以按时间顺序收集快照。这使得个人、品牌和媒体能够向更多受众讲述自己的故事，因此这成为销售广告的一个关键领域。

尽管看起来有点像一家媒体或通讯公司，但 Snap 将自己描述为一家相机公司，并在 IPO 文件中重申了这一点。

> 随着闪烁的光标成为台式电脑上大多数产品的起点，我们相信，相机屏幕将成为智能手机上大多数产品的起点。这是因为智能手机摄像头创建的图像比键盘上输入的文本等其他形式的输入包含更多的上下文和更丰富的信息。

谈到色拉布，就必须要谈到脸书。脸书在 2013 年曾试图以 30 亿美元收购色拉布，但色拉布拒绝了这项收购计划。脸书的回应是开发了一个类似的应用程序，叫作 Slingshot，但没有成功。从那以后，脸书这个社交网络巨头一直在不懈地尝试整合色拉布的许多流行功能，例如存在时间很短的信息、照片编辑工具、滤镜和可扫描的个人条形码等，并最终获得成功：有报道称，脸书拥有的 Instagram 对色拉布故事的克隆可能导致色拉布用户增长停滞。

> 脸书已经开始采用一种实验性和渐进式的方法来对付色拉布。Instagram 故事非常成功。这让色拉布在过去几个月的销售中有点失去活力。

然而，即使色拉布持续发展，但要想超越脸书的统治地位还有很长的路要走，因为色拉布故事每天只有 1.6 亿活跃用户，而 Instagram 则自豪地宣布 Instagram 故事拥有高达 2.5 亿用户。在 Instagram 发布这一消息后，色拉布的股票下跌 3%。

在功能大战中，色拉布曾整合出一张地图，以跟踪世界各地的朋友或“热门”活动。这类似于查找我的朋友，是一种了解朋友最新动向的方式，但许多用户认为这侵犯了隐私权。

为了进一步超越竞争对手，通过研制可录制和上传 10 秒视频的智能眼镜，色拉布进军硬件领域。色拉布用户排队几小时通过遍布美国各地的彩色自动售货机购买该产品，其中一些人在 eBay 上以数千美元的价格转售。

虽然智能眼镜尚未带来巨大的利润，但它标志着色拉布进入虚拟现实设备领域。但这场传播革命是否能转化为脸书级别的成功尚待确定。

现在来到了我们最关心的问题。当市值约 185 亿英镑的色拉布于 2017 年 5 月公布其作为一家上市公司的处女业绩时，其股价在短短45分钟内暴跌23%。公司报告称，第一季度用户增长放缓，销售额为 1.15 亿英镑，损失 17 亿英镑。数字服务公司的炒作和惊人的估值往往与产品和服务的货币化不匹配。因此，一些分析师担心其会成为又一个互联网泡沫。

脸书等主导数字世界的大品牌自然会试图接管这个行业的各个领域。脸书的 Instagram 与色拉布竞争，而脸书即时通则与 WhatsApp 和苹果的 iMessage 竞争。

推特仍然很强大，因为它提供了使推文保持简短而甜蜜的独特功能。许多用户使用推特密切关注他们最喜爱的名人，如凯蒂・佩里、贾斯汀・比伯和巴拉克・奥巴马（截至 2017 年 7 月 24 日，他们是推特粉丝数最多的前三名用户）。克里斯蒂亚诺・罗纳尔多有超过 5500 万粉丝。考虑到推特能够在几秒钟内在全球范围内发送信息，一些人认为它是最终的即时公共关系媒介。美国总统唐纳德・特朗普将推特作为其全球和国内交流工具。

然而，推特仍在努力解决对故意发布煽动性文章、骚扰以及用户和系统的普遍滥用缺乏控制的问题。截至 2016 年底，推特新增了一些新功能，以遏制滥用行为，如“质量过滤”和“字词过滤”。这些功能的效果还有待观察是否会有帮助还不得而知，因为有人继续在网上对他人提出指控或进行侮辱，甚至包括特朗普这样的名人。推特虽然面临许多问题，但会继续生存下去，因为目前没有竞争对手可以挑战推特。

然而，谷歌已经成为世界上最家喻户晓的一个品牌，谷歌已经与雅虎和必应展开了一些竞争，但面临的挑战不大。因此，从某种意义上说，谷歌开始与自己竞争：谷歌现在提供专为工作设计的服务包括谷歌文件、电子邮件、谷歌云端硬盘云存储、语言翻译、谷歌地图、通过 YouTube 的视频共享以及照片编辑（YouTube 本身对谷歌来说是一项巨大的业务，在 2017 年年中拥有超过 16.5 亿用户）。

谷歌还生产诸如谷歌智能手机、谷歌家庭智能扬声器等硬件设备，甚至还开发了无人驾驶汽车 Waymo。“Waymo 代表着一种新的交通方式。我们是一家自动驾驶技术公司。我们的使命是，让人们和物品能够安全、方便地四处移动。”自项目启动以来，Waymo 已成为谷歌所有者 Alphabet 旗下的子公司。

Waymog 还与打车服务创业公司 Lyft 合作，通过产品开发，将无人车技术带入主流主场。这项合作可能会威胁到优步以及汽车行业的许多其他大品牌。

谷歌的母公司 Alphabet 旗下还拥有生命科学子公司 Verily，该子公司的使命是使世界卫生数据变得有用，让人们享受更健康的生活。Verily 正在开发工具来收集和组织健康数据，从而制定和创建更全面的维护管理干预措施和平台。

显然，Alphabet（和谷歌）正在努力实现对多个行业的统治。因此，作为旗舰品牌的谷歌在 2019 年成为世界第三大最有价值品牌也就不足为奇了，其价值高达 1427.55 亿美元（读者可以在

第 11 章看到前十名的排名）。另一个品牌——亚马逊现在被品牌金融咨询公司 Brand Finance 评为世界上最有价值的品牌，已经在网络商业世界中掀起了风暴。在了解亚马逊的成功之前，我们将讨论整个在线零售行业。

传统零售与电子商务：在街上还是在网上？

马赛克浏览器的开发者之一、美国网景通信公司的联合创始人马克·安德列森在一次采访中评论了传统零售业的消亡。他说："互联网成了买东西的地方。"

这是不可能否认的，因为许多商业街实体店现在都有网上商店，而且有些网站非常流行，如asos.com，完全是网上购物网站。事实上，如果没有网站和网店，一家企业将很难生存下去。消费者希望能够在任何地方购物，无论是在火车上、办公室、海滩上，还是在舒适的家中。如果没有一个在线平台来销售自己的产品，大部分企业都会亏损。在截至2017年10月28日的半年内，通过在社交媒体上瞄准千禧一代，极度干燥（Superdry）服饰产品的销售额大幅增长（25.2%），社交媒体允许该品牌减少促销。时任首席执行官尤安·萨瑟兰说："我们还将继续其他活动，进一步展示了极度干燥作为全球品牌的独特优势和吸引力。"

2006年，索菲·科尼什和霍莉·塔克共同创立了Notonthehighstreet.com，第一年就赚了13.4万英镑，现在有五千多家公司在这个网站上销售产品。2015 年其营业额为 1.55 亿英镑。首席执行官西蒙·贝尔沙姆表示，该公司的第一家时尚潮店“预示着我们将走向何方”，并认为零售业的未来是线上和线下相结合。他说：“我们有大约三百种不同合作伙伴的产品在八个不同的地区销售。这预示着我们未来的发展方向。我相信，未来的零售业既不是线上的也不是线下的。将是两者的结合，这对我们的品牌和其他品牌同样适用。这一切都是为了利用不同的渠道为客户提供良好的体验。”

ASOS.com 原名 AsSeenOnScreen，成立于 2000 年，2003 年更名为 ASOS。该公司是一家英国的在线零售商，利用人们对轻松购物的渴望，以十几岁和二十几岁的年轻人为目标受众。人们可以在其网站或移动应用程序上订购衣服、鞋子和配饰，商品将在第二天送达。顾客可以在家试穿，如果不满意，可以免费退货。这种选择自由和购物体验是革命性的，并且已经从 Next、Topshop 等传统零售商那里把销售额争夺过来。

ASOS 还将经营范围扩大至美妆类产品，这无疑也将从超级药房、百货商店等传统零售商那里抢走一些市场份额。ASOS 已经与奢侈护肤品和化妆品品牌签订了一系列独家协议，并推出了低成本的自有品牌化妆品系列。ASOS 面部和身体护肤品采购负责人阿历克斯·斯克丁说：“在英国的美容主流产品和我们提供的产品之间有很大的空间。我们的客户不仅仅在商店购物，还依据 YouTube、潮流以及受名人的影响而购买商品。我们的目标是成为那个品牌。”

这家公司 2001 年上市时的市值仅为 1400 万英镑，但到我编写本书时，其市值已高达 47 亿英镑。ASOS 拥有 1340 万活跃客户，其中 1000 万的活跃客户安装了其移动应用程序。此外，现在 69% 的流量来自移动设备。这表明，新的在线产业不断增长且已经迅速与移动设备相结合。消费者发现用手机购物更容易，而不用打开笔记本电脑或台式电脑，越容易的购物方式就越受欢迎。在数字世界里，一家公司几乎没有日常开支，不需要拥有销售点，甚至不需要拥有产品库存，就能取得成功。英国的奢侈品时尚网站 Farfetch 就是其中一个例子，其已于 2018 年 9 月上市，市值估计为 40 亿英镑。

个体的市场细分

一些公司完全是针对网络购物者的，并专注于个体的市场细分——为每个人提供个性化的服务。在线购物公司 Net-a-Porter 目前投资 4.42 亿英镑，以个性化其网站购物体验，并正在推出一个工具，根据以前的选择和未来的计划整合时尚服装。在人工智能（AI）的支持下，这家公司正在使用一个挑选时装的机器人为客户搭配衣服，并根据不同场合为客户提供服装搭配建议。首席信息官亚历克斯·亚历山大说："个性化是关键，因为了解客户我们才能更好地为他们服务。"

杂货购物也进入了电子商务和移动领域。奥凯多（Ocado）开创了没有实体店的网上杂货购物先河，而Hello Fresh通过制订膳食计划并将新鲜食材送货上门来帮助忙碌的客户，而客户需要做的就是按照提供的食谱快速制作健康的家常菜。

奥凯多于2002年与Waitroseg开始合作。2013年，奥凯多又与Morrisons签订长期服务协议，并推出在线杂货售卖业务。

然而，奥凯多的创新并没有就此止步。奥凯多尽管在网上购物领域面临与乐购（Tesco）、塞恩斯伯里（Stainsbury's）等其他主要超市的竞争，但现在在试用无人驾驶汽车业务方面却向前迈出了一步。谷歌等大型科技巨头都已经赶上无人驾驶汽车技术的潮流，并在这方面进行了大量投资。因此，技术不断发展不仅有利于客户，也有利于公司本身，使公司业务的每一个过程都更加顺畅和容易。

但这并不意味着在线业务放弃了传统的线下促销方式，如广告和赞助。英国外卖应用程序Just Eat已与真人秀《X音素》签约，让厨师在广告中配合音乐唱歌，帮助其提高品牌知名度，并吸引更多的消费者。

一些公司现在正在采用多类别全面发展战略。一个使客户购物更容易的主要方法是，在一个地方提供他们所需要的一切。亚马逊就是这样一家寻求在所有领域占据统治地位的公司（见案例研究 24）。

案例研究 24

亚马逊

亚马逊曾经以在线零售闻名。现在更是如此：它是一个不断发展的平台，拥有一个非常成功的语音助手，亚马逊生鲜服务开始经营杂货店业务，无人收银超市 Amazon Go 成功开张，甚至有人说亚马逊要复活 Fire Phone。

亚马逊和奥凯多一样，也在努力改革创新自己的送货服务。例如，尝试用无人机送货，通过分布在城市各处的自助快递柜，客户可以在工作的午休时间领取物品——需先在键盘上输入一个唯一的代码，之后打开装着相关物品的柜子。

亚马逊甚至还向银行业拓展业务，如曾在 12 个月内向卖家发放了超过 10 亿美元的小额贷款以用来扩大亚马逊的库存或折扣商品量。由于交易次数的减少，亚马逊从第三方商家提高的销售额中获得了巨大的利润。亚马逊还通过卖家支付的费用盈利。亚马逊将支付相关费用的卖家置于特定的搜索结果中，以帮助这些卖家更容易吸引消费者的注意。

亚马逊正稳步成为世界领导者，因为它成功地实现了自己的品牌承诺：成为“在地球上提供种类最全、数量最多的商品，并最以客户为中心的公司”。创始人杰夫·贝佐斯在给股东的年度信函中指出，他们“关注的焦点是客户的执着（而不是竞争对手的执着）、对创新和开拓的渴望、对失败的迅速反应、对长期思考的耐心以及对卓越运营的专业自豪感”。

这样的关注点造就了 Amazon Go，Amazon Go 显示了亚马逊从单纯的在线零售商开始已经取得多大的发展。亚马逊开设了一家超市，购物者在进入时只需扫描自己的智能手机，在离开时，购买东西的账单就会自动入账信用卡。这家超市有一个由闭路电视摄像机和压力传感器组成的网络，用来检测购物者何时从货架上拿下了什么东西，以及这些东西在哪个位置被添加到他们的虚拟购物篮中。当购物者离开商店时，他们购买东西所需费用会直接在其亚马逊在线账户被扣除，购物者则不需要在收银台等候。

Amazon Go 的诞生是为了彻底改变人们的购物体验，特别是关注人们的繁忙生活。人们对“能减少在收银台排队和付款的宝贵时间”这个理念感到兴奋，也就不足为奇了。亚马逊的“走出去技术”在当今掌控社会的物联网世界中取得了重大进步。

亚马逊推出的语音助手 Alexa 和智能音箱 Echo 都将是推动消费者互动的主要影响因素，并能够劝说消费者最终比以往任何时候都更多地在亚马逊购物。Alexa 越能理解和记住你的需求、偏好和行为，就越能提供无缝的体验，并随着自身的发展对顾客的生活就越不可或缺。Alexa 如果能像苹果的 Siri 一样被广泛使用，将使客户忠诚度达到惊人的水平。毫无疑问，我们生活在一个为按需服务而着迷的世界里，优步等品牌就是最好的例子，但亚马逊却通过 Alexa 及其他产品和服务重新定义了客户体验。

亚马逊也没有停止向其他领域扩张的脚步，通过创办亚马逊生鲜服务，与奥凯多、乐购等超市竞争；在音乐方面，通过亚马逊无限音乐与苹果音乐和声田（Spotify）竞争；在视频方面，通过亚马逊 Prime 与网飞（Netflix）公司竞争。

自 2006 年收购烧包网（Shipbop）以来，亚马逊也一直在销售时尚产品，并从其他品牌（如泰德贝克）的销售中收取佣金，现在正依靠自己的品牌“Find”（“500 件女装”系列）进军时装市场。亚马逊将需要一套新的技能从理性的书籍和电子产品世界转移到更加富有情感的日用品消费世界。

亚马逊在全球范围内占据主导地位，并将继续为人们提供始终如一的优质产品和服务。杰夫·贝佐斯将把亚马逊打造成为一个强大的在线集团作为目标。贝佐斯说，为了达到这个目标，亚马逊必须学会如何销售衣服和食物。亚马逊如今已经是世界上最有价值的品牌之一，如全球品牌价值 500 强 2019 年 2 月排名所示，其品牌价值为 1879.05 亿美元。

亚马逊非常清楚地向我们展示了基于产品的企业如何通过互联网迅速地进入多种服务类别。数字服务正开始改变商业的面貌。而承担高租金和员工管理费用的传统商店根本无法与之竞争。

数字服务

最近，显著增加的数字服务让我们的生活变得更加轻松。这是对数字世界中一种基于以下原则的消费者新的思维方式的回应：

- 为我提供一切。
- 帮我找到我想要的。
- 现在就帮我得到它！

数字服务迎合了消费者个体市场细分的需求。数字世界是围绕大规模个性化而构建的，每个客户都有特定的个性化的需求和愿望，需要在任何地方尽可能快地获得服务，允许“我”以“我”想要的方式生活。数字服务正在快速响应这些需求。

想不想很容易便能去某个地方，而不用站在人行道上拦出租车？优步可以解决。希望自己最喜欢的餐厅送餐到自己的办公室吗？Just Eat或Deliveroo都可以做到。想找个民宿，而不用住酒店吗？爱彼迎可以做到。虽然像这样的新品牌的数量正在激增，但获得可持续的利润并不容易。

作为最基本的数字服务的WhatsApp、脸书即时通和苹果 iMessage 已经存在了很多年，且一直在争夺第一名的位置。WhatsApp 最终被脸书收购，放弃了竞争。2014 年 2 月 19 日，脸书宣布已达成最终协议，以大约 160 亿美元的价格收购快速发展的跨平台移动信息公司 WhatsApp，其中包括 40 亿美元的现金和大约 120 亿美元的脸书股票。该协议还规定向 WhatsApp 的创始人和员工额外发放 30 亿美元的限制性股票，这些股票将在交割后四年内发放。WhatsApp 比 iMessage 和脸书即时通具有优势，因为它是兼容不同系统的应用程序（iPhone 用户可用，Android 用户也可用）；而且有相当高比例的人不使用脸书，因此不使用即时通。现在几乎每个人都有智能手机，因此有一个巨大的全球市场正在形成。

让我们看看正在改变市场的一种突破性数字服务。

案例研究 25

优步

2010 年，优步在旧金山正式推出第一版出租车预约应用程序。从那时起，这家现在被称为优步的公司就像火一样在全球蔓延。目前优步在七十多个国家开展业务。

与其他出租车企业不同，优步根据不同的出租车制定不同的价格。用户可以根据自己的旅行需求进行选择，客户一旦确认使用优步出租车，就可以检查进度，并看到出租车的预计到达时间。

优步对应用程序进行了扩展和改进，如推出 UberPool 拼车服务。UberPool 拼车服务将乘客与前往同一方向的其他客户进行匹配。对于那些不太关心时间而更关心支出的乘客来说，这是一项适合他们的服务，且这次服务进一步扩大了应用程序的覆盖范围，使乘坐出租车的乘客感到更加经济实惠。

但这条路并不容易。尽管优步的估值持续攀升，吸引了越来越多的投资者，但优步也与竞争对手和监管机构展开了斗争，面临着出租车行业甚至司机的威胁。例如，优步一直在与中国最大的竞争对手滴滴出行交战。且经过一场漫长又代价高昂的战斗后，优步中国以 350 亿美元被并购，向滴滴投降。

在英国，老牌黑色出租车的司机也曾抗议。这些司机都受过培训并持有出租车执照，他们觉得自己的工作被偷走了。通过优步租车价格更低，服务也更快、更便利，所以客户对优步如此着迷也就不足为奇了。而与英国传统出租车相关联的声望和标志性形象已不再能吸引顾客。

因此全球性打车软件 Gett 又应运而生。Gett 以移动应用程序的形式将英国传统老牌黑色出租车带到数字时代。Gett 为乘客提供固定的价格——这是除了在 UberPool 拼车服务选项下优步所不能提供的服务。

优步也面临着大量的挑战。在我撰写本书时，优步还正在接受法律诉讼，以便能够继续在英国经营。

商业模式摇摆不定，丑闻和形象问题不断出现并解决，下面这个关于爱彼迎及其未来的故事应该十分有趣（见案例研究 26）。

案例研究 26

爱彼迎

2008 年，布莱恩・切斯基和乔・杰比亚在旧金山成立 Air Bed & Breakfast（爱彼迎的原名）。2008 年 2 月，切斯基的前室友内森・布莱卡斯亚克加入该公司，担任首席技术官和新合资公司的第三位联合创始人。他们建立了一个网站，为那些无法在饱和的市场中预订到酒店的人提供短期生活区、早餐和独特的商业网络机会。2008 年 8 月 11 日，Airbedandbreakfast.com 网站正式上线。2008 年夏天，美国工业设计师协会在一个小镇举办了年度工业设计会议，三位创始人也迎来了第一批客户。在那里，旅行者往往很难找到住处。

从那以后，爱彼迎的增长速度惊人：截至 2017 年 6 月，在全球 191 个国家提供服务。爱彼迎作为数字服务的最佳范例之一，通过培养社区并与社区合作，使其业务快速扩张。在英国，每位客户平均每天消费 147 英镑，其中大约一半的客户是国内客户（而不是外国游客），爱彼迎促进了当地经济和社区的发展。

爱彼迎 2015 年元旦举办了“一个不那么陌生的人”（One Less Stranger）活动，十万名房主在醒来时，收到切斯基先生的一封电子邮件，他在邮件中说自己已经向这些房主的银行账户支付了 10 美元——这是一个特别的例子，爱彼迎将控制权交给了社区。这个活动的目的是鼓励房主帮助别人，用这笔钱结识新朋友。虽然有些人可能只是把它装进了口袋，但爱彼迎希望让房主代表爱彼迎通过各种方式（如社交媒体）为爱彼迎推动市场营销。而这一切都建立在社区驱动品牌的理念之上。

爱彼迎一直没有遇到什么挑战。其蓬勃发展的业务严重威胁了酒店业和服务业，同时也引发了避税问题。爱彼迎的存在迫使传统酒店甚至豪华酒店都开始降价，例如，爱彼迎在伦敦的预订量从 2015 年的 200 万增长至 2016 年的 460 万。这一庞大的客房和物业网络相当于成百上千座新酒店应运而生，给传统酒店业带来了价格压力。

爱彼迎持续不断发展壮大其社区服务，但爱彼迎的流行是否会到此为止？未来几年会有威胁和更多挑战吗？我们将拭目以待。而随着其推出新一轮创新服务，也许还会对多个行业不可避免地产生困扰。

物联网

数字世界中一个经常被讨论的更为有趣的话题是持续发展的物联网。

物联网（IoT）是指物理设备、车辆（也称为“连接设备”和“智能设备”）、建筑物以及嵌入电子设备、软件、传感器、执行器和网络连接的其他物品之间的互联网络。

在物联网中，“物”可以指各种各样的设备，如心脏监测植入物、沿海水域的电蛤或协助消防员进行搜救的野外操作设备；也可以是 Fitbits、Nest 家庭系统、汽车智能停车辅助系统以及 Alexa 等虚拟助理。通常情况下，这些设备是为了使日常生活更简单、更容易、更快、更好、更高效和更智能。

根据 Gartner 公司（一家技术研究和咨询公司）的数据，到 2020 年，物联网上的设备数量将接近 208 亿。

制造商们现在将新的想法和技术推向数字市场，希望自己的某款联网产品能像智能手机一样成为人们日常生活的必需品。最近的“智能家居”行业只是最新的趋势。

我们之前提到过的 Amazon Echo 和 Google Home，都可以通过一种简单、集成的方式来访问分散在现代家庭中的各种数字控制设备。还有一些品牌致力于打造智能家居系统，如 Nest 或 Hive。

Nest 通过恒温器、烟雾探测器和摄像头打造家庭自动化系统。2010 年，Nest 以 32 亿美元的价格被 Alphabet（谷歌的母公司）收购，现在 Nest 与 Google Home 合作。Alphabet 公司声称："Nest 专注于制造简单、人性化、令人愉悦的东西。我们通过这种方式创造一个贴心的家：一个照顾家人和周围世界的家。"

而 Hive 是由英国天然气公司打造的，可以帮助控制暖气、传感器、灯光、摄像头、插头和其他附件。无论你身在何处，所有这些东西你都可以通过智能手机控制。例如，你下班回家的时候就可以打开暖气，这样当你到家时房子就会很暖和。

这些智能家居系统所面临的问题以及它们为什么没有被如此迅速地接受的原因，在很大程度上与说服人们相信这是自己需要的东西有关。此外，还需要说服人们相信，建立这些复杂系统虽然很麻烦，但是很值得，而且物有所值。随着技术的进步，这些系统也将更加普及，价格也会更低，因此，未来可能会有更多的家庭成为"智能家庭"。

联网汽车也正变得越来越流行，其功能包括辅助停车、联网娱乐和信息娱乐、实时诊断以及部分或完全自动化驾驶。沃尔沃、奥迪、梅赛德斯 - 奔驰等大多数实力汽车品牌目前都在销售联网汽车。

然而，麦肯锡公司称，尽管人们对联网汽车有需求，而且渴望拥有最好的联网汽车，但人们的边际支付意愿和对安全的担忧使这一行业处于一个微妙的位置。

消费者在购买前需要有一个强大的品牌让他们放心并值得他们信任。

保乐力加（Pernod Ricard）也在用相联的酒瓶试验物联网和连接功能。其中一个例子就是在圣帕特里克节宣传旗下品牌尊美醇（Jameson）的方式：保乐力加在限量版酒瓶身上加印二维码，客户扫描后，可以获取当天的信息和相关活动信息。

数字未来的发展趋势如何？

如今，很难预测未来六个月会发生什么，更不用说未来几年了，但我们可以得出一些结论。

一种假设是，传统广告和单向传播的衰落有利于双向传播和更多的消费者参与。但有趣的是，像 Just Eat、爱彼迎和优栈网（Trivago）这样的数字服务平台也都在电视上做广告。这表明，传统广告在数字世界中并没有消亡。线下活动同样重要，有助于让品牌最大程度地获得知名度。这种同时采取线上和线下策略的方法是非常有效的。

更重要的是，随着对智能设备的连接和开发的需求不断增加，工业 4.0“智能工厂”将崛起。我们已经看到了工业 4.0 的开始，各种设备相互沟通，机器人或系统能为人类完成乏味或危险的工作。

2013 年，德国政府发布的一份文件首次提到了“工业 4.0”，该文件概述了制造业计算机化的高科技战略，并将其从人类的参与中解放出来。

工业 4.0 的发展将包括对人工智能的研究和开发。例如，目前人工智能技术可以比医生更快地发现癌症。尽管借助高效的机器人系统为我们完成工作具有独创性和积极性，但我们将来仍会遇到一些非常明显的问题。

这些问题现在已经出现，人们因为机器人而失去工作以及在联网设备中发现很多安全问题或风险。同时大规模的网络攻击正在增加。利洁时集团（Reckitt Benckiser）就受到了佩蒂娅（Petya）勒索软件病毒的攻击，该病毒使 15000 台笔记本电脑、2000 台服务器和 500 个计算机系统在 45 分钟内无法使用，估计损失达 1 亿英镑。许多其他公司也面临类似的威胁。

在机器人技术方面，耐克对这一方面的关注正威胁着亚洲低成本的劳动力，因为耐克与一家以 Fitbit 活动追踪器闻名的高科技制造公司 Flex 合作，从而实现了向更高级别自动化的飞跃，这可能会带来巨大的收益，并让新产品更快地推出。生产速度和成本降低二者都很重要，激光切割和其他自动化创新（如自动黏合）已经进入了耐克的供应商基地，人工成本不再很低。根据一些产品的估计，使用自动化意味着劳动力成本将降低 50%，材料成本将降低 20%。

从某种程度上来说，这对像耐克这样自称有道德和可持续发展的企业来说是不利的，但又不太可能阻止其生产的进步。竞争对手阿迪达斯和安德玛也在寻求自动化战略，包括增加 3D 打印的使用。大品牌必然会越来越多地使用人工智能和机器人技术，这也必然会导致劳动力转移。

谷歌的母公司 Alphabet 在使用新技术方面有着更雄心勃勃的计划，涉及的领域从自动驾驶汽车到智能家居，再到生物技术。2017 年 10 月，多伦多市宣布与 Alphabet 子公司 Sidewalk Labs 合作一个新项目，Alphabet 向着提高人们的生活又迈出了一大步。

Sidewalk Labs 将负责重新开发一个称为“码头边”（Quayside）的滨海地带，该地区拥有“超过 330 万平方英尺的住宅、办公和商业空间，其中包括新的谷歌加拿大总部，该地区将成为技术和都市生活相结合的试验台”。这将是 Alphabet 自己的“城市生活实验室”，在这里，Alphabet 可以试验新的智能系统和规划技术，并研究这些系统和技术如何在现实世界中工作，以及如何影响人们。该项目是北美智能城市项目的一个最典型的例子：一个围绕数据驱动、半自动化、网络化技术而建设的地方。

Sidewalk Labs首席执行官丹·多克托洛夫（Dan Doctoroff）表示："我们有机会从根本上重新定义城市生活的本质。"公司将其使命定义为"从互联网向上重新想象城市"，并在申请开发多伦多的海滨地带之前考虑对几座美国城市进行高科技改造。"Sidewalk Labs 将为'码头边'地区的新技术创造一个试验台，"加拿大总理贾斯廷·特鲁多说，"建设更智能、我们希望看到更环保、更包容的城市的技术在多伦多东部的海滨地带大规模使用，最终在加拿大的其他地区和世界各地推广。"

总而言之，对于数字世界未来可能产生的好结果和不太好的结果存在着相当大的争议。消除消极因素或者至少积极地发现和发展以帮助人类，应该是我们的主流思想，但这是否在未来会成为现实，仍然是个问题。不过，这很令人期待！

小结

关于品牌必须如何改变和改造以适应和跟上数字技术的变化，下面总结了几个关键点：

- 网络品牌的增长速度非常快。
- 融合已经开始，并且正在加强，例如移动电视。
- 商业的"民主化"已经到来。权力已从生产者转移到消费者。

- 多渠道零售购物行为越来越占主导地位。
- 社会影响营销且社会网络是游戏规则的改变者。
- 在社交媒体的世界里，品牌是不受欢迎的。要想成为成功的品牌，就必须参与对话，让品牌参与到社区中，从而推进和管理对话。
- 口碑（病毒）品牌化和营销越来越重要。
- 大众个性化现在是品牌面临的挑战。
- 为了继续在网络社会中发挥作用，品牌必须学会如何实时地与人们交谈，提供一天 24 小时、一周 7 天、一年 365 天的全方位服务。
- 人工智能和机器人技术将日益成为技术创新的驱动力，并将产生许多颠覆性的变化和机遇。
- 任何行业 / 公司 / 品牌经理都不会对这一全球技术转移免疫。
- 尽管数字世界的格局在不断变化，但如果没有强大的品牌战略，企业即使采用新技术也将无法生存。品牌战略允许产品、服务和技术快速变化，但同时要建立可持续的品牌识别。

下一章将从技术转移到品牌管理的人性化方面，即员工参与，有时也被称为内部品牌化。在追求卓越客户关系管理方面，这是一个同样具有挑战性的领域，只是表现方式不同。

第 9 章

“品牌万岁！”员工参与创造品牌文化

本章将介绍让组织内的每个人都将品牌当作自己的生命的过程，这是实施品牌战略的重要组成部分。

如第 7 章所述，品牌传播用定位中的关键信息阐述表明品牌愿景、个性和识别。简单来说，品牌传播的任务传递品牌承诺，让客户看到实现承诺是非常重要的。我们要明确，企业中的人主要负责以为客户创造持续卓越品牌体验的形式履行承诺。这方面许多企业往往没有充分讨论，但领先的品牌企业却认为自己的价值观、文化和员工是获得成功的驱动力和基础。

人们根据企业行为来判断企业的情况。企业所说或所做的一切都会影响自己的形象和声誉。为了打造一个具有积极形象的强大企业品牌，企业必须对自己的行为进行管理和塑造，使人们对企业始终保持良好的认知。良好的客户关系是通过积极的认知形成的，消极的认知会损害这些关系。

让组织中的每个人都将品牌当作自己的生命的过程，有时称为员工参与，有时也称为内部品牌化，但都具有相同的含义：让日常活动，业务过程，员工的工作、认可和奖励与品牌标识匹配以驱动品牌和成果的过程。

通过确保员工理解品牌战略并将品牌战略整合到各自的工作中，形成一种基于品牌心态的文化，为消费者提供始终如一的卓越体验。对一些企业来说，这是关键时刻。

关键时刻

关键时刻决定成败、强弱、忠诚或抛弃、决心或退却。关键时刻不是由企业或品牌定义的，而是由日常消费者定义的，他们对产品和服务的体验会影响他们的生活。有时，在全球范围内，以重大危机的形式定义关键时刻，但明智的品牌认识到，其实自己每天也会面对品牌消费者关系方面的关键时刻。

由于品牌只存在于消费者的头脑意识中，所以与消费者的每一次接触都可能是一个关键时刻。一个值得注意的例子是，北欧航空公司（SAS）的前首席执行官詹·卡尔森（Jan Carlsson）曾告诉全体员工，公司每年有1200万名客户。在一次旅行中，每位客户平均接触5名北欧航空公司员工，这就转化为6000万个关键时刻——也就是说，每次有6000万次机会让品牌体验正确或错误。这一强有力且易于理解的信息表明，所有客户的所有接触点都很重要，企业需要密切关注如何管理这些接触点。那些在为客户提供卓越体验方面缺乏的接触点通常被称为可能的“痛点”！这就是品牌管理思维——推动许多世界顶级品牌的思维和基本理念。我将在下一章关于品牌规划和控制的例子中更详细地讨论接触点的概念。但除非所有员工都理解这个概念和塑造客户体验的品牌驱动因素，否则品牌管理最终将不太会成功。

许多对企业和品牌形象负责的人可能会回答：“要是那么容易的话就好了！”但是对于任何研究过卡尔森的战略的人来说，我们可以看到，这不仅仅是华丽的辞藻，他改变了航空公司的结构、系统和技术，还有许多其他方面。重要的是，他授权一线员工作出直接影响客户品牌体验的决策。通过激励和授权员工，使他们看到自己对品牌和业务价值的贡献。卡尔森成功地使北欧航空公司品牌焕然一新。简而言之，他创建了一个大规模组织变革项目，以品牌客户关系为基础，涉及公司的每一项职能。这不是一项简单的任务，但绝对是可以实现的，正如转变的结果所显示的那样。

对负责主要企业和 / 或产品品牌的首席执行官和 / 或品牌经理来说，最大的挑战是通过战略和变革使品牌焕然一新，尤其是激励员工履行品牌承诺。这对于任何使用品牌化方法的企业来说都特别重要。本章探讨了员工参与（内部品牌化）的目标和重要性、如何改变组织文化并如何实现。

员工参与目标

企业在为员工开展内部品牌化活动时，除了上述北欧航空公司案例中提到的绩效成就外，还要考虑一些目标：

- 加强品牌识别；
- 作为文化变革的催化剂；
- 强化品牌战略，实施企业战略；
- 让员工作为“品牌家族”成员相互联系；
- 成为“最佳雇主”，吸引最优秀的人才；
- 向关键运营操作和流程灌输品牌价值；
- 为客户提供始终如一的卓越体验；
- 为营销和销售渠道增添动力。

如上所示，员工参与非常重要，并会为企业带来许多利益。而员工参与成功的关键是转变企业文化，使其反映出品牌目标、愿景、个性和定位的战略要素。换句话说，就是要创造一种品牌驱动的文化。

将品牌当作自己的生命

发展强大的企业文化

要塑造一个强大的企业品牌形象，客户关注的中心是企业，经常与员工互动，企业必须围绕品牌战略建立企业文化，以确保满足客户的期望。随着企业努力适应现代工作实践和领导方法，企业文化已成为近年来被经常讨论的话题。许多复杂的培训和组织发展计划都由内部和外部专家实施，以适应当前的企业文化，并提高未来的效率和成果。企业文化通常被描述为“我们在这里做事的方式”。从本质上讲，企业文化是员工态度、信仰、价值观、仪式和行为的复杂混合体，渗透一个公司，并赋予公司独特的风格和感觉。

企业文化对员工和客户都有深远的影响。对员工来说，这可能意味着工作场所要么是一个充满活力、刺激和令人兴奋的地方，要么是一个令人沮丧的地方。企业文化既可以激励人们也可以束缚人们。企业文化也无处不在，不仅在组织内部产生影响，而且在组织外部产生影响。与员工接触的客户可以通过员工的士气、态度和评论、肢体语言、服务标准和其他遭遇来感受和体验企业文化。这些都对企业的品牌形象有很大的影响，因此让企业文化与品牌战略相匹配是有意义的。换言之，品牌是文化发展的源泉。

无论是企业品牌还是服务品牌，致力于发展和维护良好品牌形象的企业都必须创造一种适合并反映品牌本质的文化。做到这一点的最佳方法是利用品牌个性（价值观），提供行为准则。品牌化是一种非常积极和广受欢迎的方式，可以改变、创造和巩固企业的绩效提升文化。

创造价值文化的奖励

科特和埃斯克特在他们的《企业文化和绩效》（*Corporate Culture and Performance*）一书中指出，“提高绩效的文化”为企业带来了巨大的利益。四年来，他们的研究在 20 个国家覆盖了 200 家公司。

研究结果表明，具有基于共享价值观的强大文化的公司比其他公司有着更高的利润率，如下所示：

	存在提高绩效文化时的平均增长（%）	不存在提高绩效文化时的平均增长（%）
收入	682	166
股票价格	901	74
利润	756	1

强大品牌文化带来的更多利益

许多世界级最有价值的品牌现在都认同，强大品牌文化带来的主要利益有：

- 为员工提供了有形的信念，让他们保持积极性和活力；让每名员工了解自己如何融入实现品牌愿景的宏伟计划中，如何向客户和其他利益相关者作出承诺，以及这些努力对业务目标的影响；
- 激发出一种自豪感，并与实现品牌承诺紧密相连；
- 提供很好的招聘和选拔平台以及强大的汇集人才的工具；
- 向所有人证实，客户和品牌是最重要的关注点。

宝马公司前首席执行官赫尔穆特·潘克（Helmut Panke）曾表示："品牌不仅仅是一个标签或营销活动。创建和维护强大的品牌需要一种心态，这种心态必须渗透到一个企业中，并且从上到下渗透到企业所做的每一件事中。"正如维萨（Visa）前品牌营销执行副总裁贝基·塞格（Becky Saeger）所说："我们的员工就是我们的品牌。每名员工都与客户接触。"

那么其实很简单：仔细定义自己的品牌价值（以个性特征的形式），并通过培训、重复、奖励和在组织的所有级别和职能上的一致应用来强化这些价值。这不是一项容易的任务，但如果要取得杰出的成果并获得客户忠诚度，这是至关重要的。事实上，人们普遍认为，不让员工参与品牌实施和管理将不利于获得成功。

内部品牌挑战

图 9.1 说明了内部品牌挑战通常是品牌建设中最大的挑战。制定品牌战略并不难，通过外部传播活动和其他激活计划建立形象也不难，但真正的挑战在于让员工将两者联系起来。正如日产北美公司前品牌管理和研究总监马克·佩里（Mark Perry）曾经说过的那样，“广告可以给品牌增加一张面孔和声音，但这是我们做的最后一件事。除非我们的所有产品都是一致的，我们的员工了解我们的目标，联系点的零售体验是有效和一致的，否则我们将对无法通过广告针对我们提供的产品作出承诺。”

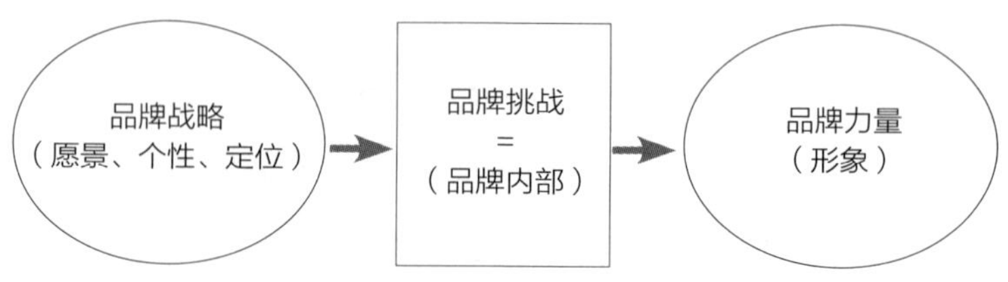

图 9.1　内部品牌挑战

为了应对高层的挑战，企业业务部门必须战略性地将品牌价值应用到自己所做的每一件事中，并将品牌整合到自己的业务规划和员工的工作中。

在应对部门层面的挑战时，所有部门（不仅仅是那些面向客户的部门）都必须拥有相同品牌价值观，并就如何根据这些价值观改进工作制定计划。

在应对个人层面的挑战时，企业必须将员工视为内部客户。如图 9.2 所示，这主要有三个方面。第一，必须告诉员工有关品牌的情况以及为什么品牌如此重要，从而在整个企业内部建立品牌知名度。第二，必须让员工在情感上投入，对自己的品牌有所感受，并像对待客户一样与他们建立情感联系。第三，必须让员工做一些事情，从而改变他们的工作方式，以便为企业外部的客户提供更好的体验。最好的方法是为每位员工制订学习和发展计划。

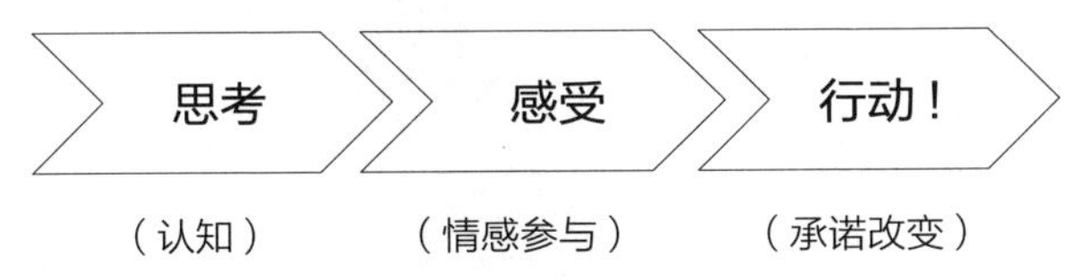

图 9.2　让员工积极参与并致力于变革

为所有级别的员工制订学习和发展计划

在目前的讨论中，我们看到，品牌化是实现以客户为中心、高绩效、以价值观为基础的文化的理想方式，但是否让员工参与是成功的品牌战略与失败的品牌战略之间的区别。考虑到这一事实，领导者必须确保为各级别的每位员工制订学习和发展计划——品牌是什么，组织的品牌意味着什么，它有多重要，以及如何将其各种要素应用到工作中（如图 9.3 所示）。基本上，员工需要知道品牌意味着：

- 业务部门和企业战略；
- 职能或部门变更和改进；
- 个人工作表现。

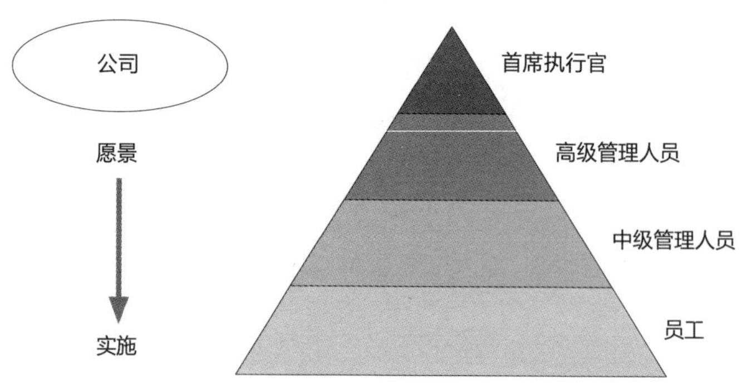

品牌是一个平台，它将所有人聚集在一起，实现一个目标。

图 9.3　必须在各级别开展学习、发展和参与活动

仅仅选择品牌价值或个性特征，然后宣布它们已经存在是不够的。个性特征必须在上述三个不同的级别上进行严格定义——企业、部门和个人。

第一，每个特征或价值观都必须在整个企业范围内进行一般性的定义，以便员工了解它们如何与企业的目标相契合。如果我们继续以创新的品牌价值观为例，这可以分为“创造性”“足智多谋”和“主动性”三个关键行为。重要的是，所有员工都要了解品牌价值观和使品牌焕然一新的原因，以及定义中包含的行为对品牌化过程如此重要的原因。仅此一步就需要企业进行实质性的宣传和简报工作，并且可以采取短期培训计划、重大品牌发布活动或活动组合的方法。

第二，企业的每个部门都必须检视品牌个性特征，并决定与哪一个品牌个性特征最相关，以及在哪些方面可以做出改进。需要强调的是，不仅面向客户的部门（如市场营销和客户服务部门）需要这样做，而且后台支持部门（如财务和人力资源部门）也需要这样做。

企业内的业务部门会发现，就如何实现品牌价值观制订短期和中期计划非常有用。在这项活动中加入支持服务对制订计划至关重要，因为除非那些直接影响消费者的部门也改变工作方式，否则很难实施自己的计划并提供持续良好的客户体验。例如，如果客户继续收到固定电话、手机、互联网和其他服务的多张账单， 电信公司的营销或销售业务部门可能很难提高“友好”价值的绩效。客户友好的账单会是一张涵盖客户所有通信交易的账单。因此，有必要经常改变系统和程序，以便对消费者的认知产生全面的影响并加以改变。

有鉴于此，所有部门（如信息技术、财务、研发、人力资源、生产、信用控制、物流、营销、企业通讯等部门）都需要制订战略和战术计划，以向高层管理者表现如何实现品牌的价值。这些计划不应包含模糊的意图陈述，而应包含具体的行动计划，且要详细说明时间和完成标准（关于品牌行动和接触点计划的更多详细信息，请参见第 10 章）。

品牌战略研讨会是各部门阐明这些计划的最佳机会。一旦管理者习惯于制订这样的计划，他们就更容易创建和管理品牌，各部门也更容易从品牌的角度来确定员工的工作。

以企业规模上品牌战略执行为例，我们把创新作为一个关键的品牌价值或个性特征。许多公司都有这种品牌价值或个性特征，但却以不同的方式执行，以确保自己的产品和服务是真正的创新。吉列以其坚持 40% 以上年销售额来自过去五年推出的产品的政策而闻名，而 3M 的这一数字达到 25%。日本个人护理产品公司花王非常注重创新，其 7000 名员工中曾一度有约 2000 名员工致力于研究和开发，大约是宝洁研发部门员工人数的三倍。花王的目标一直是成为一个全球性的参与者，花王表示，只有通过不断生产新产品来积极抓住国际机遇，才能实现这一目标。杜邦的价值观体现了创新。杜邦相信，每个人都能想出好主意，曾经通过创新培训计划培养了26000名员工。

迪士尼公司创建了一个名为“幻想工程”的部门，这是一个智囊团，有两千多人致力于开发创新。在这个部门中，有一些在飞行模拟、人工智能、认知心理学、神经解剖学、数学、神经网络等学科拥有专业知识的高收入科学家。他们的任务是创造一个未来，那时将会有虚拟主题公园，或者孩子在迪士尼网站上可以以魔法召唤出自己想要的玩具等。这是企业实现让人们快乐的品牌愿景的一个案例。

第三，在特定的工作水平上确定个性特征也是非常重要的。认知并挖掘品牌潜力的最大障碍是缺乏对品牌、品牌代表什么以及品牌对个人来说意味着什么的清晰认识。企业要想正确地创立品牌，成功地确定自己的关键时刻，所做的一切都必须反映出品牌的个性特征。这意味着，从首席执行官到每一位员工都必须理解并尝试将品牌个性特征融入自己所从事的工作中。他们如果不这样做，那么就不太可能认真对待整个过程，而客户也不太可能感受到太大的影响。因此，品牌管理需要人力资源部门密切配合，以确保员工不仅了解和理解企业的所有个性特征，而且知道如何将其与自己的特定工作相结合。例如，迪士尼有四种品牌价值观，从首席执行官到清洁工，每一位迪士尼员工进入公司时都要接受为期两天的价值观培训。不同价值观都是根据不同工作确定的，这样每名员工都知道如何将这些价值观与自己的工作相结合。

本章中传递的信息是，企业品牌价值观或个性特征都必须非常仔细地定义，不仅要在企业层面，而且要在部门和岗位特定层面。品牌必须由企业中的每一位员工以每一种可能的战略方式赋予其生命。案例研究 27 描述了在维珍集团的一项业务中“好玩和厚脸皮”的品牌价值是如何被赋予生命的。

案例研究 27

维珍集团

让我们玩得开心!

受 20 世纪 60 年代自由的启发，理查德·布兰森先生在过去的几十年中不断发展自己的品牌。这是一个典型的例子，说明一家公司的创始人如何以自己的形象创建一个品牌。他的魅力风格已经影响了他的各种企业及其员工，并让员工也将品牌视作自己的生命。

布兰森帝国是一个有趣的企业例子，其品牌化和品牌从企业的角度进行延伸。我在第 4 章中提到，这比延伸产品品牌更容易。从这样不起眼的维珍唱片开始，维珍品牌已经延伸到许多不同的行业，包括可乐、婚纱、化妆品、铁路、金融服务、移动通信、互联网相关业务、葡萄酒和航空。在许多兼并和收购中，相较于特定的技术专长领域维珍则是将品牌的力量和价值带到谈判桌上。

维珍品牌尽管在所有商业活动中并没有取得很大的成功，但通过一心一意地致力于其原有价值完成了品牌延伸。其价值观包括：

- 最好的质量；
- 创新；
- 物有所值；
- 对现有替代方案的挑战；
- 好玩和厚脸皮的感觉。

这在商业上意味着什么？尽管成立合资企业的请求让维珍管理层应接不暇，且维珍认为 90% 的项目都是盈利的，但除非符合这五个价值观中的至少四个，否则项目是不被批准的。维珍的价值观本身并不构成我所说的“品牌个性”，布兰森自己也作了说明。该品牌的个性是布兰森自身个性的反映，尤其是“好玩和厚脸皮的感觉”以及“对现有替代方案的挑战”两条。质量、物有所值和创新现在被视为“必备”，不再是区分因素。但维珍却将这些价值观结合起来，提醒人们维珍品牌代表什么，维珍相信什么。

品牌价值观：好玩和厚脸皮的感觉

- **产品：**维珍大西洋航空公司是第一家推出产品创新的公司，如为旅客提供个人按摩、现场摇滚乐队以及赌场。价格最高的座位也戏称为“高级舱”（或“上流社会”，Upper Class）。
- **服务：**飞行中的工作人员友好、快乐、风趣；他们喜欢和客户开玩笑，通常会营造一种有趣的氛围。他们必要时还将提供“额外服务”。有一次，我选择了这家航空公司。我从座位上站起来时，把裤子撕破了。其中一名空乘人员让我坐在配餐间里“不穿裤子”，而她为我补好了撕破的裤子，这让其他乘客和其他空乘人员很开心！

- **网站：** 有一次，当我访问该航空公司网站时，一架独具维珍航空代表颜色的飞机划过屏幕，一只小手从窗口里向我挥手。该网站还有一个有趣的版块叫“网络间谍中心”，邀请访问者“汇报”自己的发现。在维珍的网站和离线通信中总能找到一些有趣的东西。
- **公共关系：** 布兰森利用每一个机会来展示品牌的好玩的价值观。布兰森乘坐热气球环球飞行的冒险几乎使他丧生。一位细心的记者问他，为什么热气球舱里有一个英国航空公司的座位，而不是一个维珍大西洋航空的座位。布兰森开玩笑说，由于他要在为期两周的旅程中打破世界纪录，所以他必须保持警惕，而他在英国航空公司的座位上睡着的机会会更少。
- **活动：** 在维珍与新加坡电信签署合资协议成立维珍移动的活动中，记者和其他媒体的代表观看了舞狮，这是中国文化中传统的庆祝方式。几分钟后，舞蹈停止了，舞狮的人把狮子头取下，竟是布兰森。他不辞辛劳地学习舞狮表演，以产生意想不到的效果并创造出一种欢乐的气氛。在随后的记者招待会上，布兰森严肃地宣布，维

> 珍和新加坡电信并没有一起成立一家公司，而是在一起创立了一个品牌。布兰森还在推出“维珍婚纱”品牌时扮成新娘。当与新加坡航空公司（SIA）的交易最终敲定时，布兰森给新加坡航空公司的首席执行官递过一张便条，上面写着“我同意这些数字，但午餐的钱谁付？”这些只是体现维珍好玩的价值观的部分例子，而好玩的价值观甚至延伸到维珍最严肃的商业讨论中（顺便说一下，据说新加坡航空公司付了午餐的钱）。

有价值观的品牌不仅会吸引顾客，而且也会吸引优秀的合作伙伴。维珍的许多发展都是通过与共同投资者的合作实现的。维珍称：“我们一起利用专业知识、资本和我们的品牌来建立世界级的企业。多年来，围绕维珍投资的资本已超过 50 亿美元。”维珍不断成长发展，其品牌价值也不断增长，但始终保持原始身份识别。根据维珍网站 2017 年的报道：“品牌的支柱是其价值；提供热心的服务，令人愉快和惊喜，激情四射和直率，同时保持一种永不满足的好奇心。”令人愉快和惊喜就是“好玩和厚脸皮”的延续。

布兰森走后会发生什么？

这是有关其创始人的大问题。当然，我们希望布兰森能留下来。他现在居住在内克岛的家中，继续经营着维珍帝国。但每个人都会退休。值得关注的是，维珍的各项事业和品牌价值是否会像迪士尼那样得到延续，从而加强消费者的品牌体验，使维珍取得更大的成功。

世界上最好的品牌都在不遗余力地发展确保员工参与和品牌行为的文化。

没有捷径

内部品牌建设没有捷径可循，花费的时间和精力越多，品牌建设就越成功。例如，如果企业具有关怀等特征，就需要通过培训向客户服务助理、接待员、IT 经理、生产主管等解释这些特征意味着什么。如果品牌特征中有一个特征是创新的，企业必须对所有人员进行培训，使他们了解这些特征对自己完成工作的意义。只有这样，员工才会知道为了使某种个性得以存在，他应该采用什么具体的行动、态度和关系。

为员工提供的有关品牌对工作的影响的培训是不可少的。这对人力资源管理、开发和培训具有重要意义。每个人都参与其中，这对公司的业绩和实现品牌一致性至关重要。对于采取这一行动的公司来说，回报是巨大的。以我的经验，员工很容易理解基于个性的价值观，并且能够理解为什么这些价值观会使自己服务的公司区别于竞争对手。运用品牌的个性可以使员工获得可能无法从其他培训和项目计划中获得的目标感。这是因为人们习惯于处理个性，并且倾向于从个性的角度来判断与之接触的公司 / 品牌。

通过分析员工行为设计内部品牌计划

如上所述，通过培训使员工了解公司的品牌战略，并确定他们如何将品牌价值应用到工作中，这是非常重要的。但是，员工也需要学习新技能才能表现良好。检视每种价值观并决定应用价值观所需的技能十分重要。做到这点的一种方法是，分析在某一特定价值观方面那些被认定为表现出非常高水平的员工的行为。看看这些员工必须将这一价值观付诸行动的关键事件，并找出他们做了什么以及他们是如何做到的。此外，还要与其他知道或参与的人沟通。这项沟通可以很有启发性地发现与特定价值观相关的技能，以及帮助员工实现价值观的组织影响。举个例子，下面是我与一家银行员工进行的一系列关于关爱价值的访谈结果。

这一过程要求银行各级管理人员和所有职能部门的管理人员提名自己心目中具有关怀价值的适当行为的榜样，无论他们是否向客户或同事展示了这种行为价值。有几十人获得了提名并就自己所做的工作接受了采访，一些精彩的故事应运而生。

对结果进行分析，以引出行为榜样在展示关怀特征时所展示的关键技能，这些技能最终成为所有员工培训和指导计划的来源。结果还指出，如果要提升整个银行的品牌价值，需要改变某些组织影响，如下所示。

所需的个人技能	组织影响
表现出同情心	鼓励开放和诚实
情绪恢复能力	改善辅导和咨询
先别下评断	更多培养人际交往能力
倾听	培养团队合作精神
提供正面和负面反馈	
自律	
开放和诚实	
正式与非正式相结合	

一个来自这个案例及真实生活中许多故事的普遍而有趣的结论是，真正关心他人（包括员工、下属、客户、供应商等）并不容易。这是一种与态度相关的技能，比友好要深入得多，而且压力也很大。如果所有员工都能重视关爱的价值观，并将品牌个性带到生活中，则需要进行密集的培训。这个案例的另一个学习重点是，一个特定的品牌属性可能对从事不同工作的员工来说具有不同的含义，因此我们必须让学习计划个性化。

品牌参与过程

通过细分内部受众来实现员工品牌参与，需要经历不同的阶段，包括：

战略发展阶段：确定范围，定义内部受众细分，确定培训中使用的潜在变革推动者或行为榜样，并开发关键信息和内部主张。这对于正确理解品牌战略至关重要，从而确保员工认同、支持和理解品牌战略。

基础建设阶段：为生产部门提供材料，促使生产部门与高级管理人员开展研讨会，必要时培训一批培训师，使培训更有效、更快地开展。我发现，在大多数大型组织中，如果要正确及时地进行推广，选择和培训一批品牌培训师是绝对必要的。同时，在这个阶段，传播、活动与其他经验的设计和准备是为了支持实施阶段。

实施阶段：在此阶段，所有员工都会通过讲习班取得进步，讲习班不仅向他们介绍世界一流的品牌建设示例，而且还向他们介绍自己的品牌及其发展过程。这样的讲习班无论是以部门还是以个人为单位，通常以一些书面行动计划结束，以使品牌焕然一新。所有讲习班都采用本章前面介绍的“思考—感觉—行动”方法。对培训干预的结果要进行有效性地监测和测量，并对其进行调整和改进。

全球不同的公司会使用各种方法，但都会竭尽全力确保自己的员工理解并实践品牌价值（见案例研究 28）。

案例研究 28

英特尔公司

关于最大限度提高品牌绩效的培训

从 20 世纪 90 年代起，英特尔就开始对所有员工进行培训，让他们了解如何将公司的品牌价值融入自己的工作中。对于英特尔的六种品牌价值观，公司都定义了相关的行为，且对员工进行了专项培训，并规定了如何判断该价值观的表现。下文总结了英特尔如何培训员工应用“勇于冒险”这个价值观的相关过程。

英特尔利用内部沟通将其所有价值观与其使命、目标和战略联系起来。此外，公司的每个人都接受了为期一周的培训，高级经理解释了价值观如何与英特尔的成功联系在一起并强调了人们成为价值观行为榜样的重要性。

我们发现，勇于冒险是人们难以理解和应用的价值观。尽管他们的经理有良好的意愿，但员工发现自己却要因承担失败的风险而受到惩罚。在公司其他价值观的实际应用中，也出现了一些问题。因此，英特尔成立了价值观工作组，该工作组确定了每种价值观的五种关键行为。就勇于冒险的价值观而言，五种关键行为包括：

- 拥抱变化；
- 挑战现状；
- 倾听所有的想法和观点；
- 鼓励和奖励明智的冒险；
- 从成功和失误中吸取经验和教训。

英特尔发现，员工对于勇于冒险的某些方面仍然不确定。例如，“当风险可能对质量不利时，我如何冒险？”因此英特尔又提供了额外的工具，以帮助员工判断冒险行为是否恰当。例如，一项自我评估调查演变成了一项 360 度的核心管理调查，并在世界各地使用。在每种价值观的关键行为下，员工必须对自己进行评价，并让其他人对自己进行评价。例如，对于“鼓励和奖励明智的冒险”的关键冒险行为，员工的行为频率按以下方式进行评级：

- 未能明确界定期望和限制；
- 只奖励成功的活动；
- 告知不容忍失败；
- 提供的实施时间不足；
- 批评员工冒着未通过预先批准的风险并最终失败；
- 坚守明确的所有权和责任。

行为榜样和培训工具包的使用

英特尔寻找行为榜样——在价值观方面获得成功的人。他们的行为和技能的分析方式与本书前文所述的银行案例使用的方法类似。勇于冒险是英特尔的首要任务，也是第一种拥有自己培训包的价值观，该培训包含有 10 个项目，包括团队和个人练习、行为榜样的书面和视频访谈、有关具体问题的建议以及需要使用的更多资源列表等。

价值观“拥有者”

英特尔指定了一个行为榜样“拥有者”战略，而“拥有者”必须证明他们可以实施价值观过程，并招募想要成为“拥有者”的其他员工。劳里·普莱斯（Laurie Price）就是“拥有者”或价值观冠军，她为员工提供的课程讨论了以下两个问题：

- 你知道价值观是什么意思吗?
- 你的行为如何与价值观匹配?

测试结果不仅显示出员工对价值观有更多认识，而且显示出员工的表现有显著改进。最终，整个计划通过英特尔大学（Intel University）提供给所有员工。

行为榜样倡导者奖

年度奖项的所有提名都会被接受，但评选过程很严格，每年只颁发三到四个奖项。获奖者不仅必须证明自己是所有价值观的行为榜样，而且必须证明他们是直言不讳的倡导者。

英特尔本身就是一个行为榜样。英特尔提醒我们，让人们“将品牌视作自己的生命”是没有捷径可循的，需要精心策划和努力工作。公司必须采取一切必要手段帮助员工创造品牌文化。而员工则必须做好准备，承担影响评估品牌价值观表现好坏的困难任务。

奖励和认可品牌执行者

无论一家公司的员工多么忠诚和热情，每当公司引入一个新的流程时，他们都想知道这对自己来说意味着什么。员工如果因改变工作习惯而获得某种认可和奖励，总是会表现得更好。因此，要加速将个性特征融入企业文化，而且最好要考虑如何让员工获得认可和奖励。

奖励

公司通常会根据价值绩效发放一定比例的员工薪酬。例如，众所周知，通用电气将二分之一的激励薪酬与价值绩效挂钩，而李维斯设置了三分之一的激励薪酬。在李维斯公司，品牌价值观表现不佳一直是职场杀手，导致很多员工失去晋升和加薪的机会。将品牌价值纳入绩效管理和评估方案，确保价值转化为企业行为，使消费者看到并体验到一致性。这会影响消费者的认知，并对公司的品牌形象产生重大影响。此外，盈利能力也会得到提高。哈佛商学院的研究表明，实施“绩效提升文化”的公司的利润增长率比不实施“绩效提升文化”的公司高出几倍。

认可

激励员工在品牌价值方面表现出色不仅仅是依靠经济奖励。下面是我合作过的客户公司成功应用的一些方法：

- 行动榜样——寻找那些在所有价值观方面表现出色的人，以及那些在个人价值观方面表现突出的人。
- 首席执行官奖——用特别证书或纪念品奖励具有突出品牌价值观表现的人。
- 竞赛奖——奖励在品牌价值观方面表现良好的团队、部门、业务部门等。
- 公开宣传——利用公司通信和杂志公开宣传那些你想让你公司的每个人以及与你打交道的公司知道的表现出色的人。
- 客户认可奖——表彰公司中那些通过给客户提供卓越品牌体验而得到客户认可的人。
- 同行团体奖——让不同级别的同行提名和选择与品牌价值观相关的最佳奖项获奖者。
- 优秀团队奖——奖励对品牌价值观开发和实践作出的创新贡献。
- 品牌大使——挑选真正致力于品牌建设、受到组织中其他人尊重的员工，并给其机会参与品牌的管理维护过程以及分享自己关于最佳实践和成功故事的想法。在可能的情况下，让公司所在的每个市场的高级经理向公司最高管理层提出改进品牌执行的建议。

公司有义务帮助人们理解品牌并赋予品牌生命。除了前文所描述的战略协助和培训之外，企业文献也有助于创建品牌文化。

品牌手册

一些公司编制了手册，明确规定了利用公司品牌可以做什么、不能做什么。这些手册通常涉及品牌的视觉方面，通常被称为企业标识或视觉标识手册。这些手册对于品牌日常管理至关重要，并可作为广告、促销和其他机构的参考。

在员工参与计划中，品牌手册通常作为学习和培训工具编写，为员工提供指导。用于指导员工的品牌手册不同于营销部门和机构用于指导品牌外部沟通的视觉识别品牌手册。

品牌手册适用于所有员工，目的是解释品牌对组织内所有工作的意义。品牌手册通常在品牌发布活动或与品牌相关的培训活动中分发，员工有机会思考“品牌在我的工作中意味着什么”以及“我如何将品牌价值融入我的日常工作”。

品牌手册通常包括：

- 首席执行官关于品牌对企业未来的核心重要性的阐述；
- 公司使用的品牌定义；
- 强大品牌的案例及品牌给公司和员工带来的好处；
- 对公司选择的品牌愿景和个性/价值观（有时是定位）的解释；
- 员工如何在工作中赋予品牌生命的案例；
- 员工回答将采取什么行动“将品牌视作他们的生命”的有关问题。

品牌手册通过测验和其他方法激发员工参与互动，通常比纯描述性文字更有效。如果设计得当，色彩运用得当，其内容会在员工视线和头脑中停留，而员工也会倾向于更频繁地翻阅品牌手册。最好由部门级别的培训为品牌手册提供支持，以便每位员工都知道每种品牌价值对其工作的意义，并了解如何在日常工作中实施。许多公司现在都将品牌手册上传到公司内部网站，但是辅以纸质版作参考也仍然是有效的。

重复内部品牌传播

公司要以多种形式频繁地重复进行内部品牌传播，但要保持信息的一致性和相关性。一些公司通过海报、内部网消息、屏幕保护程序和其他内部品牌活动来进行内部品牌传播。不管是采用什么方式，关键问题都是，如果内部品牌传播只是偶尔的行为，员工可能不会认为这些信息很重要，而且也会缺乏动力。在内部发布品牌，如果仅仅通过一次盛会显示出为什么这个品牌如此重要，以及为什么每个人都需要了解品牌个性特征或价值观，然后就不再跟进了，那并不是一件好事。可悲的是，我看到了这一切的发生。每个人都很兴奋，然后动力慢慢消失，变成了另一个由管理层主导的事件，最后逐渐消失。

让员工专注于品牌的最有效方法是，将其以某种方式纳入奖励和认可系统（如绩效评估）或作为记分卡的一部分，其中包括基于品牌价值的相互约定的关键结果领域。这与持续、一致但更新的内部品牌传播相结合，将确保组织文化建立在品牌绩效的基础上。

客户服务须知

无论什么业务，客户服务在品牌传播中的作用都至关重要。我们如果想寻找提供不充分或不好的客户服务的后果，不必看得太远。位于华盛顿特区的技术援助研究项目研究所（Technical Assistance Research Programs Institute）曾发布的一些令人担忧的统计数据，显示了客户服务问题变得相当严重：

- 这几年的研究发现，关于服务的投诉增加了 400%。
- 96% 的客户不会告诉你有问题。他们只会去和别人做生意。
- 公司知道 1 个客户有问题，却不知道还有 26 个客户有问题。
- 一般有问题的客户会和其他 9 至 10 个人谈论这个问题。
- 13% 有问题的客户会将问题告诉多达 20 个人。
- 每一个客户有问题，将有 250 个人直接或间接地会听到对供应商的负面评论。
- 客户不再忠诚的主要原因之一是感到自己被忽视或不被尊重——事实上 68% 都是这种情况！如果客户感觉不被重视或不受到尊重，业务很可能会陷入困境。

积极的一面是，位于马萨诸塞州剑桥市的战略规划研究所（Strategic Planning Institute）发现，以卓越的质量和服务而闻名的公司都有以下特点：

- 平均提价 9%；
- 增长速度是一般公司的两倍；
- 市场份额每年增长 6%，而全部公司平均每年亏损 2%；
- 平均年回报率为 12%（研究期间的平均水平为 1%～2%）。

客户服务与员工的态度和价值表现相关。因此，客户服务培训不应依赖一般的人际关系技能课程，而应依赖专门的价值观表现课程。品牌价值应该建立在一般行为技能之上。我合作过的一些公司的服务人员不仅在如何应对客户方面训练有素，而且精通如何通过使用某些词汇和短语以及适当的肢体语言加强信任的感知，这取决于是面对面对话、通过网络对话，还是打电话沟通。

对优秀的客户服务来说，让员工有能力处理问题同样重要。如果培训人员必须将问题提交给更高级别的人员解决，那么培训人员理解和领会客户的问题又有什么用呢？现在，许多公司都允许一线服务人员采取直接行动，包括在现场解决问题时花费一定金额的费用。

但客户服务并不局限于一线员工和客户之间的互动。消费者心目中的“服务价值包”还包括许多其他方面，如：

- 保证、担保、回收以及退货程序和政策；

- 产品损坏或故障发生后的响应速度；
- 员工着装和个人展示；
- 员工的语调和语言风格；
- 书面回复时间以及信件和电子邮件的风格；
- 员工的产品和服务知识；
- 零售布局和橱窗展示；
- 客户友好的电话响应系统（在与客户代表交谈之前，至少提供菜单选项）；
- 呼叫中心专业知识和技能。

因此，企业需要通过语言和行动来传播和实现其品牌价值。影响品牌客户服务体验的所有这些因素都应以最佳实践为基准。例如，美国电话电报公司（AT&T）通用卡过去因以下原因而闻名：

- 每天收集和分析 100 多个客户满意度测量结果；
- 利用这些测量结果编制公司和部门指标；
- 在全球数值超过目标后，向所有员工发放奖金；
- 根据公司总指标发放奖金，使各部门相互配合；
- 每月打 5000 个客户电话进行后续采访，确保一切顺利。

对于非常了解员工参与的公司来说，还有一个好消息是，成功可以量化。例如：

- 《财富》杂志“最受赞赏的公司”在进行员工激励和品牌协调工作后，其股价上涨了 50%。
- 满意的员工离职率平均降低 30%，节省成本为每名离职员工年薪的 1 ～ 1.5 倍。
- 参与度高的员工拥有高于平均水平的生产力的可能性高出 38%。
- 英国银行的一项研究发现，员工积极参与的零售分公司收入增长（+6%）和利润率增长（+100%）更多。
- 通信效率显著提高，且市场价值增长 29.5%。

小结

总结一下本章的一些要点。

在通过员工参与建立和构建品牌文化时，需要牢记的问题有很多，主要的问题包括：

- 品牌战略必须在各个层面上都是清晰的，并且要解释清楚。

- 需要作出高水平的承诺。没有领导角色建模，任何内部品牌化过程都不会获得成功。
- 组织内外的消息传递必须一致。
- 当不同的群体为不同的客人服务时，让参与服务的每个人共同保持一致的想法。培训计划必须与部门相关，且必须与品牌战略明确挂钩。
- 员工参与在品牌化过程中的责任往往是品牌、营销、企业沟通、人力资源等之间的“无人区”。责任应该明确，最好的办法是通过品牌管理结构使其成为品牌行动计划过程的一部分。在第 10 章关于品牌规划和控制的内容中，我们将进一步解释这一点。
- 为了获得利益和克服挑战，最好将员工参与作为一个持续的过程，包括培训和其他组织变革活动，旨在确保所有员工理解和接受组织的品牌，并能够在组织内部和外部赋予其生命。其主要目的是，确保员工能够了解和分享品牌战略、目标和宗旨。
- 通过员工参与计划取得成功的最好方法是，建立基于品牌的文化。事实已经证明，这可以提高企业的绩效，创建能够达到并超过客户和其他利益相关者期望的组织。
- 员工激励是内部品牌化的主要优势之一，因为强大的内部和外部品牌有助于吸引和留住人才。

在下一章中，我们将重点讨论品牌管理的第三个主要领域，即品牌规划和控制，并讨论组织如何能够一丝不苟地维护品牌战略的实施。

第 10 章

品牌策划与控制

主要企业和/或产品品牌的首席执行官和/或经理面临的最大挑战是，通过战略和变革赋予品牌生命，并激励人们履行品牌承诺。这对于任何采用“企业品牌化”或“得到支持的品牌化”的品牌架构方法的企业来说都特别重要。上一章的重点是通过员工参与实现品牌战略背后的一致性，而本章将探讨如何通过仔细规划和控制品牌及其活动来实现战略实施。在品牌管理中有许多方面需要考虑，如果在某些方面做得不好，战略可能会失败。

品牌规划和控制的基本目标是，管理客户与品牌之间的所有接触点，以一致的方式将客户体验最大化，并力争比竞争对手做得更好。这可能是一项艰巨的任务，因为接触点数量众多，而且并不总是在品牌经理的控制之下。接触点可以从宏观和微观两个方面进行分析，这两个方面都将在本章中概述。我还将讨论品牌行动规划的必要性以及有效开展所有品牌管理活动所需的结构（一种或多种）。

品牌接触点控制的宏观方面

有多种方法和模型可以用来观察影响品牌战略以及品牌识别和形象更为宏观的方面。我使用的一种方法叫作品牌管理车轮，如图 10.1 所示。

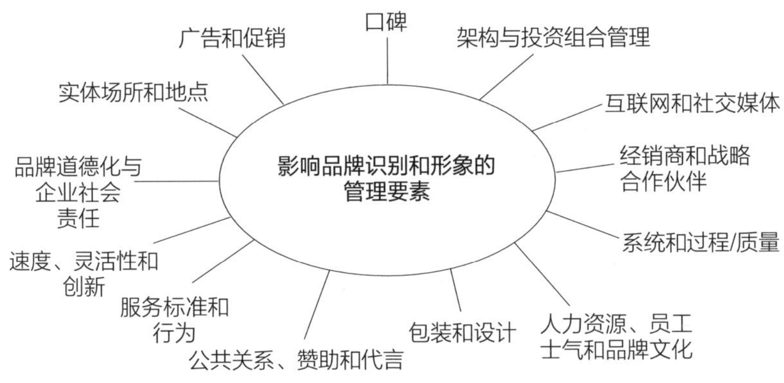

图 10.1　品牌管理车轮

品牌管理车轮

品牌管理车轮显示了影响消费者体验的更多接触点，必须小心管理。尽管世界上的顶级公司在使用自己的方法时都是一丝不苟，但很少有公司能做到这一点。正如品牌战略推动了品牌管理从中心向车轮的“辐条”方向发展，车轮的内部要素指导组织中的每个人在每个责任领域需要管理的内容。如果一家公司有明确的品牌战略，那么管理外部区域就容易得多。

在品牌愿景、品牌个性和定位方面没有明确的指导，就几乎没有希望在不同领域（车轮的“辐条”）之间达到品牌一致性，因为这些都需要在特定的基础上进行管理。结果通常会导致品牌形象混乱和相对较差。例如，缺乏明确定义的品牌战略意味着，一家公司委托广告代理来宣传其品牌时，对品牌所代表的内容、其品牌平台以及应对不同目标受众时应传达的关键信息知之甚少。我的一个客户问我，为什么广告公司没有像客户期望的那样描绘品牌信息。当我问客户是否给代理商提供了一份合适的品牌简介时，客户的答案是“是的”。但当我要求看简介时，客户说是口头的，不是书面的。客户对代理商的品牌定位或个性没有明确界定，所以广告创意团队对简介的解读与客户的期望不同。因此导致代理和客户之间不断产生误解。

下面我将描述品牌管理车轮的每个“辐条”，因为它们都与品牌经理的任务相关。

广告和促销

不使用任何广告是很困难的，但是一些公司经常受到诱惑使用战术广告，而不是形象广告。我的建议是将二者结合使用：使用战术广告来应对不断变化的竞争对手的动向和品牌特征、属性和创新；使用形象广告来构建一致的品牌信息。同样，为了实现这两个目标，也可以开展促销活动。但是，要谨慎使用促销活动，以免淡化品牌形象。频繁的“特价”和其他促销活动会使该品牌看起来很廉价。要确保任何联合品牌促销活动都与自己的客户群有关，并且在品牌匹配方面是适当的。在第 7 章和第 8 章中，我已详细解释了线上和线下传播。

最重要的是，在使用外部机构的服务时，简报文件应包含品牌战略的各个方面，以及创意和活动目标（如果相关）。现在，各大品牌都确保根据成果聘用代理商，而不是根据传统的收费方式。

实体场所和地点

你的建筑和办公室也代表着你的品牌，所以要确保它们是合适的，并且符合你所期望的消费者认知。例如，如果你的公司将品牌与创新联系起来，你需要考虑的接待区和销售点在设计和功能上是否具有创新性？

品牌道德化和企业社会责任

消费者现在要求企业和品牌在其行为方式上更加道德、真实和透明。人们现在很快就将各种原因归咎于组织，包括对环境的破坏、对动物的残忍行为、贫穷和其他许多方面。

年轻人尤其关注大品牌的力量和行为，这迫使许多大公司采用企业社会责任计划，回馈社会，而不是仅仅自己获利。

受适应消费者要求而进行的改革的影响，一些公司（如联合利华）现在已经完全改变了自己的组织结构，把重点放在可持续性上。正如联合利华公司所说："可持续生活计划（USLP）是我们实现业务增长愿景的蓝图，同时将我们的环境足迹与我们的增长脱钩，增加我们的积极社会影响。该计划设定了扩展目标，包括我们如何采购原材料以及消费者如何使用我们品牌的产品。"

随着消费力的增长，这种可持续性和品牌回馈社会的趋势将不可避免地继续下去。

速度、灵活性和创新

变革的步伐正在迅速加快，那些不具备速度、灵活性和创新特性的组织将无法长期生存。服装品牌 Zara 就是一个很好的例子（见案例研究 29）。

案例研究 29

Zara——即时时尚

Zara 是零售业速度、灵活性和创新的典范，通过在这三方面展示出的实力，Zara 已成为全球时尚巨头。Zara 隶属西班牙 Inditex 集团，于 1975 年开设了第一家分店，目前在 88 个国家拥有 2100 多家门店。

阿曼西奥·奥尔特加创立的 Zara 商业模式被他描述为“即时时尚”。这彻底颠覆了长期以来受主流时装公司青睐的传统的设计、生产和分销方式。时装的时间限制是设计的速度，传统的时装公司往往很少有设计师能花六个月的时间来完成新的设计，使得这些公司每年只能推出两三个系列。而 Zara 拥有一支庞大的设计师团队，这使得它能够对新趋势和消费者需求作出快速反应。

令人难以置信的是，Zara 每年完成超过 12000 种服装产品设计，每年生产 4.5 亿件时装，远远超过大多数时装零售商。为了实现目标，Zara 已经拥有大幅缩短产品生命周期的能力。事实上，从设计阶段到产品到达门店只需要两到三个星期。如果设计只是稍作修改，可能需要更少的时间，并且没有任何产品在门店里销售超过四个星期。如果一个产品证明没有按计划销售，那么将被撤回并停止生产。

每名 Zara 设计师一天最多可以创造五种产品。一个计算机化的库存系统可以提高产品进入门店所需的前进速度，该系统将生产大量 Zara 产品的工厂与门店连接起来。这一即时（JIT）系统并不是一个新系统（它最初是由丰田公司开发的），而 Zara 从其他行业借用过来，并将其用于显著减少持有大量库存的需要。

这种速度、灵活性和创新的结合使 Zara 成为一个非常强大的品牌，而且具有可持续的竞争优势。这自然也会给客户和公司带来一些好处。

对客户有什么好处？对客户有着有趣和积极的影响。第一，这意味着，Zara 的客户有一个新鲜产品来源可供选择。第二，客户知道自己买的任何商品都比其他商店的商品更“独家”，因为 Zara 的商品最多只能销售一个月。

对公司来说有什么好处？对公司的好处是，Zara 的客户每年平均会去门店 17 次，而顾客每年去其他时装门店只有三到四次。而且 Zara 频繁上新也会鼓励客户每次去专卖店时都要购买商品，因为客户知道产品只在短时间内销售。

Zara 也不需要大的营销开支。事实上，Zara 的营销预算几乎为零，Zara 更愿意把这些钱花在门店扩张上。与广告和促销的推动因素相比，客户的拉动因素是关键。Zara 通过与店内客户交谈并通过触摸手持设备上的按钮将他们对新设计或首选设计的意见反馈给总部，从而获得消费者洞察。

总之，这对 Zara 及其客户、供应商和物流合作伙伴来说都是一个双赢的局面。

随着技术加速发展，Zara 也会进入自己从未涉足过的其他市场，而创新也将不断增加，变革也将加快。

服务标准和行为

服务质量是品牌管理中最基本的要素之一，也是最难把握的要素之一。劣质的服务会永久损害一个品牌。必须对客户服务的各个方面进行持续密切监控。服务质量应被视为一个永无止境的过程，而不仅仅是一次性的培训课程。接触点分析和客户旅程映射越来越多地用于改善品牌体验，对此本章稍后将作详细讨论。

公共关系、赞助和代言

公共关系可以为品牌建设提供良好的信息来源，最好也应作为传播组合的一部分，在市场上助力积极宣传品牌，并应对危机。这在第 7 章中已有详细的解释。

包装和设计

设计越来越成为品牌的一个重要区别，因为真正吸引人的设计会产生情感力量。在定义产品的功能和先动优势时，设计也可以作为一种战略竞争优势，就像苹果的 iPod 和 iPhone 一样。在货架上挤满竞争品牌的商店中，包装遵循设计，吸引顾客，帮助公司产品脱颖而出。

人力资源、员工士气和品牌文化

正如第 9 章所讨论的，整个品牌必须被赋予生命。如果企业想要员工有良好的士气，鼓励他们走得更远，从而支持自己的品牌倡议，那就需要能吸引他们的企业文化。人力资源开发和管理的各个方面都必须参与进来，建立强大文化的最佳方法是专注于品牌——这将激励客户和员工。此外，拥有良好的品牌文化将吸引和留住人才。第 9 章已详细介绍了关于员工参与的内容。

系统和过程 / 质量

要建立一个强大的品牌，产品或服务必须具有最高的质量。只有像丰田这样的强大品牌才能从重大质量危机中恢复过来。为了保持最高的质量，系统和过程必须非常有效，且最新的技术和测试方法也必不可少。

经销商和战略合作伙伴

为了达到一定规模和市场覆盖率，许多品牌使用代理商、分销商和战略合作伙伴。在 B2B 业务中尤其如此。在 B2C 业务中，一种流行的方式是赋予特许权或发放许可证。无论选择哪种做法，都必须让所有合作伙伴彻底了解你的品牌，且重要的是所有合作伙伴要知道如何正确地代表你的品牌。如果分销商也代表竞争品牌，这可能很困难。品牌价值观的各个方面都需要被关注，这真的是一个“你的生活掌握在别人手中”的例子。当你把的品牌交给其他各方时，要确保他们能正确地代表你的品牌，并专注于与市场上的其他品牌做斗争，而不是与其他代表你的品牌的经销商做斗争。渠道代表性差异，导致一些公司如 Gucci 收回了所有的特许经营权。

对战略合作伙伴的培训和对这些业务的频繁监控应该是持续一致的品牌管理过程的一部分。

互联网和社交媒体

我在第 8 章中对互联网和社交媒体进行了详细的讨论，并强调所有品牌都必须具备线上和线下传播以及电子商务战略。

架构和投资组合管理

如第 4 章所述，由于许多原因，目前的趋势是将企业品牌与产品品牌和子品牌联系起来。

口碑

建立品牌最有力的方法之一是通过客户的推荐。谷歌、亚马逊和许多社交网络品牌都证明了这一点。客户宣传只能来自于一贯卓越的品牌体验。做正确的事，口碑将成为你建立品牌的最大武器。

我曾经在温哥华泛太平洋酒店有过很好的客户体验，从那时起，我就把这一体验告诉了成千上万的培训、咨询和参会人员。可以说，我已经成为一名品牌大使，如果有更多像我这样的人，那么口碑是如何成为一个强大的品牌建设工具就变得很清楚了。案例研究 30 也是一个很好的例子，说明了让员工参与品牌建设和管理可以取得惊人的效果。

案例研究 30

温哥华泛太平洋酒店

在与加拿大政府展开关于品牌化的对话时，我住在温哥华泛太平洋酒店，这是我从未忘记的经历。我住在这家酒店的第一个晚上，在酒店的餐厅吃了晚饭。第二天早上，我在大厅里散步时，一位工作人员叫我的名字，和我打招呼，说他希望我前一天晚上在那家餐厅用餐愉快。我不认识他，也不记得以前见过他，他当然也没有在餐厅里接待我，所以这真是个惊喜。

但在我逗留期间，工作人员对我的关注和对细节的关注仍在继续。我在离开之前，要求见总经理，因为我对这家酒店如何一直保持这么高的服务水平很感兴趣。他安排在吃早饭时见我。

当我问他这件事时，他说："如果你授权给员工，他们会做得很好。"他向我解释说，如果想在他的酒店工作，无论从事何种工作，申请人都可能需要接受 12 或 14 次面试！首先是他本人面试，然后是部门和科室 / 团队负责人面试，最后是申请人将要加入的团队的每个成员面试。所有这些面试的安排都是为了让每名员工都能感到舒适，并确定申请人对服务质量有正确的态度，以及可以与现有的员工相处得很好。顺便说一下，他们不是员工，而是"伙伴"。

他解释说，他的哲学是"根据态度决定是否雇佣，根据技能提供培训”。换言之，教新员工工作技能并不困难，但很难教他们对客户服务有正确的态度。

除此之外，无论成本有多高，员工都有权当场解决客户遇到的任何问题。最近在马来西亚的一次会议上发言时，我遇到了一个这样的例子。我正在讲泛太平洋的故事，问听众有没有人住过这家酒店。一位女士举起手说她住过。我问她这是不是一次很好的经历，她说太棒了。她到达酒店时没有带行李，因为航空公司把行李弄丢了，所以她几乎什么都没有。她接着向会议室里的几百人解释说，酒店立刻派了一位伙伴和她坐在一起，列出她所需要的一切，然后和她一起去不同的商店购买她列表上的所有东西。这对她来说是一次美妙的经历，她很高兴与大家分享这段经历。

这就是结果。在我完成的每一个计划或我参加的许多会议上，我都会讲这个故事。在过去的几年里，我已经把这个故事告诉了成千上万的人。听众中的那位女士也告诉了数百人。我们已经成为温哥华泛太平洋酒店的品牌大使。让客户成为你的品牌倡导者，这是建立你的企业和品牌的最好方法。

在一致性的基础上建立

伟大的品牌建立在一致性的基础上，包括所有运营领域的一致和适当的行为；然而，一致性只能来自明确定义的品牌战略。这就是品牌经理需要特别熟练掌握的方面。仔细分析车轮的“辐条”，问问自己和同事：

- 我们的品牌愿景和平台是否在书面声明中明确表述？
- 目前在影响我们持续管理品牌能力的每个领域都发生了什么？
- 需要做些什么来改进我们在各个领域的品牌管理？

品牌管理车轮的每一个“辐条”都至关重要，尽管有些辐条可能比其他辐条更与你的品牌相关。一旦你进行了分析并回答了这些问题，则需要制订行动计划，纳入任何必要或相关的改进，并经常与负责管理这些活动和保护品牌的所有人员一起审查车轮的所有“辐条”。品牌行动计划将在本章末尾讨论。

品牌接触点控制的微观方面

虽然品牌管理车轮有助于从更广泛的角度评估接触点的有效性，但也需要进一步深入了解客户和品牌之间的互动。这可以通过查看客户购买产品和服务之前、期间和之后的互相影响以及绘制沿该路线的客户旅程来完成。

在采购过程中，个人品牌—客户参与主要有三个方面。

购买前接触点：品牌接触点的集合，显著影响潜在客户在购买时是否会最终考虑你的品牌。这些接触点包括广告和促销、宣传手册、前往网点、与销售人员交谈、包括品牌网站在内的数字搜索、电子邮件、新闻发布会和贸易展览（如展台设计）。例如，在贸易展览上，如果你的品牌代表质量和热情的服务，那么你必须证明这一点。你必须展示如何表现自己，而你的促销材料和宣传手册必须具有高质量。在与客户洽谈时，你要倾听并关心客户的需求。这些都会对你的品牌口碑产生影响。

我们也可以将博客、杂志评论、专家意见、年度报告、招聘材料、新闻稿、赞助、代言等接触点纳入这一类别。

这一类别中还有一些活动不在品牌经理的控制下，如客户与朋友和家人交谈。然而，如果这些活动是在社交媒体上进行的，那么现在一些可用的指标可以告诉品牌所有者人们对自己的品牌的看法，但更多的只是总体上的看法，而不是个人的看法。

购买接触点：这些都是让客户从考虑你的品牌产品转变为到销售点购买你的品牌产品的接触点，可能取决于销售人员（如果在零售店）、商品宣传、经销商销售奖励或者互联网点评网站。例如，在零售店中，如何展示卖场的设计以及销售人员如何展示自己都是很重要的。销售人员的说话方式和语调以及产品标识等必须与品牌个性相一致。如果是网上购物，那么对于客户来说必须是容易和方便的。

在 B2B 场景中，购买接触点可能是对潜在客户的销售演示。因此，宣传手册、演示幻灯片的质量和内容以及销售人员表现自己的方式必须反映品牌的含义。如果品牌定位基于快速高效的解决方案，那么解决方案就应该证明这一点。服务也应该如此。如果一个潜在客户要求你回去处理他们提供的一些示范案例，你的响应时间应该反映出高效率。灵活性也是必不可少的。此外，当客户接受你的方案后，你需要快速处理订单。那时就轮到你的 IT 程序员和顾问来表现质量和效率的品牌价值了。销售流程的整个生命周期是购买接触点的一部分。

购买后接触点：这些接触点包括保修、担保和售后服务，如服务热线以及为解决客户的问题（包括退货）而提供和实施的解决方案的速度和友好性。事实上，任何可以促进加强购买决策并让客户成为自己品牌大使的事情都是购买后接触点。

一种可以清晰和确定地分析接触点的方法是客户旅程映射技术。

绘制客户旅程图

品牌经理可以通过绘制按照采购相关顺序开展的客户旅程、采用市场研究技术以及衡量与竞争对手相比自己在每个接触点上的能力来掌握广泛的接触点。

飞利浦创造了一个可以做到这些的接触点工具。例如，当一个年轻人购买诸如音乐播放器之类的消费电子产品时，飞利浦的研究发现，接触点按时间顺序如下所示：

- 决定购买该类别的产品；
- 看相关的广告；
- 与朋友交谈；
- 在互联网上搜索；
- 与家人讨论；
- 去零售店；
- 获取宣传资料；
- 听取或阅读专家意见；

- 比较各个品牌；
- 再次去零售店；
- 与销售人员交谈；
- 比较品牌产品特征；
- 比较价格；
- 再次与朋友交谈；
- 购买所选品牌的产品；
- 测试产品并了解特性和功能；
- 向家人和朋友展示所购买的产品；
- 证明自己所选品牌是正确的；
- 向朋友解释并推荐自己购买的品牌产品。

飞利浦对于所有可控制的接触点，都会与竞争对手的情况进行对比，并在必要时进行改进。

上述过程完成后，品牌经理可以开始制订行动计划。下面是建议采用的方法。

接触点行动计划

这是一种简单而有效的方法，可以确保客户获得良好的品牌体验，目的是列出自己的品牌与客户之间的所有接触点，并生成行动和改进的优先级列表。这可以在整个组织级别执行，或者在规模更大的组织的部门级别执行。

- 为了推进你的思考过程，请绘制从“购买前”到“购买中”和“购买后”的所有客户旅程接触点。包括任何“有影响的”接触点。
- 从列表中选择你可以管理和控制的所有接触点（在你无法控制的地方浪费资源是没有意义的）。
- 在这张列表中，评估与竞争对手相比，每个接触点当前的表现如何。评级 1—5，其中 1 表示非常差，3 表示良好，5 表示非常好。如果你没有进行任何外部的具体研究结果，那么可以通过自己的判断以及来自客户和员工的反馈进行评估。当你有疑问时，要对得分持批评态度。
- 向客户指出改进每个接触点的优先次序。分为低、中或高三个等级。当一个品牌接触点表现良好时（即得分为 5），为低等级。此时，几乎不需要为紧急改进制订计划，但是随着时间的推移，仍然需要监控其一致性。当一个品牌接触点表现良好时（即得分为 3 或 4），为中等级。此时，必须制订计划，以提高竞争力绩效，并保持最低水平的品牌传播。当一个品牌接触点表现不佳时（即得分为 1 或 2），为高等级。此时，则亟须制订计划来弥补所有不足。

下一个任务是，通过以下方式将上述细节转化为行动计划：

- 在行动计划工作表中根据优先级列出品牌接触点；
- 使用行动计划工作表记录改进每个接触点所需的目标、战略、详细计划、开始和结束日期、主要负责人、成本和资源，以及如何衡量改进。

这样的计划可以被批准和监控。通常品牌计划很可能因时间框架不同分为以下几类。

- 高等优先级，短期（1 ～ 18 个月）
- 高等优先级，中期（18 ～ 36 个月）
- 中等优先级，短期（1 ～ 18 个月）
- 中等优先级，中期（18 ～ 36 个月）

这种评估改进的方法并不是特别困难，它强调的是需要不断确保客户享受尽可能最好的品牌体验，尤其是比竞争对手更好的体验。如果不了解客户旅程，这是很难完成的。

接触点不是品牌行动计划的唯一来源。整个组织都需要参与这个过程，且需要采用一种结构化的方法。没有某种形式的结构化监护，品牌管理是不会有效的。

品牌管理结构的需要

谁负责品牌管理？

很多人问我："谁负责品牌管理？"我的答案是："每个人。"因为我已经明确表示，我希望一个组织中的每个人都可以对品牌形象产生影响。同样，每个部门和每名员工都可以并且应该帮助管理和保护品牌。然而，首席执行官必须推动这些工作，且应被认为正在推动这些工作，并且在很大程度上对结果负责。

首席执行官的角色

首席执行官尽管不能单独负责品牌管理，但必须从高层推动品牌化，并协助创造必要的条件，使强大的品牌管理得以实施。如果在高层面上没有强有力的领导，品牌经理推进工作会非常困难，因为他们通常缺乏影响成功所依赖的其他职能的权力，例如人力资源。确保正确建立品牌文化的最佳方法之一是，让首席执行官通过管理委员会以及其他品牌规划和控制实体参与建立过程。尽管品牌必须具有包容性，但始终是自上而下驱动的，因此只能通过结构化治理来保证遵循品牌原则。

建立品牌管理结构

品牌管理活动非常重要，必须对其进行结构化并提供支持，尤其是在高层面。其中一种结构如图 10.2 所示，图中的两个主要机构，即品牌管理委员会（BMC）和品牌工作委员会或工作组（BWC）负责实施、监控和改进品牌战略和最终形象。二者的主要作用如下：

品牌管理委员会（BMC）

由最高管理层/主要决策者组成。

品牌工作委员会（BWC）

由各业务负责人和其他人组成，以确保品牌愿景、价值观、个性和定位与整个组织级相联。向上传递为提升品牌而产生的想法。

各部门负责人

图 10.2　常用品牌管理结构示例

品牌管理委员会的作用

品牌管理委员会是非常具有战略意义的，通常可以是管理委员会或执行委员会的扩展，针对组织的业务和运营方面作出决策。其在品牌管理中的作用通常是：

- 确定其控制下的品牌架构，并确保整个组织遵守品牌原则和一致性。品牌原则包括防止引入与主品牌不相符的新标识和子品牌。品牌管理委员会还将确保批准的新品牌遵守品牌架构的规则。
- 建立和确认品牌战略的各个方面，为品牌传播活动制定战略方向。这包括涉及员工的内部传播和涉及各利益相关者的外部传播。
- 对影响品牌形象的重大举措，例如重大广告活动行使最终否决权。品牌管理委员会必须有权阻止任何可能对整体品牌形象产生不利影响的重大举措。这将保证可以向各利益相关者和市场传达一致的品牌形象。
- 审查和监控所有内部和外部品牌传播绩效。包括内部品牌传播（如时事通讯、内部网、电子邮件、海报活动、竞赛等）以及外部传播（如企业视觉标识、公共关系、赞助、活动管理、企业网站、网站使用等）。
- 就品牌化问题向各小组委员会提供建议，即将确保各小组委员会提出的所有决策符合组织的品牌战略。

- 批准联合品牌、战略联盟和主要合作伙伴计划。这可以保证所选择的与组织合作的合作伙伴品牌不会向品牌转移任何负面因素，同时，应该从与其品牌合作伙伴相关的一些积极关联中获益。
- 负责选择和介绍未来品牌合作伙伴的相关方面。这可以确定未来的品牌合作伙伴了解品牌的价值和识别，并有助于防止它以任何负面的方式歪曲品牌。
- 评估和批准品牌工作委员会提出的所有品牌计划。品牌管理委员会将优先考虑并过滤提出的各种品牌相关举措。这有助于优化资源的使用和预算的利用，并最大限度地增加对企业形象的影响。
- 为品牌发展配置财务资源，即品牌管理委员会将评估品牌工作委员会提出的计划和预算。对于经品牌管理委员会批准的计划，品牌管理委员会将把相应的预算提交企业管理委员会或董事会批准。每年与品牌相关的支出通常会在一份预算中提出。
- 对组织的竞争识别和品牌在所有市场的定位负责。这包括批准所有对品牌的塑造和定位产生影响的业务和市场开发活动。为了开发新的市场，品牌管理委员会必须考虑新的子定位问题。
- 确保所有品牌计划的报告和跟踪机制都已到位。必须确保收到对品牌有影响的所有计划的更新。此外，还必须跟踪随着新竞争对手的加入和各种计划的实施对品牌的认知正在发生怎样的变化。这样能够监控已经引入的各种与品牌相关计划的有效性。

- 负责确保所有品牌化活动与所有绩效管理或记分卡系统相关。

品牌工作委员会的作用

品牌工作委员会的主要目标是，向品牌管理委员会提供品牌的运营信息和全面的品牌行动计划。品牌工作委员会提供信息，并对市场调查、客户关系管理、品牌跟踪、设计和包装、所有品牌传播、新产品开发等主题的要求作出响应。

品牌工作委员会还负责确保组织中的每个人都接受过品牌含义以及如何发挥其作用的培训，培训范围从组织中较低级别的个人到所有部门、职位和级别。创意生成团队收集大量的计划和想法，并按优先顺序将其提供给品牌管理委员会，其时间尺度和衡量标准允许品牌管理委员会对所有主要品牌活动作出明智的决策。例如，在一个特定的公共部门组织（海事行业监管机构）中，在新成立的品牌工作委员会与所有部门负责人举行了为期半天的创意会议之后，发现了超过 130 种改善该组织品牌形象的可能性。然后，将其分为短期、中期和长期时间框架，并从这些想法的结果、如何衡量这些想法的成功、谁将领导这一过程、需要多少资金和人力等方面获得更多细节。像这样具有咨询性和创造性的会议，回报可能会非常高，最终结果也确保了组织品牌履行承诺和获得认同。

有的品牌管理委员会可能每季度召开一次会议，但是应该倾向于每月召开一次会议，因为有很多工作要做。这种详细的工作需要一个团队的所有人参与，效果也很好。品牌管理委员会有要进行哪些计划的最终决定权。更重要和更具影响力的想法可能会促使政策也要发生变化，品牌管理委员会可能需要将这些想法提交给更高的审批机关，如执行层面或董事会层面。过去当我做这些安排和建立这些结构时，我发现最好将品牌管理委员会与政策决策机构联系起来，以促进发展。这可以通过让品牌管理委员会议程支持执行委员会或董事会的议程来实现。有时效果很好，因为高层人员的职位通常是相似的。

在更大的组织或行业中，可能有几个品牌工作委员会专注于不同的变革和品牌改进领域，如传播、企业社会责任、内部员工参与等。

最后要提到的一点是，品牌工作委员会的每个高级代表都应是品牌管理委员会的成员，或至少是能参加品牌管理委员会会议的人员，以确保就要讨论的项目进行良好的沟通和理解。

对两个委员会来说，最重要的任务之一是制订、实施和审查品牌行动计划，确保优先事项的活动得到应有的重视，一切都能适当地加强品牌战略。

案例研究 31 就描述了一家了解强大的品牌监护和管理结构需求并确保其实施的公司——飞利浦。

案例研究 31

飞利浦

品牌理念：实现品牌监护

飞利浦前总裁兼首席执行官杰拉德·柯慈雷（Gerard Kleisterlee）明确表示，他致力于通过强大的飞利浦品牌创造价值。他不认为创造商业价值和品牌价值是不同的过程。他认为，创造价值的方法是比竞争对手更好地了解消费者，并将这种技能视为营销职能的核心。

目前飞利浦创造品牌价值的很大一部分工作是通过公司加强整体营销能力完成的。飞利浦认为，品牌之所以重要，是因为它能够作出强有力的承诺，使人们能够选择自己的产品、工作和股票，而不是市场上其他参与者的产品、工作和股票。

当时，飞利浦的品牌价值概括为“感觉和简单”。正如柯慈雷任职时公司网站上所解释的：

> 如果技术的存在有助于使我们的生活更容易和更有成效，那么，为什么总是如此麻烦，充满了复杂和挫败感？在飞利浦，我们相信技术应该和产品包装盒一样简单。正是这种简单性把任务变成了机会，把负担变成了

一种乐趣。因此，我们致力于提供易于体验的围绕客户设计的和先进的产品与解决方案。简单性可以成为技术的目标。这也是飞利浦的目标。

这代表着飞利浦有能力通过其广泛的产品、创造性的工作以及不懈的努力成为社会一部分的方式来提高人们的生活质量。因此，飞利浦认为自己与市场上的其他品牌有明显的区别。

品牌管理结构

品牌资产委员会（BEB）是飞利浦公司内最高的营销机构。其任务是清楚地阐明公司的基本价值观，然后为这些价值观创造出在公司内部持续应用的方法。品牌资产委员会对品牌资产的“一致”定义是“提高品牌对利润和市场估值的持续或潜在贡献的净现值的积极关联”。

飞利浦特别开设了一门课程，从而充分利用其品牌的力量，增加其资产。这一过程始于品牌资产委员会和全球品牌管理委员会（GBM）的成立，并随着品牌管理作为企业核心流程的引入而得到激励。

这一过程的关键驱动力是总裁兼首席执行官本人，他宣布：

飞利浦品牌是公司的一项重要资产，对其进行正确的维护和发展对于公司实现目标至关重要。作为公司核心流程的加入体现了管理委员会重新强调品牌及其价值的明确意图。

品牌资产委员会成立于1999年年中，当时飞利浦确定需要一个跨部门实体来协助加强品牌资产和分享最佳实践。品牌资产委员会一开始只有11名成员，代表每个消费品部门、各区域组织和公司员工。品牌资产委员会的主席是总裁兼首席执行官。

品牌资产委员会的目标是，确保品牌管理战略和政策的制定与公司一致，从而给予公司业务充分支持并加强部署。

品牌资产委员会的使命是，通过以下方式“为飞利浦建立优质品牌资产”：

- 开发方法和手段，建立一个平衡的、有凝聚力和相关的市场面，并与我们的利益相关者建立更深入、更重要的关系；
- 建立网络，打造具体流程，严肃纪律，产生协同效应，从而在飞利浦全公司范围内利用品牌的力量；
- 通过更强大的客户和市场导向，培养并加强飞利浦公司文化。

全球品牌管理委员会支持管理委员会制定品牌战略和管理飞利浦集团品牌组合的问题。全球品牌管理委员会制定和监控全球品牌标准和指导方针，并促进各种业务和地区制定适当的品牌目标以提高公司的营销能力标准。

全球品牌管理委员会的使命是，通过确保飞利浦品牌的发展和保护来增加其价值，并鼓励在公司内加强对消费者/客户的关注。

全球品牌管理委员会的目标是：

- **品牌战略：**通过创建品牌平台以及企业和部门的举措，为品牌的发展设定标准和目标。
- **制定全球标准和目标：**全球品牌管理委员会与部门和地区协商制订适当的营销计划，以实现品牌目标；在存在差异时向企业管理委员会提出建议，并制订相应的计划。
- **能力建设：**通过培训、分享最佳实践、为关键相关人员招聘提供建议以及代理关系管理，创造公司的整体营销沟通能力。
- **品牌健康报告：**与管理委员会一起进行季度品牌健康评审。这些定期会议的目的是，审查核心战略能力建设的进展情况。

小结

很明显，世界上最好的品牌都非常重视品牌管理。像飞利浦这样的有知名品牌仍然在继续努力进行品牌管理。刚开始做品牌推广的公司有时会发现，组织完全转变的情况经常会发生，但品牌管理的目标很明确，即努力为每个客户提供一贯非常好的品牌体验。

为了最大限度地改善客户体验，需要在宏观和微观层面进行接触点分析。接触点不仅数量众多，而且也可以是多种多样的、虚拟的或实体的。品牌经理的工作就是，在控制的所有接触点上努力超越竞争对手。这是一个持续不断的过程！

正如世界领先的化工公司巴斯夫表示，“通过不同的品牌接触点，巴斯夫品牌每天都证明自己具有连通性、创新解决方案、增值合作伙伴关系和可持续性。为了保持和加强我们作为世界领先化工公司的地位，需要专业的品牌管理”。该公司还表示，“这有助于我们的客户对自己的购买决策和我们的公司价值满怀信心”。

品牌管理过程的最后一步是测量结果，最有效的方法是跟踪品牌价值。品牌价值评估现在已成为全球重要的业务，下一章将介绍品牌管理活动这一重要领域的最佳实践。

第 11 章

衡量品牌成功：市场调研和品牌价值评估

在第 10 章，我们研究了品牌经理角色的复杂性，以及在关注品牌战略大局的同时每天关注对品牌产生影响的一系列变量的精细控制是多么重要。

除此之外，我们不能忘记，品牌建设和管理的全部目的是为了提升品牌价值。尤其是当消费者的应激反应不断变化时，持续跟踪自己的品牌在竞争中的有效性至关重要。我不会在这里讨论很多著名的衡量品牌有效性的方法，因为大多数读者都了解这些方法。相反，我将在本章的大部分内容中讨论品牌价值评估，因为它在有效衡量品牌影响、帮助品牌经理准确跟踪品牌成功和对未来作出更好的决策方面具有更大的潜力。

持续跟踪品牌绩效

品牌经理可以通过跟踪许多项目来帮助自己评估其品牌在市场上的表现，以及某些市场干预对其品牌资产的影响。例如，可以根据广告支出、定价政策、产品发布和店内促销跟踪采购、消费、品牌和广告知名度。此外，通过跟踪人口统计数据，品牌经理可以评估营销活动是否影响目标消费者群体。

一些公司还通过跟踪与竞争对手相比自己的品牌价值或个性特征等，来确定自己现在是否处于优势地位。有很多研究方法可以涵盖这些有趣的方面，我给所有想成功追踪品牌的公司的建议是衡量几个变量。在第 5 章中，我描述了品牌成功的情感阶梯，并且指明可以测量阶梯上的每一个步骤。特别值得关注的是信任和忠诚度的衡量，因为这两项指标很好地表明了品牌的实力。此外，许多公司现在衡量客户的终身价值，作为客户关系管理举措的基础。

品牌成功的情感阶梯尤其适合衡量品牌资产。已经据此开发出来市场研究工具，用来衡量品牌对消费者、合作伙伴或其他对品牌成功至关重要的人的总体影响。其中一种方法被称为“品牌空间”（BrandSPACE），考虑到人脑的左右脑在理性和情感活动方面的不同功能。品牌捕捉消费者的心灵非常重要。这意味着，品牌主张应理性维度与情感维度相结合，并衡量其有效性。

图 11.1 品牌空间 心灵与思想模型 *

* 由唐波拉尔品牌咨询有限公司为 Intage（泰国）有限公司开发（http://www.intage-thailand.com）。

品牌空间研究工具（如图 11.1 所示）可衡量其有效性，并且具有以下作用：

- 通过跟踪品牌在消费者心目中的位置，了解品牌战略是否有效。
- 评估品牌与目标受众之间的情感联系水平。
- 在激烈竞争的情况下，提供有助于提高品牌定位的深刻见解。
- 提供指导方针，微调品牌形象，保持竞争力，实现品牌目标。

- 跟踪品牌表达和传播的有效性。
- 除了市场份额之外，还监控心灵与思想份额。

这个品牌管理工具中一个有趣的部分是激情记分卡（Passion Scorecard）。激情记分卡确定了需要重点关注的关键领域，以加强品牌与客户的关系，如品牌表达和传播、竞争优势、客户满意度和品牌价值 / 个性。

研究品牌资产还有许多其他着眼于品牌的理性和情感影响的方法。越来越多的公共和私人部门品牌不仅对评估品牌资产感兴趣，而且对评估品牌的财务价值以及在品牌价值排名或指数中所占据的位置感兴趣。

其他用于评估品牌健康和实力的研究包括年度调查，如第 5 章所提到的哈瓦斯集团对有意义的品牌进行的调查。哈瓦斯表示："'有意义的品牌'是第一项全球性品牌研究，展示了生活质量和幸福感如何与商业层面的品牌联系起来，并衡量了品牌给我们生活带来的好处。'有意义的品牌'在规模和范围上都是独一无二的；覆盖了 1000 个品牌、30 万人和 12 个行业的 34 个市场，其中在英国的研究覆盖了 168 个品牌和 19429 名消费者。"哈瓦斯还表示："研究涵盖了人们生活的方方面面，包括品牌对社会（为经济或就业所作贡献）、我们的个人福祉（健康的生活方式、与朋友和家人的联系、使我们的生活更容易、健康和幸福）和产品性能（价格、质量和其他市场驱动因素）的作用……一个有意义的品牌是由它对我们的个人和集体福祉的影响及其功能益处来定义的。”哈瓦斯的报告还包含一些有趣的发现，如“品牌营销可以从我们的钱包中多掏出 9 倍的钱”。品牌所展示的意义和目的对人们的健康也至关重要，75% 的人希望品牌能为自己的健康和生活质量作出更大的贡献，但只有 40% 的人相信品牌实际上就是这样做的。

许多其他市场研究公司也提供了评估品牌健康和成功的各个方面的措施。而品牌经理通常会使用多种方法跟踪进展。然而，我想把这一章的重点放在如何跟踪品牌价值上，这是最重要的，也是最终的真正价值所在。

品牌价值评估的背景

在 20 世纪 80 年代末，许多投资分析师和基金经理仍根据传统的财务健康衡量标准，主要是每股收益、股息收益率和资产负债表中的资产价值作出投资决策。但这些衡量标准可能会从根本上错报公司价值。

确认品牌和其他无形资产价值的主要动力来自 20 世纪 80 年代的企业掠夺者和资产剥离者，他们以有多个品牌的公司为目标，支付远远超过其净资产价值的价格。因此，这产生了巨大的"商誉"价值，必须加以考虑。这为许多表现不佳的公司的董事会敲响了警钟，因为董事们意识到，显然需要一种对品牌进行会计处理的方法，这种方法可以确认其在资产负债表上的真实价值，并避免随意注销损害投资者的认知。

拥有品牌的公司的全部价值既没有在账目中明确显示，也没有总是反映在股票市场价值中的这种意识，导致了对无形资产（尤其是品牌）重要性的重新评估。而这反过来又引发了这样一个问题，即如何对这些资产进行价值评估和披露。会计行业只部分适应了无形资产是价值的主要驱动力的世界，而企业领导者和投资商启动速度更快。

尽管经济形势动荡，但并购仍在继续，品牌在这一活动中也继续发挥着重要作用。2000 年，法国电信斥资约 300 亿美元收购了一个仅存在 6 年的手机品牌。在法国国内市场上，Orange 的客户获取率、保留率和使用率都高于竞争对手——这都是成功品牌的关键因素。Orange 已经获得了将其定位为生活方式品牌的神奇成分。这样的例子让特定品牌的价值进入公共领域，但大部分无形资产价值仍然是"不上资产负债表的"，然而品牌和其他无形资产在许多行业中贡献了大部分股东价值。

在世界上大多数股票市场，高达 72% 的公司价值可能不会反映在已公布的资产负债表上。这个百分比因行业而异，但强调了无形资产的重要性，无形资产“无法解释的价值”品牌具有重要的地位。专利、客户名单、许可证、专有技术、主要合同等其他无形资产也发挥着作用。例如，专利是制药行业价值的主要组成部分。

投资者和商业领袖已经认识到，品牌是企业价值的主要驱动力。营销人员越来越多地使用品牌价值评估模型来推动营销规划；然而，他们应该更进一步。投资者需要并希望更大程度地披露品牌价值和营销绩效。品牌经理和营销人员应在确保此类信息充分传达给投资者方面发挥主导作用，而不是等待法定披露要求赶上实际情况。

目前的发展

在过去的十年中，品牌价值评估已成为用于达到以下目的的主流商业工具：

- 并购规划；
- 税务规划；
- 贷款证券化；
- 特许经营；
- 投资者关系；
- 品牌组合评审；

- 营销预算的确定；
- 资源配置；
- 战略营销策划；
- 内部沟通。

一个特别的趋势是，越来越多地使用品牌价值评估方法作为辅助品牌和营销管理的工具。这里的重点是提高营销工作的有效性和协助进行品牌管理。其中一个主要益处是，品牌价值评估模型与公司的商业模式有关，并提供一个整个组织和投资者都能理解的财务衡量标准。

精心构建的品牌价值评估将市场研究、竞争数据和对未来业绩的预测结合在一起。这增加了对品牌价值以及对每个细分市场需求的贡献的理解，并确定了利用品牌的机会。动态品牌价值评估模型可用于场景规划。

在每一个关键市场细分中对品牌进行财务价值评估的能力并不是价值评估研究的唯一成果，其他成果还包括：

- 研究需求驱动因素产生了有助于作出一系列决策的信息，包括投资组合规划和产品定位。也有助于确定广告信息的重点。
- 识别业务模型中的因果关系有助于提高广告效果。
- 竞争基准研究是未来收益风险评估的一部分，提供了一个衡量品牌在各个细分市场中与竞争对手抗衡的实力指标。

品牌经济学

品牌如何让价值增加？从经济角度来说，答案很简单：品牌对需求曲线和供给曲线都有影响。

在需求方面，品牌使产品能够在给定的销量下获得更高的价格。强大的品牌也可以增加销量和降低流失率。在某些情况下，价格和数量的影响是同时实现的。几年前《经济学人》杂志上的一个案例是关于美国通用 Prizm 和日本丰田卡罗拉这两种车型的销售。这两种车型几乎相同，并来自同一条生产线，具有相似的分销和服务水平。然而，卡罗拉却以 8% 的溢价交易，销量翻了一番。

品牌也通过与消费者的关系产生更稳定的需求，这有助于建立进入壁垒。与消费者的关系是由功能和情感共同决定的。在功能方面，品牌通过保证质量来确保获得消费者的认可并进一步协助消费者作出采购决策。从情感的角度来看，品牌满足了渴望和自我表达的要求。这在奢侈品和时尚领域最为明显。

近年来，品牌化重要性不断提高的一个好处是，能够将与品牌相关的权益或价值转移到新的产品类别中。为了有效地进行品牌延伸，品牌的核心价值观必须以形象为基础，而不是以产品为基础。

虽然有许多成功品牌的例子已经取得了显著的价格溢价或更高的销量，但是品牌化对供应曲线的影响往往被忽略。品牌倾向于使供应曲线向下移动，原因如下：

- 大宗的贸易以及消费者的认可度和忠诚度，降低了销售转化成本，从而提供更优惠的供应商条款；
- 降低员工招聘和留用成本；
- 降低资本成本；
- 通过提高产量实现规模经济。

确定你的品牌（或客户的品牌）对商业模式的影响，并监控战略是否成功地提高品牌的价值是一大挑战。下面我将继续研究品牌价值评估的最佳实践，并更详细地解释其方法。

品牌价值评估的最佳实践

有很多方法可以用来评估品牌的价值。但基于成本的品牌价值评估很少被使用，因为创建一个品牌的成本与其当前价值几乎没有关系。这方面的一个例外是，对于新成立的品牌，基于市场和收入的方法本质上是投机性的。由于缺乏比较数据和品牌具有独特性，所以用基于市场的比较作为品牌机制评估的主要方法并不令人满意。然而，在可行的情况下，市场比较有助于进行测试或证实初级价值评估。基于收入的品牌价值评估方法，特别是特许权使用费减免方法往往为金融和法律界所青睐。

这种方法基于这样一个假设：如果一个品牌必须从第三方品牌所有者那里获得许可，将根据使用该品牌的特权收取净销售额的特许使用费。通过拥有品牌，避免了此类特许权使用费，从而提供了经济效益。特许权使用费减免方法包括估算品牌产生的未来销售额，然后应用适当的特许权使用费率得出未来几年品牌特许权使用费收入，即品牌价值。

特许权使用费减免方法尽管在技术上是合理的，但对品牌创造价值的方式和地点几乎没有任何涉及。因此，这一方法可能是为资产负债表或税务目的对品牌进行价值评估的适当方法，但对于希望将品牌价值用于战略目的的营销总监来说其用途有限。

品牌贡献有时被称为战略品牌价值评估，即把消费者研究和竞争分析与品牌的预测收益相结合。因此，除了通过市场细分来确定品牌价值外，品牌贡献为品牌管理提供了基础。由于市场营销人员对这种方法最感兴趣，因此本章将对其进行更详细的讨论。

为了使品牌资产具有商业价值，就有必要将其与商业影响联系起来。为此，进行品牌贡献分析，以确定品牌对品牌产品或服务产生的整体经济价值的总贡献。品牌贡献分析所解决的关键问题是：在所讨论的时间框架内，品牌资产带来的增量经济效益（品牌贡献）是什么？

为了解决上述问题，使用市场研究方法来确定相对于概念上的无品牌等价物品牌对选择的影响有多大。

为了预估品牌对企业绩效（品牌贡献）的影响，有必要将品牌增量效应产生的收入和利润与没有品牌时可能产生的影响（即没有固有品牌资产时的一般替代品）分离开来。

可以使用两种基本的市场研究分析，即用联合分析和股权驱动因素分析来解决这一问题。这两种分析方法都需要使用统计技术，以确定所分析品牌的价格（或数量）溢价。偏差或增量品牌效应与金融业务价值驱动因素有关，并让价值评估师可以得出品牌对企业作出的财务贡献的货币价值。

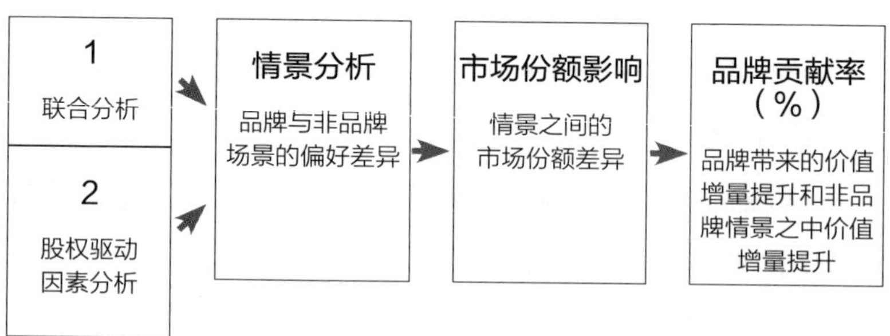

图 11.2　概念框架快照

将这些技术放在一定环境中

通过对这些价格 / 数量溢价的解释，我们得出了一个相对简单的概念——从价值角度评估拥有一个品牌对企业的影响。这不是出于资产负债表或税务目的的技术资产价值评估，与其他品牌价值评估方法有着相当重要的区别，营销人员通常对品牌给企业带来的贡献感兴趣。

重点在于拥有品牌所获得的回报——品牌现在和将来对企业的贡献。该框架基于对预测财务绩效的贴现现金流（DCF）分析，分为各相关价值组成部分。根据国际会计准则的要求，贴现现金流方法与财务分析师评估股票和会计师测试固定资产（有形资产和无形资产）减值使用的价值评估方法一致。值得注意的是，特许权使用费减免方法也基于贴现现金流技术，在这种情况下，现金流是名义上的未来特许权使用费，而不是品牌对企业的增量贡献与通用替代品。

重要的价值评估考虑因素

虽然品牌价值评估可以根据历史收益的倍数进行，但很明显，过去的业绩并不能保证未来的业绩，投资者的价值判断是根据预期的未来回报进行的，而不是实际的历史回报。然而，历史结果对于准确的价值评估至关重要，主要是因为其提供了有助于更准确预测未来的信息和数据关系。

因此，基于预期收益的价值评估是品牌金融咨询公司 Brand Finance 的首推方法，但需要注意的是，预测必须可信。如果预测是可信的，那么价值评估结果既稳健又可行。本章后续内容将研究进行品牌价值评估时的关键结构考虑因素。

财务预测

通常情况下，对三至五年期间的明确预测用于此类价值评估，并且应与内部管理计划预测相同。与任何基于收入的价值评估方法一样，品牌价值评估的一个重要部分是确保预测是可信的。

预测收入

宏观经济回顾

有必要对品牌所在的每个市场进行广泛的尽职调查，以确保价值评估考虑到可能影响品牌需求水平的所有宏观经济因素，如可能包括技术、结构、立法、文化或竞争宏观经济因素。品牌价值评估工作需要考虑市场整体以及被评估品牌的数量和价值的可能趋势。这通常涉及品牌价值评估团队和内部竞争对手分析、企业战略、市场研究和营销部门之间的详细讨论。

微观经济回顾

有必要考虑历史上影响品牌在各个市场表现的因素。这可能涉及计量经济学模型或其他形式的关于过去绩效的统计分析，从而显示某些因果变量如何影响收入。

品牌化的一个关键问题是了解营销总支出、定价和销售结果之间的因果关系。了解不同媒体对整体销售水平的相对影响同样重要。因此，品牌价值评估团队的任务是确保在建模和分析过程中正确考虑品牌和营销因素，并使用结果获得最合适的预测销售价值。

同样，用预测价格弹性研究来预测价格对销售的影响也是合适的。这种类型的价格弹性模型通常基于大样本定量研究，以提高未来销售预测的准确性。如果还没有做到这一点，品牌金融咨询公司 Brand Finance 建议通过品牌价值评估过程的输入以协助提高预测收益。

预测成本

必须充分了解预测成本的确定依据。品牌价值评估师需要确认成本分配的基础在当前和预测的基础上在每个地区、产品或客户细分市场之间是否合理。

市场细分

在应用价值评估框架时，最关键的任务之一是确定用于价值评估目的的市场细分的性质。然后，重要的是要确定内部财务和营销数据以及外部市场和竞争对手数据是如何以适合所选市场细分的方式获得的。有效市场细分品牌价值评估的原则如下：

- 具有同质的地区、产品和客户分组，以确保价值评估与确定的目标市场相关；
- 具有在每个细分市场中明确定义的一组独立竞争对手，以确保自己与这些竞争对手进行同质比较；
- 提供市场研究数据，以匹配所选市场细分。

选择基于产品或客户分组的集合，从而掩盖重要的潜在差异，这没有什么意义。同样，选择一个特定的详细市场细分也没有什么意义，这样不可能获得适当详细程度的数量或价值数据。如果没有这些数据，就很难（如果不是不可能的话）估计相对市场份额，并将业绩和预测与竞争对手进行比较。

品牌价值评估的成功很大程度上取决于相关市场细分的选择和规划以及合适数据的来源。与客户市场细分相关的一个难题是，在广泛的分类之下，存在许多更具体定义的人口统计学、社会经济学或心理学子分类。市场营销和市场研究团队很可能希望为新产品开发或通信规划“深度探讨”更详细的内容，但出于实际原因，可能需要将价值评估提高到更高、更汇总的级别。因此，品牌价值评估团队需要确保价值评估的细分从更详细的基础细分（如果使用的话）逐步上升。

与产品细分相关的另一个难题是，每个产品组的数量或价值衡量标准可能难以获得或不可能获得，特别是在欠发达国家或定义明确的产品和服务领域。在某些客户群体中，由于可能未提供竞争对手数据，因此很难获得总市场规模的可靠数据，这种情况很常见。因此可能需要一种务实的方法和一种填补数据缺口的中期战略，使随后几年的价值评估具有越来越高的详细比较分析水平。

在选择和填充所选细分和数据方面存在困难，这突出了在规划和构建品牌价值评估方面需要谨慎和经验。

评估品牌特定风险

品牌价值评估的最后一步是确定贴现现金流分析中使用的适当折扣率。品牌金融咨询公司 Brand Finance 已经开发出一种确定折现率的方法，以适应资本资产定价模型。适当的折现率是根据第一性原理（First Principles）建立的，如下所示：

- 折现率 =（ BrandBeta® 调整后的股权成本 × 股权融资比例）+（债务成本 × 债务融资比例）

- BrandBeta® 调整后的股权成本 = 无风险利率 +（权益风险溢价 × 部门 Beta × BrandBeta®）
- 品牌特定风险溢价

股票风险溢价是指股票市场对无风险利率的中期超额收益。这可以从投资数据提供机构和一些风险评估服务中获得。而部门 Beta 也可以这样获得，部门 Beta 是用于确定进行审查的部门中所有品牌的平均折扣率。

考虑到特定市场中不同品牌的相对优势，部门特定的折扣率被细化。品牌金融咨询公司 Brand Finance 称之为“BrandBeta® 分析”，这基于关键的品牌相关标准，通常公开提供数据，或者相关品牌可能提供数据——从品牌金融的角度来看，这些标准是品牌实力的最佳指标。品牌类型的基本列表衡量品牌金融 BrandBeta® 的用途，如表 11.1 所示。必须强调的是，在每种情况下都要对这些属性进行评估，以确保对特定部门的风险措施进行最适当的分组。

表 11.1　BrandBeta® 评分框架的基本示例

衡量标准		属性	分数	重要性
输入（20%）		产品 /CX 投资	XX	5.0%
		分销	XX	5.0%
		线上形象	XX	5.0%
		市场营销和广告支出	XX	5.0%
品牌资产（50%）	消费者（35%）	熟悉程度	XX	5.0%
		考虑因素	XX	7.5%
		偏好	XX	7.5%
		满意度	XX	7.5%
		建议 /NPS	XX	7.5%
	员工（5%）	员工分数	XX	5.0%
	财务（5%）	信用等级	XX	2.5%
		分析师建议	XX	2.5%
	外部（5%）	情绪指数	XX	1.25%
		社区	XX	1.25%
		治理	XX	1.25%
		环境	XX	1.25%

（续表）

衡量标准		属性	分数	重要性
输出（30%）		收购 / 净增加量	XX	5.0%
		保留 / 忠诚度	XX	5.0%
		价格溢价	XX	5.0%
		收入	XX	5.0%
		收入增长	XX	5.0%
		市场份额	XX	5.0%
		品牌实力评分	XX/100	100%

经过仔细规划，从而确定对哪些竞争对手以及哪些部门需要进行监控和评估。如果业务重心转移到新的领域，还可能需要随着时间的推移改变竞争对手。

评分为 50 分，意味着品牌的风险在进行审查的部门中处于平均水平。这意味着，价值评估中使用的贴现率将是该部门的平均综合率。评分为 100 分，意味着品牌在理论上为无风险品牌，将以无风险利率贴现。评分为 0 分，意味着一个特别弱势的品牌让股权风险溢价翻倍。

对 BrandBeta® 分析数据进行的审查为品牌在市场中的竞争地位提供了宝贵见解，并成为品牌平衡计分卡的重点。在可用的情况下，品牌感知质量是 BrandBeta® 计分卡中简单

"品牌知名度"的有力替代。计分卡是由数据驱动的、透明的，并产生可支持的贴现率。

更广泛业务背景下的品牌

在更广泛的业务背景下观察品牌是最佳实践要求。重要的是，使用"品牌业务"一词。这被确定为与所涉品牌直接相关的资产组和相关负债——这一概念与企业价值不同，企业价值可能代表一系列品牌业务。在一个品牌下经营的实体中，只有企业价值等于品牌业务价值。以汽车为例，大众集团代表企业，而奥迪、宾利和保时捷则是大众集团内各品牌企业的例子。

企业内品牌的重要性不应被低估。2015 年，品牌金融咨询公司 Brand Finance 对股票价格进行了分析，比较了平均表现与强势品牌公司的表现。2007 年至 2015 年，标准普尔的平均回报率为 49%。然而，通过使用品牌金融咨询公司 Brand Finance 的品牌价值数据，投资者可以获得高达 96% 的回报。投资品牌价值与企业价值之比（BV/EV）大于 30% 的公司将产生 94% 的回报。如果只投资品牌价值与企业价值之比最高的十家公司，回报率将达到 96%。这些研究结果表明，品牌对企业的长期财务绩效和企业价值具有很大的影响。

静态与动态品牌评估

上述分析的结果是确定了每个细分市场的品牌业务价值。此外，价值评估团队还要进行详细的竞争审查，包括风险评分和对品牌在每个细分市场中所作贡献的可靠估计。这用于在品牌业务的总价值范围内单独为品牌获得价值。此外，还要进行敏感性分析，表明改变某些关键假设对价值的影响。

到目前为止讨论的静态价值评估方法提供了一个强大的时间点品牌价值评估模型，该模型直接基于已经完成或应该完成的财务、分析和营销研究活动。在某种意义上，只是以一种连贯的方式将现有的措施和过程结合在一起。因此，这是内部管理层定期进行价值评估的适当方式。最好创建一个静态价值评估模型，然后增加模型的复杂性，并引入场景规划能力。

动态品牌价值评估模型的目的是，将因果关系纳入品牌价值评估模型；并使用该模型进行场景规划，从而选择最合适的策略；然后，跟踪所选策略的影响。该模型可用于考虑和比较不同细分市场中品牌背后的营销投资水平，也可用于在假设的基础上灵活调整关键假设，并测试变更对品牌活动的价值影响。品牌和企业价值在何处被创造和破坏，以及导致增长或下降的中间措施都可以显示出来。

这种模型听起来像是市场营销的“圣杯”（Holy Grail）。但是，必须记住，模型的预测能力只会和用于确定因果关系的研究一样强。

虽然我们已详细讨论了贡献价值评估的好处，但其对广泛的信息有明显的要求。在许多情况下，这些信息是不公开的。然而，利用公开的数据，可以对静态价值进行合理的评估。

根据特许权使用费减免方法，使用仅在公共领域提供的信息，品牌金融咨询公司 Brand Finance 对品牌价值评估进行年度研究。这些静态价值评估与“商标资产和关联营销相关知识产权”有关，但市场营销人员仍对这些价值评估的测量、比较和价值跟踪感兴趣。这些价值评估的战略用途是有限的。2019 年，品牌金融咨询公司 Brand Finance 评选出世界上最有价值的品牌：

表 11.2　世界上最有价值的品牌

2018 年排名	品牌	品牌价值（百万美元）
1	亚马逊	187 905
2	苹果	153 634
3	谷歌	142 755
4	微软	119 595

（续表）

2018 年排名	品牌	品牌价值（百万美元）
5	三星	91 282
6	美国电话电报公司	87 005
7	脸书	83 202
8	中国工商银行	79 823
9	威瑞森	71 154
10	中国建设银行	69 742

资料来源：品牌金融咨询公司 Brand Finance

尽管战略贡献价值评估对营销人员来说更为重要，但静态价值评估也具有重要的业务用途，包括：内部许可、融资、并购讨论、投资者关系、资产负债表确认、税务 / 转让定价、诉讼和合资企业。下面简要介绍一些相关的例子。

第一个例子说明了如何使用品牌价值评估来协助解决特定问题。该项目的推动力是一家全球金融服务公司收购了一些新品牌。这导致投资组合混乱，需要进行合理化。分布在欧洲、澳大利亚、中国香港和美国所有集团品牌的品牌价值评估分为产品和客户品牌价值评估。该项目形成了品牌合理化和品牌架构决策的框架。

对零售银行进行品牌价值评估，要评估品牌在企业中的贡献，而不是消费者和细分市场。评估还应按主要产品组进行细分，并委托消费者研究量化需求的驱动因素。评估结果影响了细分市场之间的营销资源配置，并应用于衡量营销投资的有效性。

一家全球保险公司提供了一个最初为特定目的进行价值评估的例子。在这个案例中，品牌价值评估和竞争对手分析技术相结合，以确定客户企业品牌背后的最佳全球广告投资。这些结果被高层管理者用来设定公司广告水平。管理层定期重复这项练习，以了解和监测品牌投资决策对企业品牌价值的影响。

对上市食品制造商而言，品牌价值评估是为了向分析师和投资者传达公司主要品牌的价值。管理层委托第三方进行这项研究，因为他们认为公司股票的价值被低估，公司容易被收购。

一家大型烟草公司正在使用品牌价值评估模型。公司市场营销财务团队委托建立品牌价值评估模型，以监控主要客户和竞争对手品牌在本地市场和全球层面的表现。品牌价值评估模型已放在公司内部网上，并编写一本手册提供支持，该手册阐明了需要在模型中输入哪些信息以及如何使用结果。该模型在大约 60 个国家的公司被使用。其生成的数据既可用于作出适合本地的决策，也可用于集团规划。

小结

在最后一章中，我们讨论了跟踪品牌创建、开发和管理成功的重要性。虽然有无数种方法可以衡量和评估品牌成功的各个方面，但在最终分析中，品牌的真实价值需要用货币以及品牌对企业价值的贡献来衡量。

毫无疑问，品牌价值评估是品牌经理和董事会将品牌与收入和盈利能力联系起来的最佳方式。而价值评估过程中的关键步骤也在本章中进行了详细概述。也许我们可以从这种追踪品牌成功的方法中学到的最重要的一点是，品牌的无形资产价值可能比企业本身的有形资产净值高出几倍。品牌价值评估给董事会和品牌经理以明确的指示，而这些无形财富的来源可以为他们提供未来的战略方向。